教育让灵魂律动

粤北名师名校长教育故事

黄华明 童顺平 等◎著

安徽师范大学出版社
ANHUI NORMAL UNIVERSITY PRESS
·芜湖·

图书在版编目(CIP)数据

教育:让灵魂律动:粤北名师名校长教育故事 / 黄华明,童顺平等著.— 芜湖:安徽师范大学出版社,2023.8

ISBN 978-7-5676-5936-0

Ⅰ.①教… Ⅱ.①黄… ②童… Ⅲ.①基础教育—教育工作者—先进事迹—广东 Ⅳ.K825.46

中国版本图书馆CIP数据核字(2022)第213071号

教育:让灵魂律动:粤北名师名校长教育故事 黄华明 童顺平 等◎著

责任编辑:胡志恒 责任校对:李克非

装帧设计:王晴晴 汤彬彬 责任印制:桑国磊

出版发行:安徽师范大学出版社

芜湖市北京中路2号安徽师范大学赭山校区

网 址:http://www.ahnupress.com/

发 行 部:0553-3883578 5910327 5910310(传真)

印 刷:苏州市古得堡数码印刷有限公司

版 次:2023年8月第1版

印 次:2023年8月第1次印刷

规 格:700 mm × 1000 mm 1/16

印 张:18.25

字 数:263千字

书 号:ISBN 978-7-5676-5936-0

定 价:58.00元

序

喜好故事是人之本性。教育故事作为故事类型之一，讲述的是业已发生过的教育事件。教育故事借助生动语言和连贯情节讲述有教育寓意的事件，行文上借助了文学叙事方式，方法上归属于教育叙事研究。教育故事的讲叙者通常是教育活动的主体，校长、教师等都可以是教育故事的讲叙者。教育故事讲述的是真实事件，它让讲述者宣示了一种教育经验或教育真谛的发现过程。一个好老师，一定是有故事的老师；一个好校长，一定是会讲故事的校长；一所好学校，一定充满了动人的故事。美好的教育，总是演绎着众多美好的故事。

教育故事会借助故事呈现讲述者的教育理念和价值。校长和教师每天都在经历各种大大小小的教育事件。这些教育事件，既是校长和教师的工作内容，亦是教育活动本身构件。校长和教师工作的教育性高低，或教育价值大小，取决于他们应对这些事件时，是否有明确而先进的教育理念和价值（这种教育理念和价值有时经由反思而逐渐澄明）作为支持与导引，是否把这种教育理念和价值透过事件传递给工作对象，让其灵魂因触动而律动。

教育是关照灵魂的事业，就是要经由教育者的工作让学生灵魂律动。本书收集整理了粤北地区名教师、名校长教育故事计59则，每个故事都透射着独特的教育理念和价值，每一个故事均具有摄人心灵的力量。这些教育故事涉及后进生转化、学困生帮扶、叛逆生转变、尖子生培养、竞赛技能指导、单亲子女教育、班级事务管理、学生纠纷调解、突发事件处理等，主题丰富，内容精彩，不仅具有很强的故事性，同时具有很高的教育价值。尽管这些名教师、名校长的声名和影响还无法波及全国，但他们是粤北地区基础教育的领军人物和中坚力量，他们的努力和坚持，支撑了粤北地区基础教育的高质量发展。他们的探索，他们的讲述，值得关注教育、热爱教育的人们了解。透过他们的讲述，有心的读者可以读出，他们是在用灵魂从事教育，他们的教育是能够深入灵魂的。

教育没有故事会无趣，故事没有教育会无聊，有趣的教育，必然与故事结伴而行。丁刚教授说：如果叙事可以达到这样的境界，即不仅在讲述某个人物的教育生活故事的过程中揭示了一系列复杂的教育场景与行为关系，而且“照亮”了某个人物在此教育场景中的“心灵颤动”，可以给读者一种精神震撼，那么这就是非常好的叙事了。李镇西指出：“写故事，不能仅仅满足于写得清楚，还要尽量写得生动。”本书所择教育故事称得上清楚、生动，也可给读者些许精神震撼。

是为序。

童顺平

2023年4月5日

目　录

教育故事写作与名教师名校长培养

一个好老师，一定是个有故事的老师；一所优质学校，一定充满了动人的教育故事；一个培训师，也一定是个会讲故事的培训者。美好的教育，总是演绎着众多的美好故事。春风化雨，百年树人，从讲好您的教育故事开始。

一、教育故事写作

（一）什么是教育故事

教育故事是以叙述形式记录在自己的教育实践、教育生活中发生的各种真实鲜活的教育事件或发人深省的故事，以表达自己在教育实践过程中的亲身经历、内心体验和对教育的理解。

（二）教育故事写作的性质和意义

教育故事写作其实就是一种叙事化的教育反思。

通过教育故事可以看到各式各样的人物、思想与行动以及这些真实事件背后的复杂意义。

写教育故事也是为了让教育回归生活本身，让教师在教育生活中领悟教育的力量，使自我教育实践具有自己独特的理论和实践生命力。

（三）教育故事写作需要具备的相关条件

写好教育故事不仅需要深入了解某个教育实践现象，还要具有足够的理论视角。只有这样，在叙事的过程中，才知道如何组织事件，知道事件组织起来后能够表达什么样的理论主题。

写好教育故事还与我们教师是否具有明确的追求有关。如果有了明确的追求，又有不断反思的精神并确实是想追问自己，当教师这些年来到底都做了些什么，在从事教育的过程中坚持过什么样的良知与信念，有过什么样的痛苦与喜悦……才有可能写出高质量的教育故事。如果只是为了完成上面布置的什么任务，或为了其他名利，是不可能写出高质量的教育故事的。

（四）教育故事的特点

其一，真实性。教育故事所叙述的事情是真实发生过的事件，不是虚构或设计的事情。因此，教师平时要善于捕捉这些教育故事的“源文件”，只有“原汁原味”的教育事件才具有特定的意义。

其二，人物性。教育故事的叙述者既是讲故事的人，也是他自己的故事或别人的故事中的角色。叙述者将自己放到故事中，用自己的视觉去观察和体验，对事件中的某个角色（如学生等）做出较为科学与合理的行为和心理的“猜想”，从而使故事的人物角色“更饱满”。

其三，情节性。教育故事讲述的是特别的人和特别的冲突、问题或使生活变得复杂的任何东西，所以叙事不是记流水账，而是叙述有情节、有意义的相对完整的故事。教育故事必须包括与所叙述的事件相关的具体人物、事件及发展情节。

其四，可读性。读者可以从教育故事中看到教学影像，清楚地把握教学中出现的问题，并用内省、比较的方法去解释故事中的问题解决方式。这种影像化的故事情节提供给读者身临其境的感受。对于读者而言，这种感受对教学观念、方法的改进会比听报告、读论文论著带来的影响更具体、更深刻；我们知道，无论是直接还是间接的经验对于学习是非常重要的。所以，好的教育故事必须具有可读性。

其五，感悟性。从教育故事写作或阅读中获得某种教育理念或教育启迪，其方式是归纳的而不是演绎的。也就是说，教育理论是从已经发生的具体教育事件及其情节过程中归纳抽绎出来的。教育故事的可读性还在于让人获得教益。

（五）教育故事的基本内容框架

其一，问题产生的背景。背景是交代故事发生的时间、地点、人物、起因，但不必面面俱到，关键在于说明故事发生有何特别的原因和条件。

其二，问题情境描叙。每个教育故事都必须有一个鲜明问题或矛盾。不能杜撰，但可以对实际情节进行选择，目的是凸现焦点。要有细节的描写，描写生动，引人入胜。描写一般采取叙议结合，即描叙+分析,夹叙夹议，但不要过度阐释。

其三，问题解决结果或效果的描述。

（六）优秀教育故事的标准

丁刚教授曾经对好的教育叙事给出过最高标准，他说：如果叙事可以达到这样的境界，即不仅在讲述某个人物的教育生活故事的过程中揭示了一系列复杂的教育场景与行为关系，而且“照亮”了某个人物在此教育场景中的“心灵颤动”，可以给读者一种精神震撼，那么这就是非常好的叙事了。

一个好的教育故事至少应包括以下几项：

其一，事件真实；

其二，叙述清晰，细节描写生动（揭示人物的心理，细腻刻画冲突情节）；

其三，抒发独到思考；

其四，叙述的问题对他人有思考价值或启发意义。

（七）教育故事写作要求

其一，教育故事必须基于真实的教育实践。对真实的教育实践可以做某种技术性的调整或修补，但不能虚构。

其二，每个教育故事必须蕴涵一个或几个教育事件，即教育过程必须出现某个有意义的“教育问题”或发生某种有意义的“教育冲突”。

其三，叙述要有完整的情节，不是记流水账，也不是抽象化、概括化的说明。

其四，所叙述的教育事件必须具有问题性，不是简单地把事情原委记录下来，而应该是捕捉教育教学活动中出现的问题、冲突，反映以自己的方式化解教学事件之后获得的某种教学效果，或忽视了教学事件之后导致的某种教学遗憾。问题最好具有典型性，即蕴含一定的教育理念、教学思想，对人具有启迪作用。问题性也可以这样表述：一个好的教育故事必须具有一个照亮全篇的“问题”。这个“问题”常常是教育理论和实践正在高度关注或聚焦的某个教育热点、前沿、焦点、疑点或难点，或长期被遗忘或忽视的问题。这个“问题”是所叙述的事件中产生或蕴含着的，而不是故事写作时，根据表达需要，将现有的某个时髦或先进的教育理念或问题作为“帽子”“亮点”或“特色”，从外部复制、粘贴上去的；教育故事撰写只是选择了几个教育（教学）案例来证明它们而已。

其五，表达方式以叙述为主，夹述夹议。叙述要尽可能对人物语言、内心活动或事件冲突作具体、生动的描述（提倡深描）。描写人物在教学事件发生时的心理状态，常用“我想……”“我当时想……”“事后想起来……”“我估计……”“我猜想……”“以后如果遇到类似的事件，我会……”等句子。此类心理描写实际上是将教师的个人教育理念、个人教育思想渗透在某个具体的教育事件上，体现了教师在“反思”某个具体的教育事件时显露出自己的教育理念以及个人的教育思想。但整个叙述要求文笔清新，洗练。

二、教育故事写作格式及其他

（一）教育故事写作格式

教育故事的写作格式比较简单，一般包括：

1.标题。标题应该尽量体现一个主题，并且醒目。标题可以只有正标题，也可以是主副式（主标题+副标题）结构。但运用主+副标题格式，分工要明确：一般主标题负责吸引读者眼球，副标题负责点题。

2. 正文。文中可以并提倡运用小标题。小标题最好能紧扣故事情节或问题，

拟得精致巧妙，能吸引读者兴趣。

3. 其他。

（1）有的教育故事也套用学术论文格式，正文前给出“摘要”和“关键词”。

但正文后不列“参考文献”。

（2）篇幅与字数。教育故事的篇幅和字数主要由主题大小决定，没有一定之规。教育故事撰写，建议选题要小。要从自己教育生活里选取一个最有感受和体会、最能展示个人风采或探索发现的角度，确立一个小而有意义的故事主题（所谓“以小见大”是也），主要在故事所蕴藏的不为人知的教育意义和科学价值的揭示以及相关细节的深描上做文章，不要追求“宏大叙事”，以免篇幅不够。

（二）教育故事写作工具单

第一，将真实事件或案例故事化。

寻找和发现一个您经历的、记忆深刻的、对您影响巨大的教育教学关键事件或案例，将其转化为故事，并按照“五性”标准进行设计和加工。

“五性”标准如下：

指标	要点
典型性	故事是否经常发生，有挑战性，他人易学易操作
真实性	故事是否亲身经历，真实发生，真正感人
冲突性	故事是否设置悬念，设计反转，诱发思考
细节性	故事是否有平凡的、生动的、不一样的细节
启迪性	故事能否达到“讲述小故事，领悟大道理”之效

第二，从故事中萃取经验。

从这个故事中，您能萃取哪些经验呢？（注：经验是由实践得来的知识或技能。）

萃取流程	萃取要求	萃取内容
明确目标	您的经验要解决同行的哪些问题，并据此锁定问题	
总结策略	总结做好此类事件的实用策略、方法	
提升技能	开发做好此类事件的支架性的可操作的工具、流程	
凝炼观点	提出您关于此类事件的精彩观点或主张。	

第三，链接知识对经验进行验证和优化。

没有理论指导和支持您的经验，您的经验是肤浅的、表象的，需要寻找您的经验背后的规律原理和学理支撑，并用这些原理、学理对您的经验进行验证和优化。

应用的理论	
理论对经验的优化	

第四，提炼你的金句。

孔子指出："言之无文，行而不远。"教育故事要不断对自己的经验等进行精炼，成为易于理解、学习和借鉴的金句。金句大都言简意赅，通俗易懂，入情入理，句句入心，让人过目难忘。但是金句无法凭空产生，需要磨炼，需要砥砺，需要推敲，可以借助工具单三炼成"金"。教育故事写作中要清楚哪些句子可能成为金句？什么地方需要金句？然而使之三炼成"金"。

金句锤炼表		
第一次	第二次	第三次

三、教育故事写作与名教师名校长成长

改变从写教育故事开始；成长、成功从写教育故事开始。刘祥在《改变，从写作开始》书中指出："没有教育写作，你就是一个普通教书匠。"诚然，没有教育写作，教师很难成为名教师，校长很难成为名校长。透过张思明、张化万、李烈、李吉林、窦桂梅、魏书生、李镇西等一批名教师、名校长的成长，可以发现，教育写作是教师成长的最有效的途径，没有之一。而教育写作中，写教育故事，对教师和校长来说相对最为容易——从教或做校长多年，怎么可能没有一点故事？事实上，每个人每天都在讲教育故事，每个人都有教育故事可讲，一言成训是故事，一语教人是故事，一事感人是故事，一行有范是故事；挥手有理是故事，跺脚有道是故事，拍桌有故是故事，瞪眼有因是故事；遇见的是故事，看见的是故事，听见的是故事，说的也是故事……教师和校长生活、学习、工作何曾缺故事！教师和校长为什么不把自己的教育故事写出来呢？写得多了，不就可以汇故事成书？写得多了，不就可以集书成册？成为名教师、名校长不就"脚下有路"了？教育故事写作属于教师和校长对教育生活的专业表达，通过教育故事写作教师和校长实现立言，同时可以帮助教师和校长捕捉教育瞬息即逝的教育智慧和教育灵感，让教育瞬间精彩成为永恒，成为自身成长路上的风景。

教育故事写作于别人固然在传播教育价值、启思同行、显现智慧，于自己则在教育思想凝练与表达。因此，教育故事写作可以用于名师名

校长培养，可以将之纳入名教师名校长教育思想凝练的课程模块，通过让名教师名校长培养对象撰写“我的教育故事”，引导他们回顾、总结和凝练自己的教育思想、教育智慧，引导他们用教育故事写作来呈现教育思想和理念，用教育故事写作来省思和审视教育问题，用教育故事写作来促使自己成长成功，为其成为名教师名校长提供必要的脚手架。

名教师教育故事

泪光里的清华

广东北江中学　陈鹏飞

夜晚九时许，窗外电闪雷鸣，狂风夹着暴雨，仿佛要将这座山城卷入黑暗的深渊。我的心越发紧张，明天是高考放榜日，难道这鬼天气预示着我班考得……

闪电仍在撕扯着夜的黑幕。突然，手机骤响，是我班已获清华大学可降20分录取的邓曦的来电，我的心立悬至嗓子眼，是报喜，还是……

“呜呜……”电话里传来了邓曦的抽泣声。

“怎么哭了？”我惶惑地问道。

“呜呜……陈老师，我考……考……考上清华大学了，刚刚接到了预录电话！呜呜……”

“好，好，好……”我激动得不知说什么了。

邓曦啊，你又哭了！但这次你让我品尝到的是你胜利的泪水，这三年来，你不知流下了多少泪水啊！

记得在高一第一学期期中考试，初中获过数学竞赛广东省一等奖、免试升入我校的特长生邓曦，竟然排在实验班倒数第一，令人大跌眼镜。并且在成绩公布的第二天，人也没来学校。当天上午我去他家，敲开房门，只见邓曦咬着唇，流着泪，笔挺地跪在客厅里。他父亲正用衣架恶狠狠地抽打他。原来，邓曦沉溺于一款网络游戏，无心学习，经常在网吧玩到半夜才回家。而他父亲刚好下岗，心情不好，见他成绩如此退步，恨铁不成钢，故一边抽打，一边痛骂。

等邓曦平复了情绪，我带他回到学校，推心置腹地跟他长谈。我告诉他，我不反对他玩游戏，但要玩有益于学业、有益于身心健康的游戏。我领他找到我校负责虚拟机器人竞赛的教练，报名参加了竞赛队，利用课余时间学习如何编程，如何闯关。他对此很感兴趣，潜心学习，不仅戒掉了玩网络游戏的习惯，而且半年后，在广东省青少年虚拟机器人竞赛中荣获高中组一等奖，奖金一千元。同时，文化成绩也进入了班级前列。

可是，好景不长，高二时，邓曦又流泪了。记得那天中午，有学生告诉我，说邓曦在办公室被英语老师骂哭了，我赶过去，只见邓曦一副委屈的样子，掉着眼泪。一问原委才知道，邓曦已有较长一段时间没交英语作业了，让老师非常生气，更令英语老师气愤的是，他居然在英语课上堂而皇之做数学题。

当天下午，我组织召开了本班科任老师会议，分析了邓曦的情况：他强于理科，英语偏弱，如果高考靠裸分进清华，难度较大。但他擅长数学，若能先全力以赴专攻数学奥赛，有很大可能获全国一等奖。这样，他就有可能获得清华大学自主招生降分录取的机会，从而，他考上清华的可能性就大多了。最后，大家一致决定，全力支持他参加数学奥赛，赛前三个月，所有时间及学习内容全由邓曦和数学奥赛教练支配。

我把这个决定告诉邓曦时，他眼含泪水坚决地说："陈老师，我不会辜负大家的期望！"

是的，邓曦是好样的。他在接下来的数学奥赛中荣获全国一等奖。并在高三第一学期通过了清华大学自主招生考试，获得了降低20分录取的资格。

正当全校师生为邓曦取得的成绩欢欣鼓舞的时候，高三第二学期刚开学，有一位家长气冲冲地闯进我办公室，说我班邓曦跟他女儿谈恋爱，担心影响他女儿高考，他铁着脸，握着拳，说想要教训教训邓曦。这位家长是我市某局的局长，他女儿是我校另一个实验班的尖子生，英语成绩特别冒尖。

临近高考，两个尖子生谈恋爱，事关重大，该怎么办呢？当天晚上，我找到女生的家长，与他反复沟通，他认同了我的观点：高中生谈恋爱并非洪水猛兽，只要处理得当，恋爱可以成为学习进步的催化剂。并且他答应我，第二天来学校与邓曦谈谈，表明家长对他俩谈恋爱的态度。

女生家长来见邓曦。当我告诉邓曦是怎么回事时，高大英俊的他红着脸，低着头，手足无措地呆立着，好像是犯下了弥天大错，等着惩罚的样子。

好在这时，女生的家长主动说话了。

“邓曦，我和你班主任不反对你们谈恋爱。但是，男子汉必须要有上进心，必须先考上理想的大学，才能更好地实现自身价值，扛起你将来应负的责任。你英语偏弱，多问问我女儿。希望你们努力学习，相互督促，考出优异的成绩……”

此时，邓曦的情绪犹如从低谷跃上了巅峰，只见他抬起了头，挺起胸，眼里闪烁着泪水，坚毅地说道：“叔叔、老师，我不会让你们失望的！”

是啊！邓曦，你没有让我们失望，你是我们的骄傲！也是我践行因势利导、因材施教等教育智慧的硕果。

泪水有痕，清华是岸！收拢思绪，夜已深了。推开窗户，风停了，雨住了，星空灿烂，初月如钩。明天，定是一个明媚的艳阳天。

【评　语】

尖子生属于学校的特殊人群。这个群体承受着其他群体难以企及的学习压力。因势利导，因材施教，是教育智慧。学困生需要这种教育智慧的浇灌，尖子生同样需要这种教育智慧的浇灌。

【作者简介】

陈鹏飞，湖南新化人，本科学历，中学高级教师，韶关市教育科学研究院高中语文教研员，中学教研室主任。

带刺的玫瑰

新丰县教育局　冯佰基

我和爱人在丰江河畔散步，突然一位中年妇女快步走过来跟我说：冯老师，你现在是不是不教书了，小凤前段时间去学校找您，说你不在学校了。想请你吃个饭。特别想感谢您，是你改变了她……

这位母亲就这样唠唠叨叨地说了一通。“小凤?”我拼命地在脑海中搜寻。看我一脸困惑，后来她才说：小凤是您的学生，在××学校念书时您是她班主任……”哦，小凤！那朵带刺的玫瑰！

触　刺

小凤是我十二年前教过的学生，一个特别的孩子。初来乍到，原班主任陈老师告诉我，班里有一个叫小凤的学生，脾气暴躁，非常难以管教，平时经常迟到，还几次与男同学打架，与全班同学不合群……

未见其人，已闻其名。明天就要开学了，我该拿这个孩子怎么办呢?

开学第一天，我见到了小凤。微胖，清冷，一米六出头，孤零零地站在教室角落，分外显眼。这和我之前想象的样子完全不同。我和她的眼光几次相遇，她都有点紧张。后来，她干脆一个人走到走廊上，时而向课室窥探，直到所有的同学走后，她才一个人进入教室。

我问了她几个问题，她不回应，好似一个木偶。后来，我话锋一转，问她：外面下雨吗？她说："下了点小雨。"我瞬间抓住她开口说话的时机，问她，假期是怎么过的？八年级的生活如何？通过层层诱导，她说出了很多心里话。我在一旁静静地"倾听"着她的诉说。她说到在八年级遇到的一些事：在八年级，有许多同学欺负她，起她的花名，撕她的书，背后用纸团打她。从其他班的课室经过时，也有人叫她的花名……说着说着，她便情不自禁地哭起来。从谈话中我已明显地感到她内心的无助、忧伤、难过。

小凤这突如其来的变化，让我甚感意外，一个外表看去浑身带刺，敢与男同学打架的孩子，怎么内心会如此脆弱呢？会不会是原班主任搞错了？我想，这样的女生应该没什么问题吧！

就在我窃窃自喜之时，始料不及的事发生了。开学第二天，就有同学急匆匆跑过来跟我说：小凤又与同学打架了，老师快点过去。值日生也反映，她这两天迟到三次，旷课一节。为了改变她，我发动班干部共同去帮助她，发挥集体力量的作用。可没过多久，班干部都反映说，她就像一只刺猬，根本无法靠近她，更谈不上转变了。

找　刺

这真是出乎我的意料。这样一个带"刺"的学生，我该怎么办呢？我反复地追问自己。为了了解带刺的原因，我迅速在班级展开调查和进行家访。原来小凤是八年级下学期从一所农村学校转学到县城就读的，她的父母刚从农村进城务工。由于爷爷奶奶年事已高，经常生病，为了给老人治病，一家六口搬到县城租房居住。

由于从农村进城，小凤在这个陌生的环境里，缺乏人际沟通能力，加上家庭贫寒而内心自卑，不知不觉把自己置身于班集体之外，班里的同学也都习惯把她当作外人。偶尔有几个调皮的同学去捉弄她，她便以粗暴的动作或吼一般的声音予以还击，或者以拳相向。从小凤的经历来看，这根刺的产生主要来源于生活环境的变化，是沟通能力缺乏、自信心不足所致，属于典型的“环境失落者”。有了这一判断，我突然灵光一闪，感觉自己找到了解决办法。

融　刺

那天，我一早来到学校，就迫不及待去找她，带她到操场上走走。

开始，她以为我是要批评她。她跟我走了几步，就说：“老师，我今天又没违犯纪律，你为什么要批评我？”

我说：“我没有批评你呀！”

她惊讶地说：“你不批评我，那你叫我到这里来干什么？”她一脸的不解。

我说：“没什么，我只是想跟你聊聊！因为我想了解我们班的每一位同学，今天轮到你了。”

听到我这样说，她那立马舒了口气。

我们边走边聊，聊到她小时候的事，她在农村的生活。没想到，这次聊天，她越讲越开心，最后还笑了起来。

接连几天，我一有时间就去找她闲谈，同时也安排老师和学生在课间多找她聊天。慢慢地，她对班级的认同感和同学对她的认同感都有所加强。

随着与同学的交流，她体会到了师生之间和同学之间的真诚，感受到班级的温暖，明白很多同学和老师其实都在关心她。横亘在她心中的那根硬邦邦的刺被软化了。

看到小凤的转变，我内心特别欣慰。然而，好景不长。没过几天，又有同学跑过来说：老师，快去，小凤又与其他班的男同学打架了。我一愣，什么？小凤又与同学打架了？

我急匆匆地来到课室，看到小凤已经坐在座位上，满脸通红，气喘吁吁，表情显得特别委屈。

她看到我，就说：他叫我花名，我警告他别叫了。他反而叫得更大声。说着说着，委屈的泪水就流了出来。

至此，我明白了，小凤的刺，不仅来自班级，也来自其他周围的环境。

为了防止类似事件的发生，我跟班里的女同学说：我们要多去关心小凤，因为她很需要朋友。还有，在校园里行走时也要叫上她，让她不再孤独。当有其他班的同学叫她花名时，就及时过来告诉我，让我来处理。接着我又找到小凤，跟她说，在学校行走，尽可能做到几个同学相伴，一来，人多了，别人就不会欺负你了；二来，有朋友相伴，那是多么开心的事。这招果然见效，其他班的学生看到小凤身边有同伴在一起，就也没有捉弄她了。

我知道，每个孩子的成长都要经历一个漫长的过程，在这个过程中，其中影响最大的莫过于拥有积极向上的自信心和找到自己的角色。

在一次班干部会议上，我说：让同学们健康成长，是我的职责所在，也是你们的义务，因为能够同窗共读，这是上天赋予我们的一个缘分。当然，更为重要的是，同学就是制造回忆和故事的伙伴。你们要记住，当你毕业若干年后，你们最为留恋的就是同学，所以，我们每个人都有义务去构建班级的和谐环境，让每一个同学都能感受到家的温暖，班级的温度，为心灵找到归宿。

经过一番努力，小凤慢慢适应了这个环境，但胆怯心理依然存在，心中之刺仍未融化。为了达到目的，我再三思考，若要融刺，先得让她成为班级的一员，找准自己的角色。就在此时，学校的校运会来了。我知道，这可是帮小凤融刺的绝好机会。

校动会报名时，我组织班干部，号召全班同学鼓励小凤去参加推铅球项目比赛。在同学们的大力推举下，她接受了这个任务，这也是她第一次参加校运会。当她接到任务后，每天都积极训练，做好备战工作。结果在比赛中，她荣获了年级第一名，并打破了学校校运会的纪录，可谓是一鸣惊人。

在同学们真诚掌声中，她收获了自己前所未有的成功喜悦。她在毕业前夕的一次班会课上说：也许我考不上高中，但我并不后悔，因为有你们，我过得特别快乐。当然，让我最快乐和值得回味的是，我在校运会比赛中拿到第一名时的感受。站在讲台上，听到老师和同学们为我鼓掌的声音，我真的很激动，感到自己是一个有用的人。我想我要利用我的强壮身体，追求我幸福的人生。

就这样，一个学年悄然过去，这朵带刺的玫瑰渐渐绽放。毕业时，她已判若两人。她不仅与班里的同学能和睦相处，与其他班的同学也能大胆交往。在升高中考试中，她虽然以5分之差未能考入县第一中学，但对其本人而言，走出心灵的阴影，找到全新的自我，学会交往，不正是我们教育的目的吗？

回顾自己十多年的教育生涯，在教育方面确实没有波澜壮阔、惊天动地的壮举，但就在每一个平凡的故事里，我总能品味到与学生和谐相处的滋味。我想，在每一个后进生的故事里，都是由不同的因素构成的。作为班主任，如果能在工作中多留意学生的心理轨迹和事件背后的成因，理解他们在成长路上所遇到的困境，或许我们便能找到有效的解决办法，为孩子融化掉由于各种原因而根植在内心之中的刺，铺平健康成长之路。

【评　语】

教师在职业生涯中会不断遭遇带刺的玫瑰。教师要多探究这类学生的心理轨迹和成因，找准有利时机和有效办法，融掉由于各种原因根植在内心之中的刺，让带刺的玫瑰舒展、惊艳盛开。

【作者简介】

冯佰基，韶关新丰人，本科学历，中共党员，高级教师，新丰县教育局中学物理教研员。

主持的《问题教学法在物理教学中的教学研究》科研课题成果获韶关市二等奖；主持市级课题《“学案导学，互动探究，小组合作”物理课堂教学模式的研究》于2018年顺利结题；主持省级“十三五”规划课

题《初中物理导学案编写与使用方法研究》于2021年3月结题。2016至2020年共主编了《高效课堂——宝典训练导学案》9册教辅材料，该书由中国出版集团出版发行；由本人独立撰写的《生本教育视角下的初中导学案研究》（吉林文史出版社2020年版）。

广东省中小学第一批“百千万人才培养工程”骨干教师培养对象，韶关市第六期基础教育系统“百千万人才工程”名教师培养对象。2009年被评为韶关市“优秀班主任”；2015年被评为韶关市“优秀教研员”；2019年被评为韶关市“优秀书香之家”。

每个孩子都有向善的心

韶关市浈江区风采实验学校　曹仲明

近几年，我一直任教九年级道德与法治，对于自己的教学能力和课堂把控能力还是自信心满满的。每接一届，我都会通过前任课教师了解情况。2018年接手九年级（5）班，前任教师给我提供了很多情况，其中说到要特别注意丁浩同学。在他的描述下，一个生性好动、上课走神的后进生形象在我心目中留下深刻的印象。

开学第二周，我一走进九年级（5）班，没有穿校服的丁浩在全班同学中显得特别突出。但我不想在课堂上直接说他，想着课后跟他谈谈这个问题。于是按照之前的教学预设，我开始讲课。正当我正兴致勃勃地讲课时，发现丁浩低着头，跟旁边同学窃窃私语。我用眼睛余光看着他，可是他没有一丝收敛的苗头。我心里非常生气，上课讲话的语气明显不同，同学们感觉到了，纷纷把注意力转移到我眼睛的余光上来，可是丁浩依然我行我素。于是，我边讲课边慢慢走到他跟前。可是，他只是不屑一顾地看了我一眼，然后趴在桌上不吭声。

我感到自己的尊严受到极大的挑战，但是还是先沉住气，继续授课。可是没过多久，当进入小组讨论环节时，其他同学都在认真讨论，可是丁浩趁机又把一张写了字的条子扔给旁边的同学，这时刚好被我看到了。于是走到他跟前，厉声说："你刚才在干什么？"

"我没干什么啊！"

"这张纸是怎么回事？"

旁边一个同学把丁浩扔到地上的纸条捡起来给我，上面一行漂亮的字呈现在眼前："我把漫画书借给你看。"

我想，这下丁浩会主动承认错误。

"我在练字啊！"

他一句话把我美好的愿望给打乱了。我想狠狠地批评他。但是，他随后说出来的一句话让我控制了自己的情绪。

"反正我是差生，学不到，不如练练字！"这让我感觉到，丁浩之所以这么说，可能有原因。因此，我长出了一口气，我也不再生气。

"你的字这么漂亮，这可是你的撒手锏。看你，传达个信息也都把撒手锏用上了。"他不好意思地笑了笑说："世界自有公道，付出总有回报。"

接着，课堂上有一个《鹬蚌相争》角色扮演环节，我请学生自己上台即兴扮演，学生们纷纷毛遂自荐，很快就确定了鹬蚌的扮演者，但渔翁的扮演者还没有选出来，大家都在等待。这时我把眼睛瞄向丁浩，说："请丁浩扮演渔翁。"大家正在诧异，我随后说："大家都按照校规穿校服，就你没有穿。你今天穿得那么特殊，是不是就是想为了专门扮演'渔翁'啊？那好吧，让你如愿做个'渔翁'吧！"丁浩不好意思地上来扮演渔翁。没想到，还扮演得入木三分。我总结道：没穿校服的丁浩成功地扮演了渔翁。听完后，他高兴地笑了。

随后，我找班主任王老师了解丁浩情况，通过王老师的描述，我才知道：丁浩父母在广州打工，专门在学校旁边租了一间房，由奶奶陪他住。但奶奶又很溺爱她。课后，我找丁浩谈话。面对面地问他："你为什么课堂上顶撞老师？"他说："我没有有意顶撞你。我不喜欢上道德与法治课。"我接着说："为什么？"丁浩说："七年级第一次道德与法治考试我没考好，老师在试卷分析时批评了我，我觉得很没面子，从此讨厌学习道德与法治了。"

"被批评过就不喜欢某个科目，那你以后的人生会面对更多挫折，你不是都放弃了吗？课堂上不穿校服，本身就违规了。但是你扮演渔翁让我看到了你的潜力。只要你愿意，一切皆有可能。”丁浩有所感悟。我与他约定，以后上课继续给他机会参与课堂教学，有角色扮演不会忘了他的。第二天课堂上，我故意分了分神，偷偷观察他的动静，等待着……

后来，丁浩越来越喜欢道德与法治课了，学习成绩也有大幅度的提高。

老师的呵护是打开学生心灵的钥匙，一位优秀的教师要有一颗关爱童心的心。在你日日月月、朝朝暮暮和学生相处时，要更多地呵护学生，了解学生的情况，关注学生生命的进程。其实每个孩子都有向善的心。当老师与学生敞开心扉，当老师与学生真情涌动，才能为教育注入生机。

【评　语】

学生是发展中的人，需要教师用发展的眼光看待学生；每个孩子都有向善的心，需要教师用心呵护，方能长善救失！

【作者简介】

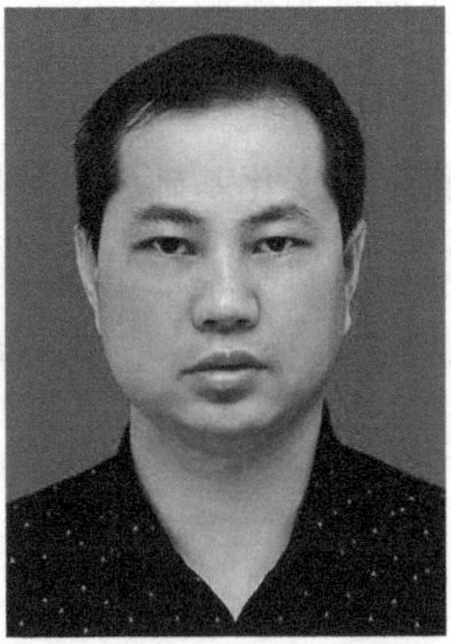

曹仲明，湖南常宁人，学士，中学高级教师，韶关市浈江区风采实验学校教师，担任初中道德与法治教学工作。韶关市初中道德与法治兼职教研员，曾获南粤优秀教师、省优秀德育导师提名奖、市教学能手等荣誉。参加广东省首届中小学青年教师教学能力大赛获二等奖，两次获市教改优秀课例一等奖；多次在教研活动中做讲座，其中2017年在省中考研讨会上做专题讲座；两次获韶关市教改成果一等奖，三次获省教育创新成果奖；多篇论文发表，其中2篇发表在国家核心专业期刊《中学政治教学参考》；作为五名成员之一，参与2017、2018年广东省思品中考考纲修订。

技领人生

韶关市中等职业技术学校　曾国彬

意外上任

在国庆节后的第一个工作日，我就听几个同事谈论高一电脑3班的班主任张老师辞职了。在感慨之余，大家都议论谁接手班主任的工作，我们都知道电脑班的学生可不是省油的灯，他们可是“调皮王”啊！没想到，我被校长看中了：“小曾老师，我看高一电脑3班的班主任工作就你接起来吧。”我一愣，我也是一个资历尚浅的年轻人，怎么能从容掌握住这些调皮的学生啊？中职的学生，有一部分学生无心上学，还常犯事，文化基础差，老师往往拿他们没办法，令人头痛。今年学校分了好几个新教师，学校一开始没有安排我做班主任，现在校长的“盛情邀请”，我也不好拒绝。再想一想，自己还算年轻，便爽快答应道：“行，接就接吧。”

初遇难题

于是，我走马上任班主任一职。按照惯例，我了解学生情况、组织学习纪律要求、选拔培养班干部、布置班级文化宣传、分批找学生谈话……这个班是开始走上正轨了。我不禁暗自想，这个班还会给我出什么难题呢？很快发现，高一年级电脑专业的“精英”都几乎集中到这里，一个以小梁同学为代表的五六人的小团伙，他们毛病不断，时常收到任课教师及班干部的投诉，成为班级里一道“特殊的风景线”。为此我也花了不少时间和精力处理他们的违纪事情，可效果却是不明显。教育过后是有所收敛，可不出两天，他们又旧病复发，而且有愈演愈烈之势。怎么办？难道就这样听之任之吗？不！我一定要把他们引到正路上来！

游戏引路

机会来了，校团委给每个班级布置了出一期手抄报的任务，我把小梁叫过来：“来，老师知道你们喜欢玩电脑游戏，现在给你们个机会，每天下午第三节课和晚修的时候来我办公室，完成一期手抄报，每录入500个文字，对应的回报是玩半个小时的游戏，但是要以完成手抄报为前提，老师安装监控软件，希望你们严格控制玩游戏的时间。”在电脑游戏的吸引力下，小梁同学一伙很爽快地答应下来了。其实，我早已经观察过小梁，发觉他有个先天的优势，就是手指特别长，很适合快速地敲击键盘，这次先把他们引入门再说。

接下来的两天，小梁同学他们很积极往我办公室跑，我心里也暗暗偷笑：看看没有计算机基础的高一新生怎么办？正如我所料，第三天，他们就来抱怨了：“玩游戏的时间太少了，每天要打两三个小时，才打完500个字，半个小时游戏时间也太快过了。”“其实老师也知道你们住宿生闷，所以给你们玩玩电脑，但是，500个字换半个小时，你们也很划算啊，不如老师试下录入500个字给你们看看”。接着，我马上拿出我在大学苦练了四年的基本功“五笔文字录入”，五六分钟，就把他们要两三个小时才可以完成的工作量完成了，目瞪口呆的他们只冒出一句话：“彬哥，你太厉害了！”“那好，下个星期开始讲五笔录入，你们要好好学了喔！”“一定！一定！”

德技并进

按照教学计划，我开始了五笔教学的五部曲：指法基础教学—字根教学—键名简码教学—拆字规则难点教学—词组编码重点教学，同时也配合金山打字通里面的游戏功能，让他们相互比较，相互竞赛，为了更好地走近每位同学，我便以了解他们的录入速度为由，让他们每人和我在金山打字通里面对练一局。我一边对练，一边评论："这手要抬高，你打得不错！""你一级简码非常熟，但是二级的要跟上！""你的单字打得很快，但是词组要提高。""好！这局老师差不多被你赶上了！""这局如果你少点看键盘，更多的盲打，我就招架不住了"……慢慢的，他们不那么拘谨了；听到我的肯定，他们羞涩的脸上多了一些自信；听到我的建议，他们惊讶之余，更多的是肯定与采纳。我也感觉到我与他们的距离拉近了很多。

我知道，我引领的是一个特殊群体。因此，一方面，我在对他们进行技术指导和技能练习时，有意识地将一些日常规范融进其中；另一方面，我非常重视小梁等的培养，经常提醒他们，现在我们是班级里打字的技术能手，大家都跟着我们，看着我们，因此我们要起好模范带头作用。此外，我也有意识地去发现他们身上的闪光点，及时在同学们面前进行肯定和表扬；对他们做得不足的地方，我会私下委婉地提醒和指出。他们的不良行为也慢慢地改善了：上课认真，作业准时交，校园闲逛变为了冲向机房……小梁同学经过两个月的苦练，打字通里面把我挑战下去了，人修剪了整齐的头发，一双眼睛越来越传神了，我也及时和他父母互动，带给他更多的鼓励和关心。为了进一步激励他们，更好地培养他们的集体观念，我任命小梁为一门电脑专业课的课代表，让责任心强的小李为卫生监督员，让服务意识强的小范为生活委员。这些班级工作的分配，让他们得到了班里更多师生的肯定与认可，小梁等人工作起来更带劲了，成了我的得力助手。而其他学生，尤其是小梁身边的学生，也逐渐转变了，整个班的班容班貌班风也向正态方向转变了！

强技参赛

每年中职学校的技能竞赛如期而至，作为计算机科组长和计算机专业班级班主任的我，也担当起我校竞赛队伍教练的职责。我选择了以小梁同学为首组成文字录入队，把对他们技能的要求从常规教学提高到竞赛的级别，请上届竞赛选手示范，强化再强化，虚拟干扰环境，建立起选手每次练习统计表，形成你追我赶的局面。这些选手的中文录入速度提升很快，一个月内就达到了每分钟破百，另外，计算机的维护技能也稳步提高，机房一些简单的故障对于他们来说是“手到擒来”。这个团队刻苦勤奋，下午经常训练到6点多，与他们饭堂共进晚餐的情景至今我还历历在目。

辛苦的付出终于迎来了回报，小梁同学在当年的韶关市中职类技能竞赛文字录入项目中，以每分钟130多个字的成绩勇夺个人第一名，我校的计算机团队也在竞赛中获得市团体一等奖。听到成绩的那一刹，我和学生一块欢呼，一块跳跃！

技领人生

小梁同学在完成两年的中职课程学习后，没有外出实习，转入了我校高三的升大班，虽然文化基础薄弱，但是继续保持了那种不怕输的竞赛精神，学好数学，保住英语，语文争取进步，在中职类高考中，获得了690分的优秀成绩，升入了广东省科技干部学院计算机应用专业。

在2011年小梁的婚礼上，他爸爸特意来到我身边，和我说起了当年有趣的事情：他们父子俩从英德过来，原本是想着去韶关市第一技工学校报名，哪知道被人指错路，来到了韶关市十二中（韶关市中职的前身）校门口，所以就将错就错……坦白说，我心里也感激这无意中指错路的人，或者这就是我和小梁同学之间师生的缘分，从他爸爸那句“老师，谢谢您”，还有那杯满满的敬酒，我想我是选对了教师这个职业！

我时常在想，作为中职类教育者，对有特别个性的学生无法运用常规方法教育的时候，我们不妨多换角度，尝试着去发掘发现他们的闪光点，或许你会取得意想不到的效果。

【评　语】

中职学生在文化上固然不占优势，但是通常个性好动，动手能力也较强。教师需要因势利导，让其因技能而出彩！

【作者简介】

曾国彬，广东省清远连南县人，软件工程硕士，中共党员，高级讲师，韶关市中等职业技术学校教务科副科长，韶关市教育局兼职教研员，担任中职计算机与电子商务专业课程教学。

参与《广东省中等职业学校软件与信息服务专业教学指导方案》编写（粤教职函［2012］126号）。主持市级课题《粤北地区中职计算机网络技术专业人才培养方案的研究》于2020年顺利结题。主编且正式出版教材《photoshop实训教程》（ISBN9787566814401）、《HTML5+CSS3开发基础项目教程》（ISBN9787576304831），副主编且正式出版教材《综合布线》（ISBN 9787566814173）

韶关市第六期基础教育系统“百千万人才工程”名教师培养对象。2018年被评为韶关市优秀教师；2019年获中共韶关市委教育工委优秀党务工作者称号。2021年韶关市中职学校技能大赛指导电子商务项目获一等奖，2022年广东省中职学校技能大赛指导电子商务项目获二等奖。

野百合也有春天

翁源县龙仙第四小学　曾齐全

接手教四年级（1）班语文课，已经是三年前春天的事了。

这个班的孩子，课堂上思维活跃，求知欲强；课后活泼好动，爱说爱笑，一开始让我感觉非常愉快。但一段时间下来，我却发现一个叫亮亮的小男孩，每天都郁郁寡欢。黑黑的皮肤配上漠然的表情，让人觉得他好像被无穷的伤感包围着。在我的记忆中，他上课从来没有发过言，课后也很少见到他和同学一起玩，似乎校园里生机勃勃的花草，明媚的阳光，清新的空气，还有同学们的嬉戏欢乐，一切一切都与他无关。那时的他，性格孤僻忧郁，表情呆板木讷，看着就叫人心疼。

究竟是什么原因，让一个本该爱笑爱闹的孩子这样不开心？疑惑的我，开始对他多了一份留意。

开始，我没有贸然去过分地关注他，怕我不小心触及他内心的伤痛产生排斥心理。我知道，这种类型的孩子，性格一般都比较敏感，心理也比较脆弱，他们往往不轻易把自己的心事让别人知道。因此，我只是尝试着为他做点什么：上课时，我会用关切的眼神鼓励他；巡堂经过他的座位时，我会装作不经意地拍拍他的肩膀，或摸摸他的小脑袋；课后，我也时常找机会和他说几句话。但这些，并没有让他有什么变化。母性的本能和职业的敏感使我觉得，亮亮一定是碰上了什么事情，并且是不好对别人说起的大事。我暗下决心，一定要帮助他，让他像其他孩子一样，高兴快乐地成长。但怎样才能走进他的内心世界？怎样才能让他开心起来？迷茫的我，一时却也没有什么好的办法。

一天上午，我教同学们学习《地震中的父与子》一课。文中父亲对孩子无私而深沉的爱、小男孩对父亲的依恋、父与子之间彼此的信任，深深地打动着班上的每一位同学。这时，我突然发现亮亮竟然趴在座位上抽泣起来。我走到他的身边，轻声地问他：“亮亮，你怎么了？是不是哪里不舒服？”他没有回答我，但肩膀一耸一耸的，抽泣得更厉害了。正当我有点不知所措的时候，旁边的一位同学把嘴巴凑近我的耳边，轻声地对我说：“老师，亮亮很小就没有爸爸了。”

“啊！没有爸爸了！”我吃了一惊，又愣了一下，终于知道了他的忧郁，他的木讷，他的一切一切的“不寻常”。

我平静了一下，轻轻地拍着他的背部，缓慢而坚定地对他说：“亮亮，别哭了。今后，老师会疼爱你，同学们也会关心你。”同学们听到我这样说，都纷纷过来安慰他。

早就听说过“灵光一闪”这个词，但我却一直都没有这方面的体验。现在回想起来，这节课的这个瞬间，触发我很快明确了帮助亮亮的方向和方法。

下课后，我瞒着亮亮联系上了他的母亲，买了点水果零食什么的，来到了他简陋的家中。他的母亲是个朴实的农村妇女，文化不高，没有太多的语言，也不善于表达。在和她一个多小时断断续续的交流中，我终于了解到，亮亮刚入读一年级时，父亲就在一次车祸中离开了他。当时才六岁的亮亮，被大人带去了现场，目睹了父亲的惨状。父亲过世以后，母亲为了生计四处打工，很少回家吃住。平时，亮亮只是跟着奶奶一起生活。聊到最后，这个憨厚的女人告诉我，生活苦点累点都不怕，她最担心的就是亮亮，怕他在学校无心学习，还怕他因为没有了父亲被其他同学欺负。说到动情的时候，还禁不住流下了伤心的眼泪。

我细心而温和地安慰了她，并对她说，目前亮亮在学校里挺好的，老师和同学们都关心他，爱护他。然后，主动把我的电话告诉了她，还让她加了我的微信。

回到学校以后，我很快就制定了帮助亮亮的计划。我和其他科任老师谈了亮亮的情况，希望大家多去关心他；还吩咐几位同学课后要常邀他一起玩。老师和同学们都非常配合，表示一定会尽力配合，去关心亮亮，帮助他转化。但一段时间后，效果还是不好，亮亮还是那个样子，基本上没有什么变化。

其实我也知道，要让亮亮从伤痛中走出来，并不是几句问候、几次谈话、几天相处就能做到的，如果没有走进他的内心，了解他的需要，是不可能收到好的效果的。尽管我和老师们、同学们付出了很多，但对他来说，这些都还不足以打动他的心扉。可以说，我这一次的帮助行动是彻底地失败了。

我开始焦急起来，不断地观察着、分析着，同时也在思考着、等待着。

转眼就快到“六一”了，儿童节是孩子们最喜欢、最期盼的节日。那几天的课间，班里的同学们总是凑在一起，聊着节日那天，爸爸妈妈会送什么礼物给自己。大家有的说会送衣服，有的说会送学习用品和玩具，还有的说父母会陪自己去游乐园等等，应有尽有。站在旁边的亮亮，听着同学们充满幸福的憧憬，还是一脸的失落，一脸的茫然，大家快乐的情绪并没有感染到他。

我把这一幕都看在了眼里。是啊，这个可怜的孩子，父亲早逝、母亲忙碌、奶奶老迈，哪里会有人能关心到他呢？

突然，我再一次的灵光一闪，这，不就是一个很好的机会吗？我喜形于色，开始在心底里盘算着，计划着……

“六一”节到了，同学们都穿着自己最喜欢的衣服，带着父母送给他们的礼物，兴高采烈地来到学校参加游园活动。亮亮还是一个人站在旁边，目光里露出一丝羡慕，一丝向往。作为一个女性，一个母亲，我知道这个时候的孩子最盼望什么，最需要什么。我根据事先的计划，不失时机地来到他面前，双手扶着他的双肩，亲切地对他微笑着。他一脸茫然，有点不知所措。我亲切地对他说：“亮亮，你怎么不参加活动？

你看，大家都玩得这么高兴，你也去玩玩吧？”他的眉头舒展了一下，似乎在感激我的关心，但随即又蹙了起来，恢复了平时那种淡漠的神态，一点也没有和同学们一起庆祝节日的意思。我说：“亮亮，高兴起来吧。你回头看看，是谁来了？”亮亮抬头望着我，我朝后面努了努嘴，他便慢慢地把身子转了过去。这时，他看到他的妈妈手里提着一包东西，正快步向他走来。亮亮先是一愣，然后禁不住扑了过去，激动地把头埋进母亲的怀里……

等他们母子俩激动过后，我也拿出特意买给他的书本文具，还有先前去县妇联帮他申请到的资助款，大包小包地送到他的手中，祝他节日快乐。并对他说，妈妈爱他，老师也爱他。这时，亮亮把头抬起来，我清楚地看到了他久违的微笑，在他泛着泪光的眼睛里，充满着喜悦和感激。他用略带羞涩的声音对我说：“老师，谢谢您！”

这时，同学们也不约而同地围了过来，七嘴八舌地祝他节日快乐，和他一起分享自己的节日礼物，他的同桌还和我一起牵起了他的小手……

接下来的日子里，亮亮开始慢慢地变了，脸色变得阳光了，表情变得快乐了，平时也能和老师、同学们进行交流了。

他妈妈不在家的日子里，我似乎成了亮亮的依靠。周末或节假日，他总喜欢来到我家里，帮我做做家务活，对我问这问那，有时还会打开心扉，和我谈起她的妈妈、奶奶还有家里的其他情况。而我，总会静静地陪在他的身边，仔细地倾听他的述说，耐心地回答他的问题，解决他的疑惑。平时，像关心自己的孩子一样，细心地关心他的学习和生活，在他的生日或其他节日里，我都会把他叫到身边，送给他一些小礼物，深情地祝福他。

在学校，老师们关心他，同学们帮助他，在家里，他的妈妈也经常抽空回家看望他，让他不再觉得孤单，觉得无助。而这一切，都是我计划的一部分。

亮亮其实还是一个聪明的孩子，消除了心理阴影后，他学习成绩也渐渐地跟了上来。我为他的变化而高兴着，但这一切并没有让我满足，因为我还有一个期盼，我在追随着亮亮不断进步的同时，一直都希望这个期盼结果的出现。

终于，在一个风和日丽的上午，在我的一节语文课中，亮亮第一次举起了他的小手，第一次勇敢地站起来回答了我的问题。尽管他的声音不大，答案也不完整，还有满脸的不自在，但就在他回答完毕的一瞬间，教室里爆发出了一阵热烈的掌声……

学期结束前的一天，我不经意地看到了他在QQ空间里写的一句话："在孤独的世界里，好在有你给我一份阳光。"

我问他，他说这句话是写给我的。

我呢，我在欣慰之余却深深地知道，洋溢在亮亮脸上的笑，是对我，对他妈妈，也是对其他老师，对同学们的最大的感恩！

【评　语】

教育就是要让每个学生都获得成长！教师不是太阳，但堪比太阳，要让爱的阳光洒进每个学生的心灵。由于各种原因，每个教室总会有那么几朵"野百合"，教师需要给他们更多的阳光，让他们同享春天的美好。

【作者简介】

曾齐全，韶关翁源人，小学语文高级教师、家庭教育讲师、心理咨询师，翁源县第四小学党支部副书记、县妇联兼职副主席、县家庭教育促进会业务会长，近年来主要从事家庭教育、预防未成年人违法犯罪、青少年心理健康教育等工作，是一间市家庭教育工作室主持人。2016年荣获市"三八红旗手"、市"减负增效"荣誉教师，2020年荣获市"优秀关工工作者"，2021年荣获市"最美执委"等荣誉称号。

唤醒“沉睡”的孩子

广东韶关实验小学　曾淑英

数学课上，我讲得津津有味，小丘却一直在睡觉。叫醒，再睡；再叫醒，接着睡。我试着点名批评，没想到，他给我一句：“我就睡，咋啦！”

我心里很不舒服，但为了不影响上课，也没再说什么。一下课就过去问原因，结果小丘回一句：“我可以拒绝回答吗？”我说：“可以，但是我必须和你聊几句。”他更是冷冷地说：“下课是我的休息时间，我不希望被侵占！”我恼羞成怒，忍无可忍，大声训斥：“你马上到我办公室来！”结果他反而瞪我一眼，扭头便走。我当时就愣了，知道遇到了“倔头”，生气没用，更不能简单粗暴地处理问题。

事后，我经过多方了解，得知小丘是单亲家庭的孩子。从小母亲就离开了他，而父亲缺乏跟孩子沟通的能力，又忙于自己的生意，父子间很少交流。孩子也从不主动与人交往，一个人独来独往。慢慢变得偏执孤僻，自卑倔强，对什么事都无所谓。父亲把他送来我们这所寄宿制学校，希望老师能帮帮这孩子。他非常聪明，爱看书，还下得一手好围棋。

了解这些情况后，我以为可以走近小丘了。一天课间，班里同学都出去玩了，只有小丘一个人趴在课桌上看书。我走到他身边，他头也不抬，继续看他的书。急于想和他套近乎，于是，我伸手想去翻他的书，在手就要碰到书时，小丘整个人跳起来，“别打扰我看书，真没礼貌！”

拿起他的书就冲出教室，留我一个人呆呆站在那，内心很受伤：明明就想关心他、帮助他，怎么就变成没礼貌了呢？真是不识好歹！

没办法，只能先“冷”着这孩子，同时却又让我陷入深思：怎样拉这孩子一把？没过几天，英语老师怒气冲冲来我办公室，情绪十分激动：“级长，你们班小丘无可救药了，英语考试不及格，上课睡觉，好心提醒他，还想和我打架，这样的学生必须请家长来，看看家长是怎么教育孩子的……”英语老师不了解情况，彻底被激怒了。好不容易安抚好英语老师，并答应我定会处理好这件事。可这确实是个棘手的问题，小丘完全把自己封闭起来了，不接受任何人的靠近，该怎么找机会走近他呢？

课间，刚好在开水房遇见小丘，我没说话，只对他笑了笑。他刚想走开，见我微笑，迟疑了一下。我忽然预感到，这或许是接近他的最好机会，赶紧问了一句：“小丘，老师想让你帮个忙，今天放学后，能占用一下你的活动时间吗？同学都说你的围棋水平高，能不能辅导一下同学们？”他先是一愣，没说话，然后勉强点了点头，转身离开了。我只是目送他：他是否真做，我没有底。

为迎接学校“庆元旦，迎新年”特色文化系列展示，班里好几个同学报名参加围棋赛，小丘也报名了。下午围棋训练，小丘没有让我失望，“白棋赶紧造眼！”“黑棋站位对了！”……他不厌其烦地给同学们讲解着、指点着，忙碌的身影和自信满满的样子，怎么也不会让你觉得这是个自我封闭的孩子。最终，我们班在这次围棋比赛中取得了团体第一、小丘个人单项第一的优异成绩。领奖那天，小丘脸上露出了久违的笑容。

之后，同学们在课间的玩耍嬉戏中，也偶尔多了小丘的身影，与此同时，同学们看小丘的目光中，也多了些肯定和赞许。

又一次课间，我装作不经意遇见小丘，这一次他怯生生地站在我身旁，不敢看我，两手不安，捏着衣角，弱弱地问了声：“老师，您找我？”我还是没说话，对他微微一笑，拉着他的手，给他竖起了大拇指。

他的脸顿时红了，咬着嘴唇，瞟了我一眼，轻轻地说了声：“谢谢老师!”然后又跑开了，看着他欢快地跑入同学中间，我深深舒了一口气。

小丘从小缺失母爱，情感非常脆弱。尽管爸爸给了他富足的生活，上最好的学校，他却在期待母爱的同时，内心对无法沟通的爸爸心怀怨恨。毕竟是个孩子，不能很好地处理这些矛盾，因此过早地失去了易感的心灵，进入叛逆期，以致对爸爸、老师、同学充满抵触情绪。这样的孩子，他需要肯定与关爱，更需要正确指引。

长期的叛逆，自我封闭，小丘对学习几乎失去了信心，成绩一直提高不了，但数学不算差。刚好学校选拔少年宫数学比赛苗子，初赛那天，几道题下来，我却意外发现平日做题拖沓的小丘，嘴角却露出些许笑意。评卷时发现，小丘的系统知识不牢固，但他数感很好，在数学思维方面很有灵性。在我的提议下，经教研组老师商议，破格录取小丘为市数学比赛组成员。成功的喜悦，再一次激发了小丘的信心和上进心，也唤醒了他的内在自觉性。学习积极性强了，上课也无暇睡觉了。英语老师再说起小丘时，也不再怒气冲冲了，同学们也慢慢接纳了小丘。

自己的努力与成功，老师的肯定与赞许，同学之间的接纳与帮助，小丘像变了一个人，不仅仅性格开朗多了，变得活泼健谈多了，他也从同学和老师信任的目光中找到自己存在的价值，在学习上更用心了，那次参加少年宫数学竞赛也拿了个二等奖。

当然，小丘有气馁、反复的时候，偶尔作业不做，上课偷偷看课外书。这时我都没有刻意去指正，利用课间闲谈，给他宣泄矛盾情绪，对他过激的情绪进行正确疏导。同时在班集体中，营造一种和善而坚定的气氛，培养其自律的意识、负责的品质。

两年以后，小丘以特长生的身份考入本校初中部。他在自己的微博中写道：“我曾是海面上迷失的一叶扁舟，您是我的领航员。感谢您的艰辛付出，是您的爱心、宽容、鼓励让我避过惊涛骇浪，渡过暗礁岩石，安全抵达明净的港湾。谢谢您，老师!”

靠近、发现、交融、引领，我就是这么不经意地引领着小丘，培养他的自信、自律、自主、自强，于细节中激发他“沉睡的”上进心，让他自我认识，主动构建。而我，在这个过程中，始终与小丘同行。

【评　语】

教育是一段旅程，学生需要教师的伴行，要引导学生自我认识，主动构建。教师的爱心、宽容、鼓励，可以让学生避过惊涛骇浪，渡过暗礁岩石，安全抵达明净的港湾。

【作者简介】

曾淑英，小学数学高级教师，广东省骨干教师、韶关市学科带头人、韶关市优秀教师、优秀党员、韶关市名教师培养对象、2021年评为信息技术2.0韶关市级专家。热爱学习，是学习型、研究型教师。有10多项比赛获省市一、二等奖。发表论文10余篇，二十几篇先后获国家级、省级、市级一、二等奖；编写的北师大版数学二年级上下册《金牌学案》，由广东教育出版社出版发行，同时多次参与学校校本课程的编写。

坚持的力量

韶关市第八中学　曾伟坚

“曾老师，不好啦，小刚他们打起来了，很严重呢！”

正在批改着作业的我，吓得赶紧丢下手中的红笔，“噌”地跑了出去，心想这回出大事了，又打架了！跑到课室外的走廊上，我发现了扭打在一起的三个人——小刚、小龙和小敏。

经了解，小敏想买零食没钱，小龙就帮他向小刚借了五毛钱，小刚则从商人的角度用五毛钱进行了放贷，一天利息两毛。一周后小刚催还钱，小龙不肯给利息。就为这点小事，三个好朋友一言不合就打起来了。

经过处理，小刚从开始坚持收取利息，到最后勉强同意只收回五毛钱。三个孩子都彼此道歉了，原以为这个由五毛钱引起的荒诞斗殴事件到此就解决了。然而，这件事的处理并没有让小刚满意，他刚从更好的学校转学来我们班，心高气傲，一来我就让他做了“亏本”生意。自那以后，小刚对我非常不满，经常和我对抗，同时，他还生气地拒绝了小龙、小敏的示好。从此，小刚在这个新班级中独来独往，没有朋友，没有交流，更加孤僻。

面对小刚的表现，我陷入了沉思：“他为什么就为了那么点小事而把好友推得远远呢？”“要怎样才能缓和我们与他的关系？”“这么发展下去他会不会有更大的问题？”“我该如何去帮助他呢？”带着这些困惑，我决定把小刚作为重点帮扶的学生。

首先，我对小刚的家庭进行了深入了解。他父母承包小型建筑工程，经常外出，且工作繁忙，因此，得不到父母关爱的他就选择了用父母经商赚钱的方式来赢得父母的重视，他认为放贷就是经商赚钱的一种方式。

接着，我改变交流的方式，尝试让他打开心扉接受我。在大多数老师都放弃他的时候，我还是选择相信他的潜力和能力。我尝试和他进行第一次交流。

“小刚，其实你的学习是非常有潜力的，为什么不努力尝试下呢？”

“曾老师，你开玩笑了，你没听数学王老师说我是个无药可救的孩子吗？”

“不是的，王老师只是想用这种方式来激励你而已。”

“没感觉，不喜欢就不喜欢，曾老师你不用那么假惺惺。”

说完，他果断地转身离开，把我尴尬地留在了原地，拒绝了我深入的沟通。我们的第一次沟通就这样结束了。

接下来，我多次尝试和小刚沟通都以同样的失败告终，他甚至开始抗拒听我的课，每次上课都打瞌睡。

我开始反思自己的教育方式和方法，如果正面沟通无法打开他的心扉，我只能改变交流方式，最后我选择了用周记来进行沟通。在我满怀期待地打开他的第一篇周记时，我发现这就是一篇流水账的吃喝拉撒记录，没有半点个人情感和事件在里面，让我没法找到交流的切入口。我还思考着：是否他真的不把我当回事啊？我是不是在对牛弹琴呢？我真的想放弃了。但出于对教育的坚持和耐心，我仍然在他的流水账记录后写上自己的感受，希望能引起他的重视。

然而，连续几周，我都收到类似的周记，我开始气恼了，很想批评他，心想：“他是真不把我当回事啊？我是不是在做无用功啊？我是不是应该放弃他呢？”经过内心的煎熬，这一次的周记，我没给任何的回复，是打定主意放弃他了。然而周记本发下去一天，我就陷入深深的自责中，“其实小刚还是有潜力的，我现在放弃了他，他还有希望吗？我这样还是一个老师吗?”最后，我决定坚持下去。面对他的流水账周记，我继续写感受、写鼓励他的话，虽然他都不回复。

在有一次依旧类似的周记中我忍不住地写下了这段话：“人，好像可以不需要朋友，也许它并不影响我们的生活，但当我们交了一个知心朋友后，你会发现你的生活将会有很大的变化，至少你有了可以分享心事的人了，有了倾听你说话的人，你不再是孤单的一个人了。你看，你连日常生活、个人情感都没法和人宣泄，所以才周周都只能写流水账的吃喝拉撒记录。你不孤单吗？难道你不想和我交流下吗?”

他收到我的回复后，一周都没任何动静，我很挫败地认为我又失败了，考虑着是否需要改变方法。就在我意兴阑珊地翻开他的新周记，“哇!”我兴奋地叫了起来，他这次没写流水账的生活记录了，而是给我写了一段话：“曾老师，对不起。这两个月，我也很难过。来到这个班本来就很不开心了，你上次又那样处理我，我真的很讨厌你，但没想到我一直不理你，你还坚持回复我的周记，以前的老师基本都不理我的。我是真的觉得孤单，我好想和小龙他们玩，但我拉不下脸。我现在该怎么办呢?”

这短短的120字，给予我莫大的鼓励，说明了我之前所做的“无用功”奏效了，我和小刚之间的隔阂正式打开了。接下来，我开始从周记聊天转移到日记聊天，用课后交谈、辅导、与家长交流配合等方式，让小刚逐渐敞开心扉和我分享自己的所有故事。在我的帮助下，小刚与小龙、小敏也和好如初。有了家长的关心、朋友的陪伴，小刚融入了这个班级的生活，学习状态越来越好，最后他通过努力成为我校8个普通班中唯一一个考上重点中学的学生。

毕业多年后，我收到了一封来自外地的信，信上写道：“在我的学生生涯中，我最感激的就是曾老师您，您没有放弃我、看扁我，用了那么多的方式来教育我，从没有因为我的态度而抛弃我，是您的坚持、耐心和坚信，给了我一个全新的人生，谢谢您!”

这封信让我想起水滴石穿的故事，同样地，在教师的教育教学生涯中，小刚这类难以沟通或沟通无效的学生不计其数，我们可能会在反复失败的过程中有不理解、恼怒、煎熬和想放弃。在这个过程中，我们不能回避现实，因为回避现实，就是放弃原有的努力。我们更别想一下子造出大海，必须先由小河川开始。我们要明白：教育是一个漫长的过程，不可能给点阳光就灿烂，更不可能我们一教育，学生就进步。我们只有坚信教育是有价值的，坚信每个学生都是有潜力的，坚持耐心地教育，顽石终将会被冲破，化茧成蝶，坚持一定能发挥出强大的力量。如果我们想要更多的玫瑰花，就必须种植更多的玫瑰树。因此，我希望能成为那个栽种玫瑰树的人，相信坚持的力量，终有一天，这股力量能让我看到娇艳的玫瑰花。

【评　语】

教育是慢功夫，不可能给点阳光就灿烂，需要教育者念念不忘，久久为功。同时，教育者需要有教育信念，坚信教育有价值，教育可作为，设法让教育走进学生心灵，激发出教育绵绵不绝的力量。

【作者简介】

曾伟坚，湛江遂溪人，大学本科，初中英语高级教师，韶关市第八中学英语教师、党办主任。担任初中英语教学。是韶关市初中英语兼职教研员、韶关市中小学外语教研会副秘书长、韶关学院外语学院客座副教授。曾获得广东省南粤优秀教师、全国中小学外语教师园丁奖、全国中小学外语教师名师、韶关市第三批基础教育名教师、韶关市优秀教师、浈江区优秀教师等荣誉称号。

个人教学特色明显，教学设计、微课等曾获全国、省、市多项奖励，如：教育部“一师一优课，一课一名师”部级优课、省级优课、全国中小学优秀微课、广东省教学资源征集优秀作品等。

教研积极，成效显著，先后独立承担6个市级课题、第一成员身份参与了1个市级课题、1个省级课题，获得了4个韶关市教改成果一等奖、3个广东省普通教育教学成果二等奖。先后撰写论文16篇，分别获全国、省、市奖励，并发表论文9篇。

换座位背后的秘密

广东北江实验学校　陈永峰

老师们都接过这样的电话吧。“老师，您好，我孩子最近表现如何?”一番交谈以后，家长总不忘提要求：“老师，我小孩坐在后面受影响挺大的，您能不能往前调一调。”听到这话，我就有怨气：“为什么家长总是这一套呢。”考虑到家长的苦心，我满足了他的请求。

可是，很快就有家长来电话，直截了当地说：“老师，我孩子说，张涛换座位了，坐到第二排后上课特认真。老师，我孩子学习习惯本来就不好，现在坐在后面成绩更差了，您也把他调到第二排吧!”

听到电话，我气不打一处来：“孩子的学习习惯差，不想办法纠正，还要怪座位不好。这班主任实在没法干了，天天应付家长换座位的电话，教学都不用研究了。”心里虽一百个不高兴，但还得笑着向家长解释“学习和座位关系不大”。

为什么总有家长提要求？我想，应该是学生及家长的心里感到不平衡。家长总听到孩子在说，同学换座位后成绩上去了。强化了学习成绩和座位的关系，忽略了学生学习能力的培养。

为了让学生及家长寻得心理平衡。我将座位调整为，以身高分成四大组，学生座位每周往前挪一排。周而复始，学生不论高矮，都会从第七排坐到第一排。家长心理平衡了，因座位问题来打扰我也自然少了。

可没安稳几天，就有学生打趣地说：“老师，李明周围的同学成绩都很好，你看我周围，哎！伤心呐。”李鼎还因我没给他换座位，摆脸色给我看，作业也草草地完成。看到他那表现，我满脑子冒火：“你还摆脸色，班主任就该欠你的吗？”

深夜，冷静地想想：看见成绩优秀的同学在热切地讨论，自己却在孤军奋战，学生心理会不平衡，但学生反映的问题，确实是亟待解决的问题，小组成员间互助学习很有益。

于是，我将座位调整为，前后两桌四人为一个学习组，各小组实力基本相当，座位隔周往前挪两排。学习小组稳定了，学生心理也就平衡了。

本以为学生该安心学习了，可还是有学生在提：同桌讲话多、同桌身上有臭味等问题。

我想，该给这些学生换座位吗？如果换了，其他学生也提同样的要求怎么办。那不又出现了新的不平衡点吗？怎么才能让这些学生克服困难，寻得心理平衡，将精力投入到学习能力的培养呢？

对，就这样。换，换比原同桌问题更大的同学。让他们明白“有人的同桌还不如自己”，让他们找到心理平衡点。

座位在不断地调整，学生也慢慢地淡化了座位与学习能力培养间存在的必然联系的想法。

回顾为学生换座位的整个过程，不难发现其中的秘密：每个人都需要找到心理平衡点。教师也一样。

在生活中，因从众效应，人们往往偏离对事物正确的认识。就像家长、学生过分强调座位的作用，就像很多老师埋怨教学工作、教育工作是苦差事。

其实，只需要找准一个心理平衡点，一切都可以改变。心理平衡点，就像一个天平，无论哪一边重，都可以通过调节它使人保持平衡。人生找准了平衡，与成功就近了一步。有些企业家财富越积越多，却没有因财富招灾惹祸，其平衡点是“为富可仁”，把财富分给别人，多做慈善事业。

作为教师能跳出学生、家长的世界为他们创建平台，引导他们寻得心理平衡点。教师不也该跳出自己的世界，看自己的生活吗？古人云：“知止而后有定，定而后能静，静而后能安，安而后能虑，虑而后能得。”心理平衡的过程就是“虑而得”的过程。把“一切以学生的发展为目的”作为心理平衡点，教学工作就显得轻松了。

【评　语】

平衡是生活的智慧，也是教育的艺术。教育者可以利用心理平衡点，服务于教育教学。同时，教育者自身也需要寻得自身的心理平衡点。

【作者简介】

陈永峰，江西鹰潭人，本科学历，中学高级教师，广东北江实验学校办公室主任，担任初中语文教学工作。积极探索教育教学改革：2016年主持完成了市级课题《初中语文课堂笔记整理策略研究》、2020年主持完成了市级课题《核心素养背景下初中生语文课堂笔记整理的家校互助模式研究》；2021年论文《学会追溯逻辑思维的轨迹》荣获韶关市一等奖；参加“第五届广东省中小学班主任专业能力大赛”荣获综合三等奖，多次被学校评为“十佳教师”。

他需要多一点关注和宽容

广东北江实验学校　杜永溪

小嘉，男，13岁，八年级学生。刚进入八年级不久，就听到班主任多次向年级反映其不良表现：上课开小差，作业不交，自习课恶搞，顶撞老师，在宿舍故意不值日，威胁同学，等等。班主任提醒我该生家庭环境比较复杂。

利用一个课后时间，我让班主任把小嘉带到年级办公室。初次交谈，小嘉不愿多说话，特别不愿谈起他的家庭情况。于是我从他的个人爱好聊起，让我意外地发现，小嘉竟然有个很不错的兴趣——绘画，尤其是画枪画得特别好。经过他的同意后，我向他要了几幅他的作品，拿给美术老师批阅，美术老师给了个A+，小嘉兴奋极了。到这时，小嘉开始有点愿意跟我交流了。经过逐步的接近，他告诉我，他妈妈早年在国外被害，他从小学开始就转学多次，来现在的学校读书也是亲戚帮忙才进来的，父亲远在深圳工作，基本见不到面，周末要么留宿在学校，要么投靠在远房亲戚家里。他目前的心理状况很不好，感到孤独、苦闷、无助，特别是到了周末，无处可去，无人可依；学习方面，没有学习动力，不知为何而学，同时因为基础较差，学习困难很大，基本是放弃状态。他本人也对自己目前的状况很不喜欢。

通过几次谈话，我有意识地引导小嘉一起分析原因，让小嘉逐渐认识到，要缓解自身的问题，让自己的生活更充实快乐，最主要的力量在于自己的自我正视。

正视自己的家庭情况已成事实，不是自己的错，也无需抱怨父母，更不必迁怒他人（比如同学和老师）。另一方面，也要正视自己的生活和未来，不能裹足不前，作为一个男人（将来的）应该要挺起胸膛，勇敢地面对生活，为自己美好的未来做出努力。小嘉也领悟到自我正视、自信的重要性，也表示愿意在改变自己方面做尝试，并有信心可以做好。

因为小嘉的家长不在本地，所以我与他的班主任老师进行了沟通，互相交流了对小嘉的了解，发现小嘉其实很在意老师对自己的眼光和看法，很希望得到老师的认可和表扬。于是，我们一同与其他科任教师沟通好，尽量多关注小嘉，发现他的闪光点，并及时表扬。如课堂认真听讲，做笔记，回答问题等，或者课后交了作业，宿舍值日等可以肯定的事情都给他表扬和鼓励。另外，也让班主任做好其他学生的工作，要求大家在生活和学习上多帮助小嘉，特别是安排学习习惯、学习成绩都较好的同学与小嘉同桌，课堂上督促小嘉认真听课，课后辅导他完成作业。还有，利用小嘉在跳绳方面的兴趣，同学有意识地组织课后训练，大家与小嘉一起练跳绳，每次小嘉跳时都一起给他数数加油，增加小嘉与人交流的机会，感受身边同伴的关怀和接纳，培养小嘉的人际交往意识。

同时，我与小嘉约定，让他每个月把他新画的画带给我欣赏，但尽量不要在课堂上画。我每次都很认真地欣赏了他的新画，还带他去让美术老师批改。每次他都很满足，很有成就感。

有时我们也对学习和生活等情况进行讨论、分析，引导他改良情绪。从两方面进行引导：一是通过阅读幽默故事，启发他回忆起最愉快的时刻；二是布置作业，看相声、喜剧，读童话，然后写快乐日记。

经过一段时间的跟踪和交流，小嘉的情况有所改善，表现在于与同学、老师的关系融洽多了，愿意表达自己的想法，学习成绩也略有提高，平时见面脸上笑容也多了。

对小嘉这样的孩子，他需要教师多一些关注和宽容，帮助他们顺利度过家庭变化的不稳定期。关注和宽容不就是一种教育？

【评 语】

教无定法。不同学生群体当用不同方法。关注和宽容无疑也是一种教育，而且对一些特殊群体而言，是最好的教育。

【作者简介】

杜永溪，广东省乐昌市人，大学本科学历（理学学士学位），初中数学副高级教师，广东北江中学教学处副主任，担任初中数学教学工作，主持初中教学管理工作。2015年荣获韶关市基础教育系统“教学能手”称号，主持多项市级规划教改课题，多篇教研论文获省市级优秀论文评选一等奖，并发表在省级教研期刊《广东教研》《数学学习与研究》上。

学生喊我"奇哥"

韶关市始兴中学　方伟奇

高考结束后，在整理东西时，我无意中发现一张学生们写给我的祝愿卡，封面上写着三个字"致奇哥"。于是，我不禁回想起昔日的往事……

2016年，我怀着一个美丽的梦想，欣然接受了学校实验班班主任工作。积极上进的我，接手伊始就立下做好每一件事、力争第一的雄心壮志。所以在接手后就迅速在班级展开"衡水模式"的教育。给他们观看视频、发放学习守则与衡中优秀学子学习心得。告诉他们，我们班级除了没有枪、没有炮，其他的完全实行军事化管理，我作为班主任也以身作则，严格执行。为了树立班主任威信，达到预期效果，我甚至要求自己表情严肃些。

此后，我与学生们一道挥洒高三的艰辛汗水。每一个清晨，我都坚持6点10分到达课室，给学生们陪读，抓松懈的学生。白天，我除了上课，还会听班级的其他课，和他们一起跑操，中午我也会去课室看看午间自习情况，连漫长的晚自习，我也是在学校里度过，改作业、看晚修、找学生谈心……每天，总是披着晨光进校，又踏着星光离开。

在我的督导之下，该表扬的，及时表扬，该处罚的，也基本不留情，时刻摆准公平严肃的原则。于是，每次月考，学生的成绩也稳中有升，班级在量化考核方面连续三个月都是"满堂红"。可是，我的"苦育"，并未带来太多的惊喜，反而惹来部分学生的不满。大半个学期过后，我无意中看到一篇匿名的班级日记，让我美好的心情瞬间沉入谷底。里面都是充满了对班主任抱怨的语句，“面瘫、冷酷、专制、霸道”，竟然用一个个刺眼的词语把我形容成一个铁面无私的“黑包公”形象！

我当时有点生气，但更多的是失望，心理受到了沉重打击。我每天这么艰辛，全身心地投入，就是为了督导他们，让他们收获一个美好的前程。我甚至因为长期在校而遭受家人的埋怨，怨我不管家，不陪小孩。而他们身为18岁的高三毕业生，心理相对成熟，又面临高考，应该有吃苦的心理准备，特别是尖子生，更应该不怕辛苦，更应该理解老师。

我想根据字迹把那名学生找出来，仔细想想，又怕给他（她）心理压力，甚至会影响到班里其他学生的思想状况。郁郁想了几天，我决定先找班干部了解一下班里同学的心理动态，也了解他们对“班级学习要求”的看法。

出乎我意料的，有两个班干部觉得军事化管理不错，但执行起来有点严苛，特别是对于犯了错误同学的处罚。但是他们表示理解，只是有些学生因为自身行为习惯懒散而不能理解我的做法。有些班干部指出，有同学曾经向他们反映：日常的学习已经很累了，还时不时地看见我这严肃的脸，就觉得压力很大，特别压抑，希望我像其他班的女班主任一样，多些微笑，多些亲和。还有人指出，解答理科难题很烧脑，所以课外同学们会玩点小玩意来调节一下，舒缓大脑压力。有时候一些同学一不小心错过了时间，本来就已经很心虚了，抬头就看见我一张严肃的脸，接着就是严苛的处罚，总让人觉得班主任不够人情味。

听了学生的话，想起我以前的高三岁月，也是每天起早摸黑，每天面对高强度的学习，那时大学没怎么扩招，录取更难，周围有的同学萌生退意，那确实很累。现在大学虽然扩招了，奋斗的过程依然是艰辛的。我醒悟了，在紧张的高三里，其实更需要一个灿烂的微笑，给自己减压，更给学生减压。

从那天起，我一改以往的“专制的黑脸”，收起了一副严肃认真的表情，取而代之的是一张“民主的笑脸”。遇事不急躁、不冲动，引导学生快乐学习，健康生活。学生午休偷偷玩魔方，我利用班会课举行魔方比赛，让他们一展身手；学生上课看课外书，我成立班级图书驿站，专门用一节自习作为学生的阅读课；下午课外活动，我还组织他们打羽毛球、分小组投篮比赛、定向来回跑等活动，小组第一的同学，还给予小小的奖励；每次进到课室，一改以前首先步入讲台挪出椅子的惯例，取而代之的是站在讲台前给学生们一个温馨的点头微笑；发现学生有喜欢玩微博的习惯，于是每次班会课上，我都会首先给学生们展示我最近更新的微博，里面有一些与人生、哲理有关的最新文章及评论，并同时附上自己一张搞笑的微博达人头像，往往引得学生们一阵哄笑，让学生感觉老师原来离我们是如此之近。

慢慢地，学生发现我的转变，课间越来越多的学生跑过来跟我聊天，教室也由以往的沉闷变为笑声朗朗。课余时候，学生远远地见到我便向我招手，并喊我一声“奇哥！”。而我也越来越喜欢这班孩子，班主任的工作越来越好展开，很多事情或道理，我只要说一说，他们都会自觉地做好，我不用像以前那样花太多的心思去疏导他们。哪怕我依然起早摸黑地在学校里，也抓不到几个违反班级约定的学生，他们都变精明了。当然，班级的成绩也没有拉低过。

高考就像龙卷风一样迅猛而来，又迅猛而去，难耐的改卷期也很快过去，高考放榜了。我班的学生果然没有辜负我的期望，发挥了他们最好的水平，重点本科录取人数远远超了学校下达的目标人数。

这段教育经历让我明白：对待学生是“协助”不是“胁迫”，是引导不是压制，不停地压迫只会积蓄反抗的力量，最终伤害的不仅是自己，还有一班可爱的精灵。

事后我得到的启示是，学生成长过程当中，我们要学会以欣赏的眼光去发掘学生生命成长中最初最美好的一面。唯有这样，我们才能闻到教育的芬芳，欣赏到沿途美好的风景，享受身为人师的幸福与快乐！

【评　语】

协助不胁迫，引导不压制，当教师欣赏和发掘学生生命成长中最初最美好的一面时，教育因此而美好。

【作者简介】

方伟奇，韶关南雄人，硕士研究生学历，中学一级教师，韶关市始兴中学高三年级主任，担任高中生物学教学工作。主持高中生物学课堂教学改革工作，2021年荣获广东省南粤优秀教师称号，先后3次被评为“广东省生物竞赛优秀辅导教师”，曾获得广东省中学生物教学质量一等奖。共发表论文19篇，其中在国家级（核心）刊物《中学生物教学》《生物学教学》《教育与装备研究》上发表8篇，省级专业刊物《中学生物学》《教学考试》上发表11篇，被人大复印报刊资料收录索引6篇。

教育无小事

新丰县第一中学　傅里淮

在高中的学习生涯中，学生会经历各种各样琐碎的事情，如何在生活中学习中的小事里找到教育的切入点，从而充分展现教育的意义，是教师教育教学的重要补充环节。许多教师往往会比较重视说教，而忽视一些看似“无足轻重”的小事。我个人喜欢“以小抓大”，在细节中寻找教育成功的钥匙。

“教育无小事，事事皆育人”。在学校里，随时随地都会出现一些看似平凡的小事，虽是小事，对学生却有着举足轻重的影响。从这些纷纭复杂的“小事”当中，迅速捕捉并准确选择富有教育意义的育人素材和机会，可以有效地使学生明辨事理，点燃其心灵的火花，促进其自我教育。可以说，稍纵即逝的教育时机，往往就是一个老师竭力寻找的打开学生心灵大门的钥匙。

2014年我带高三17班，刚接手我就发现这个班比较懒散，三观不是很正。于是我就从小事做起。

平时早读之前，我会观察每位学生，如果有学生流鼻涕打喷嚏，我会嘘寒问暖，严重的我会给他点驱风油之类的简单外用药；有学生蓬头垢面，我会温馨提示其注意卫生，或者给他点卫生纸叫他马上去洗手间清理好；有学生精神状态不好，我会跟他闲聊一会，千叮万嘱要早睡早起，养足精神。经过这些“小事”的长期积累，学生会逐渐体会到你的关心，懒散的班风会逐渐改变，三观也会扶正。

有位陈同学，平时散漫惯了，学习成绩也不好，多次说教收效甚微。有一次大扫除时，他主动表现，帮同学擦黑板。我一看，机不可失，马上表扬他，从此以后开启了他良好行为的开端。

还有一位愤愤不平刘同学，老是觉得社会不公平，别人都对不起他，也很容易激动。一次我带男生们去搬教材，刚好轮到他的时候教材搬完了，我就微笑着提醒他，“你对这个搬运的分工安排怎么看？”他心领神会地笑了笑，有几次类似的活动，我都让他体验，从别人的角度去看事情和问题，慢慢地我发现他改变了不少。

班主任工作事无巨细，我认为学生“小小”的座位是很重要的，所以我先摸透每一位学生的生活习惯、性格、成绩差异、优缺点等，然后再编排座位。比如一位学生数学比较差，英语比较好，就安排一个数学比较好英语比较差的学生与他同桌（尽量满足，不可能全部）。我觉得如果学生总是等着向老师提问题，全部让老师来解答是很不现实的，不可能学生每次遇到问题，老师都能及时出现并解答，其实三人行必有我师，学生在特定条件下也可以做老师，既可以减轻科任教师的负担，又可以培养学生的互助的精神。座位安排完以后，每周要轮换调一次座位，我都是不厌其烦地在周一就把最新的座位表张贴在讲台，这样把事情做细，学生、科任、检查老师都慢慢感受到一种贴心的服务。

在平常的教育教学过程中，其实会遇到很多类似上述的“活动”，有不少教师会进行简单的口头指令，一带而过。而这些“活动”恰恰多是发生在学生身边的，合理地利用学生对“活动”的参加，让他们去思考和感受，在讨论中去引导、教育他们，往往会取得意想不到的效果。偶尔一句表扬、一个微笑、一个温柔的鼓励、一点关怀，这些看似不起眼的小事，对学生却有着深远的影响。我们要善于在琐碎的工作中寻找教育的契机，从每一件简单的事中挖掘教育的意义，让每一件平凡的事体现教育的价值。

【评　语】

细节之处见天堂，细节之中藏教育大法。教育无小事，事事可育人，教育者要善于从小事上找到教育的切入点，充分扩充和展现小事的教育意义。

【作者简介】

傅里淮，韶关市新丰县人，本科，学士学位，中学一级教师，新丰县第一中学高中历史教师、年级组长。

七次获县“高考成绩优秀教师”奖、2014年获县“先进班主任”称号、新丰县普教系统第2批“骨干教师”称号。先后公开发表省级以上论文10篇，主持和参与市级课题3项，出版历史专著1本。

幸福生活的能力

始兴县丹凤小学　官莲花

那年，我被分配到一间乡村小学，担任二年级数学老师兼班主任。学校坐落在大山里，读书升学是很多家长和孩子梦寐以求的出路。因此，我特别重视孩子们的学习成绩，常常利用业余时间给成绩不理想的学生上小课。琳琳就是我留堂的常客，而她却常常表现得心不在焉，总急着回家。

这天批改完数学第三单元试卷，琳琳又考砸了，这女孩真让我头疼，怎么教她都不会。我把她叫到办公室，逐题给她讲解，直至她理解了，懂了，全部错误订正完毕。我给了一张空卷子让她回家再做一遍。第二天卷子交上来面批，又是错误连篇，我发飙了："怎么还这样错呀？听不明白老师讲的吗？"琳琳眼含着泪，低着头，感觉受了很大委屈似的。我拿来计数器，教她结合学具，借助直观计算，学习如何更高效理解背诵乘法口诀。

这样的辅导坚持了一段时间，收效甚微，她越来越抗拒，她说："老师，我不学了，我学不会。"我不假思考，也没去想为什么不学了，为什么学不会，就直接放弃了。心想：不学就不学吧，这么笨的孩子，让她快乐成长好了，不要把她逼得这么辛苦，不是所有的孩子都能成为爱迪生、成为牛顿。

"报告！"

夏天的一个午后，我正在办公室批改试卷，琳琳进来了，手上提着一袋子绿油油的青菜。

“老师，这个送您。”她小声地说。

我一怔，“为什么送我青菜呀?”

“这是我自己种的，家里吃不完，奶奶叫我送一些给您，谢谢您经常教我做作业。”她说。

“你种的?”我不敢相信，要知道我这个在农村长大的女教师都没种过菜。我疑惑地看着眼前这个小不点：衣服不太合身，被太阳晒黑的脸上透着刚刚赶路的红潮，脑后的马尾有几缕头发溜出来，显得乱蓬蓬的。裤腿上粘的泥土很明显，右脚上的凉鞋带子耷拉在地上。

见我怀疑，琳琳说：“老师，种菜不难，奶奶教我怎么种，我照着做，菜就种出来了。”“这么神奇啊?”心想，要是学习上也能老师教你怎么做，你就照着做，学习就好了，那该多好呀！可哪有这么简单。

我谢过琳琳，收下了她的菜。这么小的孩子要种菜?会种菜?带着一连串的疑问，我决定到她家看看。

走进琳琳的家，一间泥砖矮瓦房阴暗潮湿，兼了睡房和厨房。琳琳正生火做饭，烟呛得人眼泪直流，见我来了，她赶紧呼唤奶奶。在琳琳家我了解到，琳琳父母离婚了，父亲在外地打工，琳琳跟着年迈瘫痪的奶奶生活，家里照顾奶奶、做饭、洗衣、种菜、喂鸡等活儿都是琳琳在做。我终于知道她为什么总是不耐烦我留堂，一放学就着急回家了。奶奶含着泪说：“都是我这身体连累了孩子，苦了这孩子，什么都得自己来，还要照顾我。辛苦老师多教教琳琳，让她多学点知识。”

突然间，我对这个家庭有了深深的同情，更对这个女孩有着深深的歉疚。因为我的偏见，我的误解，我的自以为是，硬生生地将一个能干的小女孩定性为笨孩子。笨孩子怎么会小小年纪就能种出绿油油的青菜，笨孩子怎么会小小年纪就能照顾瘫痪的奶奶呢?

这是一个身上有着这么多优秀品质的孩子：顽强、阳光、懂感恩、有担当……而我呢?居然遇到困难就退缩放弃，差点推卸了教师的责任。一叶障目，不见泰山，我只片面看成绩，片面追求智育，这是多么大的误区！越自问我的脊背越凉。

了解了她的家庭情况后，我对这孩子有了不一样的情愫，不一样的作为，我给她梳头发，为她买衣服，占用放学时间辅导她的学习，跟她聊天……虽然她的学习成绩还是不理想，但她能尽所能，有所得，我依然喜欢她，喜欢她脸上自信的笑，喜欢她干干净净的样子，喜欢她总抢着擦黑板……

十多年过去了，琳琳已经嫁人，她在县城菜市场卖菜，因为勤快诚实，生意十分好，我也常常去买她的菜。

我常常想，七岁就会种菜、做饭、担起家庭重任的琳琳与大学还要妈妈陪读的“高才生”相比，谁的生活会更幸福？教育不就是要让人成为立起来的人，具备幸福生活的能力吗？土耳其有一句谚语：“上帝为每一只笨鸟都准备了一个矮树枝。”正所谓尺有所短，寸有所长，作为一线的教育工作者，我们要带一双慧眼、一颗平常心，挖掘璞玉。

教天地人事，育生命自觉。让孩子们具备幸福生活的能力才是我们教育的终极目标。

（注：致谢感谢故事主人公琳琳对我的启发，触动我对自己教育行为的反思，促进自己的专业成长）

【评　语】

教育，育才固然重要，立人亦属使命。教育所育人才抑或普通人，都要具备幸福生活的能力。教育如何指向学生幸福生活能力，成就学生幸福，值得教育者思虑。

【作者简介】

官莲花，韶关市始兴县人，本科学历，副高级教师，始兴县丹凤小学教导处副主任，担任三年级数学教学工作。2020年5月主持的广东省教育科学规划领导小组办公室规划课题“基于扫码微课下小学数学‘上善课堂’的构建与实践研究”立项，2019年11月参与的《小学数学

“共生课堂”的构建与实施》获韶关市教育教学成果一等奖。论文《微课与小学数学深度融合教学路径探析》2021年6月发表于《数理报》，中国知网全文收录；实验成果《基于扫码微课下小学数学“上善课堂”的构建与实践研究》2022年3月发表于《广东教学报》，龙源期刊网全文收录。近三年到薄弱学校送教送讲座8次，各类教育教学竞赛获奖15项，2019年获始兴县梁广榕先进教师荣誉称号。

感谢那次投诉

韶关市浈江区实验学校　何虹

20年前，我带着教育理想走出象牙塔做了一名小学老师。第一年，我任教五年级语文，工作顺风顺水，学生活泼可爱，教学业绩也在全年级第二，得到家长和学校的认可。工作第二年，学校安排我担任二年级1班班主任，自信心满满的我认为当班主任和做科任老师没太大区别：当班主任，小菜一碟。

刚开学两个星期，班上问题就接踵而至了：学生小报告不断，课堂纪律差，班级卫生差等。面对他们稚气而调皮的脸，自信心爆棚的我偃旗息鼓了。终于在一堂语文课上，我如黄河决堤一般爆发了。“啪”的一声，我把语文课本重重地摔在一个叫小瑞（化名）的男同学的桌面上，并大声训斥道：“你又上课讲话捣乱了？教室是你随便撒野的地方吗？再这样就请你出去！”听到重重的响声和我的大声训斥，班上的学生被吓到了，那节课鸦雀无声。

小瑞是一个成绩中上但平时最喜欢惹麻烦的孩子。面对他的一次次“不听话”，我决定给他“下马威”也给全班学生来个“杀鸡儆猴”，目的是告诉他们，我可不是只会微笑的，只会温柔的，我也会发火，也会严厉管教的。那一天，整个班的学生都很安静，应该是被我吓到了，我心里暗自得意：原来他们怕这一套啊，那我以后就这样对他们吧。

第二天，新的麻烦来了。我被叫到校长办公室，办公室里除了校长还坐着一位威严的中年男士，气氛十分严肃。校长示意我坐下，我战战兢兢地坐下来。男士开口说话了："你就是小瑞的班主任吧。"我点点头。男士不屑地看了我一眼，对校长说："小瑞今天早上哭着不肯来上学了，说是这位老师不让他听课，他可是从来没有这样的。有这回事吗？"我支支吾吾地点了点头应了："嗯。""校长，你看是不是给我家小瑞换个班级？"我顿悟了，小瑞的家长，作为家委会成员，是来学校找校长投诉，投诉我恐吓学生，赶孩子出教室，不懂班集体管理。

校长连忙解释道："某领导，这位老师刚毕业不久，教学能力还不错，就是经验不够丰富，请您给她一个机会，让她好好反省自己，小瑞现在换班的话，适应新老师需要一个过程，对他的成长也不好，这位老师也会因为这件事在同事和班里孩子中的形象受影响，我们先看看她的工作态度，如果没有改正我们再换，好吗？"经校长与家长的再三沟通，这位家长终于同意继续让小瑞留在我们班。那一刻，我不知道自己是怎样跌跌撞撞地回到办公室，泪水已在我眼眶里打转，陷入了迷茫的我当时想到辞职，但校长的话语却一幕幕清晰地浮现在眼前。

"何老师，你是一个很负责的班主任，要成为一名优秀的班主任光有责任心可不行，还需要讲究方法。"校长望着一脸委屈的我说。

校长见我像只吓坏的小鸟，接着说："要不我给你提个建议，好吗？"

"嗯——"我实在不想解释什么，毕竟是自己有错在先。

要不你去找六年级的胡老师学习，他是我们学校最有办法的班主任。我想他一定能给你很多关于如何做好班主任的启发。

一周后，泄了气的我心情慢慢平静下来。校长的话一直记在心中，我不断问自己该如何管理好这群调皮的孩子，如何才能成为一个优秀的班主任。

终于，我鼓起了勇气找到了胡老师，把心中的苦恼、委屈像竹筒倒豆子般的倒了出来。胡老师很热情，他教我很多处理问题和教育学生的办法，并建议我蹲下去和学生做朋友，与学生、家长多沟通，只有让学生感受到被尊重，才会真正敞开心扉与老师沟通，才会尊重老师，遵守纪律。

摆正心态后，我首先找到了那个男孩子，向他表示道歉。听到我的道歉，他觉得有点意外，也还有点恐惧。过后，我一直关注他，慢慢走近他，询问他学习上有没有不懂的地方；天气变冷了打电话提醒他，记得穿衣服；知道他的父母工作忙，放学没空来接他回家，我主动送他回家；课间三五个同学一起聊天时特意叫上他。有一天，他竟然主动和我聊起他的父母，聊起同学间的趣事。之后，我约他的父母坐下来好好谈了一次，除了表达我那天的歉意，我还了解到了孩子的家庭情况，原来前段时间父母吵架，影响了孩子。我给他们提了一些教育的建议，希望他们能维护家庭和谐，多关注孩子成长。在我和家长的沟通及共同努力下，那个小男孩后来成了我的“小助手”，除了自己变得优秀了外，他还带领班上的孩子共同维护班级的荣誉。我也找回了当初的自信。新学年开学前，小瑞的家长出乎我的意料，找到校长请求让我担任三年级的班主任，继续做小瑞的语文老师，说是小瑞很喜欢上我的课，成绩进步大。一年后的小瑞，他的成绩从班里的中上踊跃到年级前十名，学校的每一次活动他都积极主动参加，担任学校大队委干部，成了同学们学习的好榜样。

自那以后，在胡老师的建议下，我开始读苏霍姆林斯基的《给班主任的100条建议》、《陶行知的教育思想》、魏书生的《班主任工作漫谈》，开始追李镇西老师的教育博客，明白了教师要有“孩子的心灵”，要以“学生之乐为乐，以学生之忧为忧”的道理，懂得了班级管理是一门心灵的艺术，懂得了教育的本质是：一棵树动摇另一棵树，一朵云动摇另一朵云，一个灵魂唤醒另一个灵魂，用心灵触动心灵。

每当新学期到来，接到一批新生，我会向原任班主任了解孩子的情况。根据不同性格的孩子，我会在课间操走到他们中间帮他们翻翻衣领，整理整理红领巾，微笑着摸摸他们的头；与他们一起跳绳，一起游戏，课后把他们叫到身边谈心，谈好看的动画，谈同学的趣事，谈家庭的琐事。家里情况特殊的孩子，我试着多走访他们的家庭，了解学生在家的情况，与家长沟通孩子在校表现，更多是表扬孩子的闪光点。就这样，我成了孩子们的朋友，我的班级管理也开始走向正轨，我也摸索出了管理班级的一些方法，我的班也荣获了县、市“先进班集体”称号。

教育工作繁琐且艰巨、琐碎又平凡、细小而反复。在工作中我们偶有犯错、失败、伤心、愤怒……当不如意涌上心头之时，跌倒后的我们爬起来及时反思自己、端正态度，改变自己，一样可以成为出色的老师！感谢那次“投诉”，它让我重新认识了班主任工作，改变了我对孩子的态度，改变了我与孩子沟通的方式，让我学会了倾听孩子们的声音，让我从一个不懂教育艺术的老师，慢慢地成长为优秀班主任。

【评　语】

问题学生成就优秀教师，教育挫折成就教育艺术。教师需要有开放的心态，好学的劲头，遭遇挫折及时反思，认真钻研学习，以自己成长引导学生成长。

【作者简介】

何虹，韶关市翁源县人，本科学历，小学语文高级教师，浈江区实验学校少先队辅导员，担任小学语文教学工作。曾任职于翁源县教育局德体卫艺股（任教育系统女工委主任），曾任翁源县龙仙第三小学副校长（主管教学）。兼翁源县第八、九届政协委员，县无党派知识分子联谊会理事，韶关市小语会理事，翁源县家庭教育讲师团首批讲师，韶关市小学语文高级职称评委库成员。2014年12月评为广东省“优秀实验教师”；2017、2018、2019年被评为韶关市“中小学幼儿园教师专业课培训优秀辅导教师”；2018年获翁源县龙仙镇先进教师；2019年撰写的政协提案获翁源县优秀提案奖。

钉鞋风波

仁化县实验学校　黄慧珠

“同学们，体育考试结束了，咱们把钉鞋捐赠给八年级的学弟学妹们，好吗？”初三的体育考试结束后，我对学生说。

“好啊好啊，正愁不知道如何安置这钉鞋呢！”班长小恺马上响应。

“小恺，咱们想到一块了！不知道其他同学们意下如何，你们愿意吗？”我满面笑容，接过话题再问。

“愿意！”孩子们异口同声地响亮回答。

“鞋子要洗吗？”一个孩子小声地问道。多懂事的孩子啊！我的心充满了欣喜，愉快地答道：“八年级的老师说了不用洗。”

“老师，这样不太好吧？把一双脏兮兮的鞋子给人家，显得对人家不尊重，我们还是洗干净后给吧！”另一位孩子这样说道。

多有爱心的孩子，不仅成绩优秀，还那么大方懂事！最后我和孩子们决定：把钉鞋洗干净，标上码数，写上一句祝福的话语，下周班会课的时候，由班长和体育委员把钉鞋送到八年级，举行一个简短而隆重的捐赠仪式。

我怀着愉悦的心情从教室回到办公室时，听到有一个班主任抱怨：“我班的学生真是小气，我说如果钉鞋不要了，把钉鞋放在讲台上，结果放学后，讲台上才两双钉鞋！”另一个班主任也愤愤地说：“我班更过分，他们说要把鞋子卖给八年级的学生！”我说：“我班的学生可真懂事，他们说洗干净后赠送给八年级的学弟学妹。”同事们听了纷纷赞叹我班的学生，作为班主任的我更高兴。

下午，一个班主任悄悄告诉我："我刚才下楼梯的时候问你们班捐钉鞋的事情，有一个女生说，我们都还没有表态，慧珠就帮我们做了个愉快的决定。"

"不是我帮他们做的决定啊，我是征求了他们意见才决定捐的啊！"我听了辩解。

在与学生相处时，我一向认为自己是一个能尊重学生意愿的民主老师。因为班上的很多事情我都是让学生去做决定，更让自己觉得成功的是学生向来都是亲亲热热地叫我慧珠、珠珠姐，虽然与学生有着年龄上的差异，但却相处融洽。难道我平时的感觉都错了？一股委屈感和挫败感油然而生。

第二天早上，我特意提前到了教室，对学生说："孩子们，昨天捐赠钉鞋的事，我不是和你们商量了才决定捐的吗？怎么变成了我替大家做了个'愉快的决定'呢？"学生听了面面相觑，这时上课铃声响了，于是我就开始讲课了。

下午，我突然发现桌面上有一个折好的字条，上面写着"慧珠收"，我好奇地打开字条，只见里面写着："亲爱的慧珠，其实班上很多人都是不想捐钉鞋的，无关小气。钉鞋渗透了我们的汗水，饱含了我们的感情，承载了我们三年美好的回忆。况且我们没有人说要丢掉，以后跑步，高中都可以用到，我们真的不想给别人，但是大家不敢说。当然不是全部，有同学还是愿意捐的。因为我知道慧珠是民主的，所以才把心里的话说出来，希望慧珠能理解我们这些不想捐的人！"

在纸条的下方，又用红笔写道："如果你在班上问同学愿不愿意，肯定所有同学都会说愿意，除了真的很有勇气的同学，因为我们敬畏慧珠，不敢拒绝，但是我们心里不想。老师您也别猜是谁写的，我就是传话机，传出大家想说的话，构建自由平等公正法治和谐的三班！"

我久久地看着学生写的纸条，陷入了沉思，平时我自以为特别尊重学生，一直来以民主的班主任自居，这一次，我"民主了"吗？我站在学生的角度换位思考了问题吗？

“知错能改就是好孩子”这是我经常教育学生的，那么作为一个老师，我应该怎么样面对自己错误呢？是不是就此放弃捐赠钉鞋呢？

我在办公室里细细品读字条，并征求同事们的建议。大家纷纷发表看法，有的老师认为多一事不如少一事，爱捐就捐，不捐就算了。我听了也动摇了。这时候，德育处主任恰好走进来，了解了事情的来由，他建议我和家长、和学生聊聊，一语惊醒梦中人。

放学后我找来班中最愿意和我说实话的几个“闺蜜学生”，了解到的确如写纸条的学生所反映的一样，小部分学生是不大愿意捐的，有不舍得的、有想把鞋子留给弟弟妹妹、也有学生是因为不想洗鞋子，觉得直接扔了更省事，当然有更多学生愿意捐的。接下来我又在班家委会微信群征求家长们的意见，家长们非常支持这一活动，认为既环保又彰显爱心。

深思熟虑后，我再次走进了教室。“同学们，关于捐赠钉鞋的事情，我向大家道歉，我没有充分了解同学们的想法，轻易地做出决定。感谢提醒我的同学，也希望今后同学们有不同意见的时候大胆提出来，我一定会诚恳接受大家的意见的！接下来怎么处理这件事，交由班委去处理。”

班委采取匿名调查的方式，得知愿意捐赠钉鞋的同学还是有一半以上，最后还是决定捐赠钉鞋，班委的同学还很细心地考虑到不举行捐赠钉鞋的仪式，把钉鞋放在指定地方即可，这样可以最大程度避免不捐赠钉鞋的同学有心理负担。最后，我班捐赠跑步钉鞋和足球钉鞋一共48双，班长和体育委员高高兴兴地将鞋子交给了八年级的学弟学妹们。

捐赠钉鞋的第二天，我的桌面又出现了一个折成心形的纸条，里面写着：“亲爱的慧珠，谢谢您对我们的理解！这次我留下了跑步钉鞋，捐出了足球钉鞋，既留下了初中奋斗三年的美好回忆，也传递了实验学校的团结向上、积极进取的优秀品质。”

“钉鞋风波”让我思绪万分：教育无小事，凡事三思而行。作为一个优秀的老师，不应该以所谓的“师道尊严”教育学生，应时刻提醒自己不要打着民主的旗帜，好心却办了坏事，事与愿违。构建民主和谐的班集体，走进学生的内心世界去倾听纯真的声音，拥有更多学生粉丝和无话不谈的闺蜜学生，相信学生，让学生去积极参与班级管理。乐于工作，无私奉献，让社会主义核心价值观芳香满室，幸福延续。

【评　语】

教育无小事，事事三思而行；管理要民主，民主当讲科学。班级管理是实践领域，需要实践智慧，实践+反思是实践智慧的生成路径。

【作者简介】

黄慧珠，广东揭西人，本科学历，初中数学高级教师。仁化县实验学校教师，担任初中数学教学工作。韶关市名班主任工作室主持人。曾获得以下荣誉：仁化县最美教师，仁化县巾帼建功先进个人，仁化县优秀教师，仁化县骨干教师，仁化县数学科教学优秀个人，仁化县道德模范韶关市“减负增效”荣誉教师，韶关市教育系统创建全国优秀家长学校工作先进个人，韶关市中小学优秀青年班主任，韶关市名教师培养对象，韶关市三八红旗手。2014年5月参加广东省初中青年数学教师优秀课荣获特等奖。

“一句话”风波

韶关市曲江区第一中学　李胜全

“老师！老师！两个男生正要打架，你快来学校……”班长还没说完，我就急忙挂了他的电话，放下手中的碗筷，匆匆赶往学校。

事情发生在2018年4月的一天晚上，为丰富我校学生的校园文化生活，我校开展了一年一度的班级篮球赛。持续两个星期的篮球赛，眼看就要顺利收尾。世事无常，在女子最后一场篮球赛中，我班黄冬妮在场上出了意外摔伤了。篮球赛一结束我便同班长及一位女同学一起带她去人民医院检查，幸运的是她的伤并无大碍。黄冬妮同学是因为代表班级参加学校篮球赛而受伤的，是在为班级集体荣誉而拼搏过程中受伤的，为了让她感受班集体的温暖，鼓励她本人，也为了激励今后有更多同学为班集体争光，我决定组织一次班级活动，即为黄冬妮说一句鼓励的话。

第二天到学校后，我马上说服黄冬妮，她默许开展这次活动。第一节课下课后，便和同学们说明：昨天下午黄冬妮因为打班级篮球赛受伤了，现在我想在班上组织一次活动，就是为黄冬妮同学说一句鼓励的话。我作为班主任先带头说：“黄冬妮同学，你是好样的！”我还当着同学们的面将这句话发到班微信群。我鼓励大家以自愿为原则，把想说的话发到班级微信群里。我还强调说：“此次活动后天结束，希望同学们积极参与这次活动。”

话音刚落，李贵红和丘员两位同学异口同声说：“冬妮同学，你是我们榜样，为你骄傲！”为此，我感到很欣慰，我对同学们更是充满信心。可是一天过去了，我打开班级微信群，竟然没有一位同学参与，班群一片寂静，我为此感到很尴尬。难道我说得不够清楚？为什么同学们如此不积极？在第二天课间操时间，我又去重申了一遍这件事，希望得到同学们一个很好的“答复”。直到中午时，班级微信群才零零落落出现了“冬妮同学好棒”等鼓励性质的话。大家的热情这么低！

第二天晚上，钟伟健同学在班级微信群中直接表达对此次活动的不满，说我“老狐狸”“变色龙”，还骂黄冬妮，以此来反对这次活动。我看到后火冒三丈，很想好好收拾一下他。在去学校的路上，我开始反思：难道这次活动不该组织？是我先入为主了，事先与学生沟通不够？是我不够民主没有跟同学们商量？这样想的时候，我的火气才慢慢消散了。

到学校后，我先找来班干部了解大家对这次活动的看法，随后找来几个与钟伟健同学要好的同学了解他如此言行的原因。然后，我才去找钟伟健同学，问他对这次活动有何想法。他两眼直盯着我，坐在座位上一言不发，一副准备和我“战斗到底”的样子。

我向他道歉说，这件事老师考虑得不够全面，事前和同学们沟通不到位，请他有什么想法只管说。他突然站起来噼里啪啦说开了。他指责我不够民主，强迫学生搞活动；说我处事不公，质问说上次李天然也是在班级活动中脚受伤，为什么不搞这样的活动？

面对他的指责和质问，我没有生气，也没有批评他，而是向他详细解释了我组织这次活动的初衷，即希望大家关心同学，关心班集体。同时，我保证以后无论是谁，只要他是为班集体活动中受伤的，我们都要组织类似的活动，说一句话鼓励他。我还特意赞许他敢于对班级活动提出不同意见，但希望他注意提意见的方式。我还鼓励他希望他以后继续对班级活动和我的工作提出不同意见。一节课后，他终于认识到了自己的鲁莽，并在班上向我与黄冬妮同学当面道歉。

这次活动算是有“惊”无“险”地过去了。但这件事对我在管理班级上有着重要的教育意义：我的想法不是学生的想法，班级管理也好，教育教学也好，要加强与学生的沟通。所以在平时工作中，我时刻提醒自己，要与学生多沟通，别让“一句话”的风波继续上演。

【评　语】

沟通的力量是无穷的，无论教育还是管理都需要教师做大量的沟通工作。这既是教师工作的主要方式，也是教师做好相关工作的前提。沟通要讲究方式和艺术，教师要借助有效沟通与沟通艺术实现教育和管理目标。

【作者简介】

李胜全，高级教师，韶关市名教师，曲江区名班主任。2000年以来一直从事高中化学循环教学，任班主任工作23年。2012年被评为高级教师，2019被评为韶关市第三批名教师。2020年被评为曲江区第三批名班主任。已完成的课题研究共4项。获各级奖项论文共40多篇，在各类核心刊物上发表5篇论文。现任曲江区第一中学总务处副主任，化学科科组长，学校心理咨询室主任。

“野”孩子的故事

韶关市武江区东岗太阳城小学　刘淬

近日碰到教初中语文的朋友，她说：“我让学生写作文《我的老师》，好多学生都写到了你，尤其是小鹏，写得情真意切，他说你的拥抱会让他终生难忘……”朋友还没说完，小鹏的形象已经从我的脑海里蹦出来了，因为这个学生让我印象太深刻了。

我是在小鹏读三年级的时候接他们这个班级的。但是对于小鹏这个孩子的大名早已如雷贯耳。他瘦小机灵，一双大大的眼睛，脖子和手臂常常因为打架留下条条血痕。他顽劣成性，无心向学，行为机灵古怪，课上课下，贪玩好动，整天惹是生非；上课敢把前面女同学的辫子剪去一半，敢当着老师的面旁若无人走到讲台继续打架，敢在课后趁没人注意把尿撒到同学的水瓶上，敢在游戏机室“拿走”别人的手机，小小年纪甚至跟别人合伙偷卖自行车，身材瘦小的他打起架来却非常凶狠，打了人后，还会对被打的人及知情的人发出警告：“不许告诉老师或家长，否则我会打得更狠。”……由于他的野蛮，他在学校里几乎没有朋友。

前任老师说他像野马、野兔、野猴、野猪……怎一个“野”字了得？

接到这个班后我算是真正领教了：上课40分钟能认真听10分钟已经不错了，下课铃一响，你甭想看到他的人影，他会满操场地乱跑，当然难免会撞到人就难免会打架；作业马马虎虎交差了事……

但是就是从他那并不像样的作业中，我发现这个孩子其实智力还是可以的，尽管字写得不好，但正确率还是蛮高的。

面对这样的一个孩子，我陷入思考……

这孩子是不是有多动症？心里有这个疑问，但也不好意思问家长，决定上门家访，再多了解一些孩子的情况。

小鹏的妈妈对我说，他们工作忙，对小鹏陪伴比较少。并且小鹏的爸爸脾气比较急躁，每当老师、同学投诉了小鹏的种种劣迹行为时，孩子都会遭到父亲的一顿毒打，以致孩子身上常常青一块紫一块的。他的妈妈说着说着竟哭了，看来要教育好孩子是任重而道远啊。

回到家里，我陷入了思考。小鹏缺少父母的陪伴，其实他常在上课时大喊大叫或在课堂上耍几个小动作，就是希望吸引老师、同学们注意力，就是典型的“求关注”。

而与人交往时小鹏又不自觉地承继了爸爸“坏脾气”，因此他表现出攻击性行为，不能与周围的人产生共鸣。

可是忙碌的父母确实只能抽出较少的时间陪伴小鹏，而爸爸的坏脾气一时半会也改不了。那么在学校我还能用怎样的方式来填补小鹏那空虚的心理呢？

我想了一夜，算是有了“对策”。

班里有一个转来不久的外地学生小明，性格内向，由于各方面的原因，在班里他像个局外人一样，下课了，不做作业，也不跟同学们一块儿玩，就傻呆呆地坐在座位上，作业总不能按时上交。

小鹏求关注不就是因为渴望有朋友吗？这个孤单的新同学也需要尽快融入新集体，同样的渴求也许能让他们拉近彼此距离，打开心扉……

我把小鹏拉到身边，说：“老师觉得你很聪明，你能帮老师一个忙吗？”

“没问题！”他想都没想就一口地答应了。

嘿嘿，小家伙上道了，我的嘴角泛起一抹笑意！

“你来当小明的小老师，他的作业有做不出的地方你来教他，行吗？”我说。

“教？我做老师？”小鹏瞪大眼睛不可置信地看着我。

“对，你知道怎么做小老师吗？”

“当然知道，那他就要听哦！”小鹏仰着头说。

“可是你教了他，你下课就不能和小朋友一块儿玩了，你能做到吗？”

“嗯！”他想了想，还是点点头说，“我去教他。”

“当然他的作业交出后，你可以带着他一起去玩哦！”我摸了摸他的头，补充着。

“嘻嘻！”小鹏露出了洁白的牙齿……

瞧！不犯事的时候他还是个可爱的小机灵。

呵呵，我这可是一举两得哦！一是把小鹏牵制住，让他少“野”，认真听课，否则怎么当小老师？二是给予小明帮助，让他感受到班级的温暖。

就这样，小明成为小鹏的同桌。很快，小鹏就进入了角色。

“老师布置了作业，你赶紧登记啊！不然，回到家又不知道要写什么作业了。”

“没带水吗？一楼走廊边有直饮水，我带你去！”

“我发现课室后面那棵树上有个鸟窝。走，去看看！”

“喂，喂，把你掉在地上的纸捡起来，等下值日生来检查要扣文明班分的。”在教室里总能听到小鹏的“教导”……

有了小鹏的帮助和带动，小明渐渐地融入新集体，而小明的信任和依赖似乎让小鹏找到了“存在感”，小鹏感到自己责任重大，之前的毛病也慢慢地改了不少。

虽然这两个个性截然不同的孩子也偶有争吵、打闹，但他们俩还是成了一对好朋友。

有一天，他拿来小明的本子给我批，我一看全对，而且做得很快。语文科代表还没有把其他同学的本子收上来，小明在小鹏的督促下，竟然比别人做得快。我给了小鹏一个赞许的微笑说：“小鹏，你真是了不起的小老师，是老师的好帮手，老师谢谢你！”

他羞涩地笑了，笑得那样灿烂！

从这以后，老师们反映小鹏像换了个人似的，小朋友们来向我告小鹏打架的状几乎没有了。

有一天晚上，我正在家看书，忽然接到小鹏的电话：“老师，你别挂电话啊，今天是你的生日，祝你生日快乐……”电话那头飘来一首并不动听的歌曲，可我却听得热泪盈眶……一个曾经总与好事无缘、错误相伴的孩子，如今也懂得去爱别人了。

曾经看到这样一个故事。俄国著名的现实主义画家列宾和他的一个朋友在院子里散步。周围一片银白，这位朋友瞥见路边雪地上有一小片黄色的污渍，显然是狗留下的尿迹，他就顺便用靴尖翻起雪和泥土，把污渍掩盖了。没料到列宾发觉时，生气地说：“几天下来，我都到这里来欣赏这一片琥珀色。”

列宾的话令人震撼！在常人看来这是有碍观瞻的垃圾，可是用另一种眼光和另一种思路去领悟，它成了白色背景下的一片片美丽的琥珀色。对于许多“不听话、调皮捣蛋”的孩子，我们往往贴上“道德品质不好”“问题学生”的标签，但孩子身上发生的许多问题，往往包含着许多复杂的因素：他们的自制力不好，他们是非辨别能力弱，他们还有许许多多的心理问题。所以作为老师，我们要换一个视角，换一种观念，换一种思路去看学生，帮助孩子找回自我！

【评　语】

“野”孩子通常是有个性的学生，需要老师换一个视角，换一种观念，换一种思路看待他们，对待他们，帮助这类孩子找回自我。

【作者简介】

刘淬，湖南宁乡人，大学本科学历，一级教师，韶关市武江区东岗太阳城小学副书记，担任小学语文教学工作。2017年9月被评为韶关市基础教育名教师培养对象；2015年9月荣获韶关市武江区小学语文学科带头人称号；2015年9月荣获韶关市武江区基础教育名教师称号；2020年9月荣获武江区优秀教师称号；2021年7月荣获韶关市武江区优秀共产党员称号。

“俏花旦”变形记

韶关市曲江初级中学　刘欢

深夜手机响起一阵急促的电话铃声，“喂，老师！是我，小敏！我被录取啦！录取啦……”隔着屏幕，我感受到了她激动的语气。

小敏是我看着她长大的一个孩子，原本是个非常听话的孩子，但在上小学三年级开始学会了玩游戏，开始有了旷课、迟到、早退的行为，老师管教她不但不听，还把老师视为仇人！到了六年级，她的行为变本加厉，常常能在街头小巷看到她坐着一些“小混混”的摩托车“呜”一声，卷尘而去！晚上彻夜不归战斗在网吧，家长也常常在网吧把她逮回家，回到家里就是一顿毒打！打了再犯，犯了再打！就这样一直恶性循环着。大家都说这孩子废掉了！没救了！他父亲通过朋友找到我，希望我能挽救他的孩子，于是，我决定尝试挽救这孩子。

她刚上初一，我正好要组建一支舞蹈队参加市英东杯比赛，因为老队员都毕业了，我要重新选一批新队员，我决定选小敏。当我找她谈入队的事情时，她开始很抗拒，抗拒到冷面无情，最后她只扔给我几句话：“我真的不想进舞蹈队，因为我进去，无疑就是一个被嘲笑、被鄙视的对象。再说，我也坚持不了，我需要自由自在的生活，练舞很辛苦！ 我根本没想过初中毕业后还要继续读书，所以真的不想学什么。”说完，她就走了。我觉得很惊讶！这孩子性格刚烈，目中无人，虽然对于她的话，我虽然早有预料，但没想到她这么直接，这么坚定。

不过，很快，我从另一个角度找到了惊喜，其实她的直白能反映出对我的信任。美国演说家温德尔·菲利普斯的经典语录“失败乃成功之母”激励了我面对失败时，要有不放弃、不抛弃的理念。于是，我开始从心理上进行出击，我开始做了“爱心计划”：把组队日期推后两周，决心用两周的时间把她感化并吸收她入队。在那两周里，我拿出我看家本领：协调能力较强，亲和力较强，较善于做人的心理工作。通过努力，我很快让她接受了我，并带我走进了她的心理世界，向我讲述了她的苦与乐，释放了她的内心世界！我抓住她的心理弱点和需求进行心理指导和鼓励，并表示，一定会帮助她走出阴影，走向阳光大道！

她开始对我有了信心，于是我趁热打铁，给她讲入舞蹈队的好处和跳舞对一个人特别对一个女孩子的作用有多大。给她讲我对舞蹈的梦想，讲我读师范时，因为体型问题曾经很自卑过，后来学校在北京舞蹈学院招聘来一位舞蹈老师，在他的大力鼓励和严格教导下我重新找回自信和坚持，才有了现在热衷舞蹈的我！给她讲很多很多我成长的故事和经历。我鼓励她进入舞蹈队，并赞扬她说：“天生就是跳舞的料，你一定能在舞台上找到自信和骄傲的自己！”还认真地对她说：“从跳舞开始改变自己！从舞蹈开始让别人重新认识自己！我绝对相信你能做得很好！我更相信你能坚持到最后……”小敏听了后，很感动，她说：“好，我一定大胆尝试改变自己，融入集体，融入正常人的学习生活！”说完，我第一次看到了她的眼泪，那一刹那，我知道，她其实是个懂事的孩子！就那一刹那，我还知道，我已走向成功拯救这孩子的开端，我对自己说：加油！一定要坚持！

我成功地把小敏吸收为舞蹈队员，但在刚刚进入排练的开端，“好事多磨”“万事开头难”等难题全冒出来，这些困难都因小敏而来，且是我没预料的。首先，当一开始组队，就有不少老师劝我说：“不要吸收小敏，如果吸收她，你就毁了舞蹈队的声誉，还担心影响其他同学。”我对同事说：“没事！我相信她会在我团队中创造奇迹、改变自己的！只要她有改变，我就觉得值得了！”虽然同事们的好心劝说没有动摇我的决定。但很快，舞蹈队开始有队员向我提出退出舞蹈队的申请，更要命的是，不到两天，队员们都退了，他们都说："不想与小敏这样的同学做队友，家长也极力反对，担心自己的孩子与小敏一起学舞蹈会学坏。"舞蹈队只留下空荡荡的我和她！我开始担心，说实话，在那么一瞬间，我有过放弃的念头，但我很快清醒地找回我的理念：不抛弃，不放弃！

我立刻召开退队队员的会议，会议重点从爱心进行出击，把我要拯救小敏的想法告知大家，并向孩子们呼吁："这是一种爱心行动！希望大家能支持我，和我站在同一条战线去拯救一个迷失方向的女同学。"这时候，有个队员起身说："老师，我们不是没有爱，只是物以类聚，人以群分，我们不愿意跟她做队友！"另外一个队员接着说："对，近朱者赤近墨者黑，我们不可以受到她的污染。"我第一次感受到孩子们排斥小敏的力量那么强。于是我和大家说："没错，她之前是有很多不良习惯，但她是真心想改正，我们能不能一起帮助她，给她机会呢？"队员们还是没有转变排斥她的思想，我继续说："我们是一支优秀的团队，团队需要做到有海量的胸怀去包容队员的过错，她需要我们的接纳和帮助！如果能接纳她，让她走进我们这个艺术的家庭健康地成长，那我们将是功德无量！不但她全家会感激我们，全校、全社会都会感激我们。"这时，有位队员终于站起身说："既然老师都说到这份上了，我建议大家给小敏一个机会，我们都回来，一起帮助她！"另一个队员又说："我们给她机会，没有问题，但机会只有一次！如果小敏进来后没有改变，请老师开除她！"我说："行！如果她进来后依然没有改变，我一定会开除她！"就这样，我成功地留住了她们。

小敏在这支队伍中开始收获了尊重和友好，这是她多年来第一次感受到集体给予她的温暖！为了让她在队伍中树立自己的形象，我常常为她开小灶，从基本功的严格训练到舞蹈动作的耐心分解教学，发现她其实是个非常有灵气的孩子，不但聪明，也很能吃苦，承受能力也强！我越来越喜欢她。在排练中，我特意一次又一次叫她出来做示范，每次示范完，她都能获得阵阵掌声！我知道，这些展示的机会和集体的认可是她克服困难和树立信心最有效的良药！除了舞蹈上的知识，我还对她们的学习、纪律、心理健康、做人做事等方面进行有计划、有目标、分阶段的辅导和鼓励，并对队员们的表现有非常严格的跟踪和管理，做到发现问题及时解决。也许是自己的爱心行动、爱心教育感动了这群孩子，小敏在大家的帮助下，变得很听话！比如她不再迟到、旷课，不再进游戏机室，大街小巷没有了她坐小混混摩托车的身影，放学准时回家了。

看着她出现了脱胎换骨的变化，我认为时机来了，于是我开始选队长。这支队伍没有像往常一样，一组队就选队长，因为这支队的队长位置我一直给她留住，直到她有了这样的转变，在队友面前树立了好形象，并有了一定的威信，我才通过民主选举，让大家选出这支队伍的队长。果然，不出我意料，全票通过，队长是小敏！虽然是个很小的“官”，但小敏却露出从未有过的激动和兴奋！从此，她顶着这官帽进行她的管理，她身上常常有我的影子：关爱队员，最早一个来、最后一个走，帮助后进的队员，对领悟能力较慢的队员进行课后辅导等。我很感动！同时在管理上大胆放手，给予她大力的支持和帮助！她干得非常卖劲！

夏天的一个上午，她妈妈来到学校，远远地，我见她满脸笑容地向我办公室走来，一见到我就紧紧握住我的手激动、喜悦地说：“刘老师，太谢谢你啦！我家小敏有救了！有救了！”她说话的声音都是颤抖的。我把她请进办公室坐下，让她慢慢地与我分享。原来，昨晚她在家里写完作业就把房门关起来，灯又亮着，而且亮了两个多小时。我和她爸以为她在里面玩游戏什么的，于是敲开门，只见她把蚊帐都拆了，原来她在床上练舞，那时已经12点多了，我们俩都惊呆了！问她：“为什么要在床上练？”她说：“因为很多在地面翻滚爬行的动作，家里是水泥地面，不但会弄脏衣服，还会磨烂衣服，不想加重妈妈洗衣服和爸爸买衣服的负担！”我听后瞬间眼泪在眼圈里打滚，这孩子变得那么勤快、那么懂事！能体贴我们了！我们夫妇俩真的太感动！昨天晚上，我夫妇俩兴奋得一夜没睡！我们家的孩子终于有救！我们家都要感激您！感激您对小敏的大恩大德、不离不弃！那天，她妈妈在我办公室坐聊了很久，因为，她已经好几年没有这样兴奋、喜悦过了。

我围绕着这个事迹在队伍中展开了专题座谈会，这个会议开得很有效，不但对其他队员是一种鼓舞，对小敏的肯定和激励更是最高效的！就这样，那年我们这支队伍跳的《俏花旦》在各级各类的比赛中获得了很多金、银奖，那个舞蹈，就是小敏变形的转身。

【评　语】

转化“俏花旦”这类孩子并不容易，教师要对教育有信心，对他们有信心，要不放弃、不抛弃；要探索走进他们内心的方式，提供给他们表现和发展的舞台。

【作者简介】

刘欢，中共党员，韶关市曲江初级中学音乐正高级教师，广东省特级教师，广东省中小学名教师工作室主持人，广东省基层宣传文化能人，华南师范大学兼职教授，国家高级家庭教育指导师，韶关市教育信息化名教师工作室主持人，韶关市第三批基础教育名教师，韶关市优秀班主任，韶关市优秀教师，韶关市百千万人才工程名教师培养对象，韶关市本土文化人才培养对象，荣获区级以上个人荣誉称号56项；主持省级课题9项；其中1项省级课题获2020年广东省教育创新成果一等奖；2项优秀案例分别荣获广东省2021年心理健康教育优秀成果二等奖。获广东省班主任基本功大赛二等奖、韶关市班主任专业技能大赛一等奖、韶关市心理教师专业技能大赛一等奖。

“顽石”也能开金口

韶关市中等职业技术学校　刘宇丹

欲立威信

刚工作不久时，我简单地认为教书很重要的一点就是要镇得住学生，要想镇得住学生，就得树立教师的威信，否则的话，学生不怕你，你以后的工作就很难开展下去。

那是工作第二年，我接的高一6班，这是一个计算机专业班，身为班主任的我想在学生面前树立一下威信。至于是怎样的威信，如何树立威信，就没有仔细掂量。

应对冷场

一次上课，我正在兴致勃勃地讲计算机的硬件组成，大部分同学都能认真听讲。正当我想请一位同学回答我的问题时，发现有一位同学王小凤（化名）正低着头，瞧她的神态，思想似乎已经开小差了。我想借此机会“测试”她。于是，我提高说话音量，提出问题“一台电脑由哪些硬件组成?”我注视着她。其他同学都显然感觉到了我的变化，大家都将目光集中到她这里，教室里的气氛也显得那么压抑。

王小凤同学也感觉到我盯着她，她红着脸，头压低，双手紧紧抓着衣角，似乎出着汗。我立即请她回答我的问题，她听到我叫她，微微抬起头环顾四周，慢慢地站了起来，低头看了看书，又抬头看了看我，没有说话，课堂上出现了短暂的沉默。很显然，她刚才在开小差，没有听到我提问的问题。我暗自思索：是让她坐下去了事呢？还是继续？我只要耐住性子，让她回答。我继续说："你把我刚才提问的问题说一遍。"她的脸涨得更红了，牙齿咬住嘴唇低下了头，沉默不语，同学们也响起了窃窃私语声。我暗自提醒自己：耐心！"那你刚才在干什么？你能把我提问的问题重复一遍吗？"我又再次催促。"快说呀！"旁边的同学也察觉到了不对劲，开始悄悄提醒她。可她抬了一下头，看了看我，又低下了头，有一串泪珠滴在了她的本子上。教室里寂静无声。我无奈地请其他同学回答问题，帮她解了围。

另择蹊径

课后，我找了平时和王小凤玩得较好的董兰兰（化名）同学聊天，了解到王小凤同学平时很少跟同学交流，性格内向，难得听到她说话，即使说话也是细声细语，吞吞吐吐，给人感觉不够自信。但她有一个爱好是练钢笔字，钢笔字写得很漂亮。

我想到了今天的情景，在我们中职学校应该说是很平常的事，可我为什么非要逼着她回答呢？是为人师者该有的做法吗？我真的错了！

有几位老教师曾启发我，对于学生的教育，把握其心理状况是很有必要的，我们要从建立师生信任着眼。于是我怀着期盼的心情找到她，从她的爱好——练习钢笔字和她进行了一番交流，并让她用钢笔帮班里抄一份手抄报，她欣然地答应了，这让她认识到了自己的优点和价值。之后我又从学校图书馆借了两本练习钢笔字的书给她，鼓励她勤奋练习，争取把钢笔字练得更好。同时也分配一些班级里需要写钢笔字的工作任务给她。经过了几次的接触与聊天，我了解到原来她在读初中时，因为成绩较差，老师很少提问她，也很少管她，所以上课时她也不大会听，没想到我会提问她。因此，我与她约定，下次上课，要提问她，并希望她能够自己举手发言。

下次课堂上，我有意识地在课堂上营造轻松气氛，设置问题，鼓励同学们回答。我暗中观察王小凤的“动静”，以温和的目光关注她，等待着她的眼神和我交会时，我向她颔首示意。终于，她的手悄悄地举起了一小半。回答时尽管声音还是细若蚊吟，但已令同学们刮目相看了，我俩会心一笑，我如释重负，我让同学们鼓掌表示鼓励。

从那以后，我就有意识地经常提问王小凤同学，王小凤同学上我的课也变得认真听讲了，成绩也有了很大进步，性格也比原来开朗了许多，还报名参加了班里的演讲比赛。一位不愿开口的学生，今天终于有了勇气、胆量和自信，重新认识到了自己的价值。

不久之后，学校举办计算机竞赛，我担任辅导教师，也让王小凤同学报名，她没想到自己也有机会代表班上参加这项活动。在训练中，我悉心地指导她的实操，并对她遇到的问题从理论上进行解答。我将她参加竞赛活动的表现向她家人反馈，肯定她的进步。

最终王小凤同学在学校计算机竞赛获得三等奖。这个奖项对她的影响是巨大的，她上课的积极性提高了，更充满自信了。

用心就好

老师要以将心比心的态度，建立师生相互信任的关系，才能打开学生的心扉。学生成长过程中离不开老师和同学的鼓励与肯定。老师要帮助学生发掘自身优势潜能。这能够帮助学生树立自信心和自尊心，让学生在自身优势中获得较好的自我效能感，并产生内在动力，从而上升到自觉行为。

老师的爱心与耐心，可以使铁树开花，顽石说话。

【评　语】

教师是学生人生的导师，老师要帮助学生发掘自身优势潜能。老师的爱心与耐心，可以使铁树开花，顽石说话。

【作者简介】

刘宇丹，韶关浈江区人，本科学历，中等职业学校讲师，韶关市中等职业技术学校培训科副科长，担任职高计算机教学工作。主编教材《网络综合布线》由暨南大学出版社出版。主持1项省级、2项市级课题，参与3项市级课题。指导学生参加市技能竞赛获一等奖1人、二等奖4人。公开发表4篇教育教学论文；论文评选获省级二等奖4次、三等奖1次。2011年3月被广东省职业技能鉴定指导中心授予“优秀考评员”称号，2011年6月被中共韶关市委教育工作委员会评为“优秀共产党员”，2014年9月被评为“韶关市优秀教师”。

第一次，我收礼了

韶关市曲江区曲江中学　罗桂枝

专程从乐昌九峰山赶来看我的小青爸爸边说边把一箱红艳艳的朱砂桃塞给我，“老师，谢谢你。高三那年，我女儿给你添了太多的麻烦。你一定要收下这箱桃子!”

我还没来得及拒绝。

“我知道学校不允许老师收受任何形式的礼物。可我女儿已经不是您的学生了，我也不是学生家长了！尽管小青没有在我面前说过你有多好，也没表达过她对你的感谢，但是高三那年，从她逐渐开朗的表情和逐渐端正的学习态度上，我看到了孩子的变化。是你给了她尊严，是你挽救了一个孩子。她说，你是她最好的同桌。”

他放下桃子就走了。

小青，我太熟悉了。

我是高三接手她们班的。原班主任林老师告诉我班上有一个叫小青的学生比较特别。坐姿奇怪，她是左撇子，写作业时，整个人都趴在桌子上，作业本横在桌子上，压根儿看不清写的是什么。心理自卑，她家庭经济拮据，她从小学开始就靠别人的资助才得以完成学业，她心里隐藏着许多东西，总觉得自己低人一等。性格孤僻，每天课后，她总是独自站在离教室远远的地方，不和班里的任何一个人讲话……

很快，我体会到了。高三第一次月考后调整座位。她太孤僻了，没有人愿意与她同位。瑶瑶被排到和她同位，瑶瑶大闹天宫似的要和我翻脸，坚决不愿意和她同位。即使我这个被无数人说过口才极佳的老师，也没有说服瑶瑶。之后，我根本找不到愿意和小青同桌的同学了。

我知道，人可怕的不是成绩差，而是在集体中被孤立，被贴上另类的标签，在群体中被遗弃。只好摸着小青的头告诉她："小青，其实你很酷。我觉得你很有个性。"

那时，她眼里流露出来的是不相信。"我喜欢有个性的人，因为我也很有个性。"或许这样的"套话"早被前几任班主任说过无数次了吧，她没有任何激动的表情，而且，我还从她眼神中读到了一丝不屑，确切地说，是鄙视。她的表情也让我对感化学生的教育效果有了很大的怀疑。班主任对学生不就是"三部曲"吗？一情感顺向，二上升引导，三提出要求。这种程序化的工作方式，早被她放逐到遥远的撒哈拉沙漠。

不管她同不同意，我搬了一张桌子，做了小青的同位。

"我是个很特别的同桌，我只在早读课或夜课才出现。"我知道小青一直很自卑。她每天课后，总是独自一个人站在离教室远远的地方，不和任何人讲话，我想用自己的行动做她的暖心煲。

自从和小青做了同桌，或许是觉得我真心待她，或许是碍于我班主任的身份，她上课比以前认真点了，和我的交流也比其他人多一点点。可是，成绩起色不大，在接下来的模拟考中，她的英语才13分（满分150）。于是，就有了我俩如下的对话。

"小青，你愿意学好英语吗？"

"谁不愿意啊，可我就是零分的基础，怎么学？"

"你忘记我是老师了吗？我有办法迅速提升你的成绩。"

"天底下有这样的好事？"

"那就要看你听不听我的话了。"

"那你不许串通其他老师，故意照顾我。"

"人格担保！你每天认真上数学课，每天问数学老师一道题，然后把问数学老师的这一道题目教给我，作为回报，我教你一道英语题。"

"这个简单。"

就这样，我们开始了约定。

期中考试时，她数学考了40分，英语考了39分。虽然，这是一个很难看的数字，但对小青来说，是很大的进步！值得肯定。

作为奖励，我请小青吃了一碗面，庆祝我们“师生”合作愉快。

也是从那碗面开始，她主动要求每周五下午，打扫整理班级。她是农村来的孩子，不怕脏不怕累。

她仍是一个不喜欢和老师同学谈话的学生，即使我们是同桌关系，大多数时候也是我问一句她才答一句，我从没听过她说一句感谢或主动交流的话。

即便如此，她逐渐被同学们接受了，可怎样才能让她主动与班级的同学相处，真正融入班级呢？当我正处于迷茫时，学校的校运会来了。小青很擅长跑步。为什么不利用校运会这个契机进一步推动她的转变呢？校运会报名时，我组织班干部，号召全班同学鼓励她去参加跑步项目比赛。她太能跑了，不但获得了年级第一名，还打破了学校校运会的纪录，这下小青人气高涨，成了班里的名人。

再之后便是高考。小青成绩不突出，但，很幸运，她被广东交通职业技术学校录取了。

回顾小青的故事，感触很多。“自卑—厌学—弃学”是后进生的三大特征。自卑是他们的认识特征，厌学是他们的情感特征，弃学是他们的行动特征。作为教育者，我们要善于放下身段，不要高高在上，真正接纳学生，了解他们的心理轨迹和事件背后的成因，了解学生在成长路上所遇到的困境，深入挖掘他们的闪光点，才能找到很好解决问题的办法，带领孩子走出困境。

【评　语】

每一个班级都会有几个“小青”，自卑、厌学、弃学。教师要设方了解其心理轨迹和事件背后的成因，深入挖掘闪光点，带领这类学生走出自我设定的心理困境。

【作者简介】

罗桂枝，广东韶关人，本科学历，文学学士，高中英语高级教师，韶关市曲江区曲江中学教师，担任高中英语教学工作。曾获得广东省普通高考英语科质量优秀评卷员，韶关市基础教育系统名教师第六批市级培养对象，韶关市第二课堂优秀辅导教师，韶关市曲江区优秀班主任，韶关市曲江区第二批名教师，韶关市曲江区“优秀进步教师”“优秀备课组成员”等荣誉称号。有多篇论文在省市级刊物发表。

陪您一起慢慢长大

韶州中学马敬华

一个炎热的下午，我突然接到一个她打来的电话，只是简单说了一句："我大学毕业了，我也和您一样了，是体育老师了！"她便匆匆地挂了电话。接着，我手机里收到一条她发给我的短信："我一路走来真的太艰辛了！谢谢您陪我一起长大！"

望着手机里的那条短信，泪水不知不觉在眼睛里打转，蓦然回首，这里所有的有关体育的故事都烙印上了我的影子，从小伙子也变成了中年大叔。记忆的车轮碾过了飘飞的思绪，勾起了阵阵回忆，仿佛又回到了十几年前，我和她一起沿着那弯弯的田径跑道慢慢地跑过来……

相　遇

还记得十几年前的一次体育中考裁判工作，我被抽调到一所乡镇中学的体育中考测试做裁判，当年有一项测试是立定跳远，所有的小孩都穿着运动鞋进行测试，只有一名女孩是光着脚进行测试，这名小女孩扎着马尾辫，眼睛炯炯有神，不服输的气质，身材匀称，一看就是十足的运动员好苗子，只见她一跳比许多男生还远，所有的裁判都惊呆了，我的"责任"告诉我，我不能让这名运动天才流失，我当天测试完后找到她的体育老师，希望她可以特招来我们学校读高中，但是从体育老师的口中得知她家的家庭条件一般，家长希望她读完初中去打工，我又特意找到这个小女孩，她眼泪汪汪地告诉我，希望读高中，考上大学，长大后赚好多的钱养父母。看着那无助的眼睛，那份责任驱使我向她父母承诺一定会让她考上大学，其实我内心知道我可能无法兑现这些承诺，但是这份责任也告诉我一定不会辜负他们的期待，我要陪着她一起长大，就是这样一份责任让这个小女孩终于成为我的学生，成为我带的体育高考班的一员。

相　伴

练体育出生的我，一直比较自由散漫，对工作总是不上心，也不知道为什么，从这位小女孩的责任和承诺开始，我不断地担起一份份学生的责任和承诺，我也突然发现自己变成了另外一个人，一名我引以为豪的体育老师。记得当年有一次实心球训练，我突然发现她训练不积极，老是有意无意地偷懒，训练后我把她留下来，狠狠地骂了她，她没有说一句话，发现她竟然对我的批评无动于衷，年轻气盛的我火冒八丈，直接顺嘴骂了一句："你干脆不要读了，早知道不把你招进学校来，丢人！"她"哇"的一声哭了，这时她最好的队员见状忙跑过来，告诉我她没有钱买腰带训练，已经忍痛训练半个多月了，又没有钱去医院看病，现在走路都疼，"我的责任和承诺去了哪里？如果腰真的伤到了，练不了体育，我对得起她吗？我真的太大意了！"我一遍一遍地骂着自己，然后不停地安慰她，带她去医院检查，好在检查结果只是腰肌劳损，回来的路上，她还是一言不发，我送她回到学校宿舍时，她轻轻地说了一句："谢谢老师！我一定会努力的！"我也轻轻地回了一句："嗯！加油！先养好伤。"我深深地明白责任和承诺不是挂在嘴上，是需要挂在心上，一个好学生也许因为自己的不留心，留下一辈子的遗憾！

有时为了这份责任和承诺，我总是变得很急躁，急功近利，但是责任和承诺伴随着我在教师这条路不断地成长，不断反思，不断地进步。记得那一年，马上就要进行全市的体育高考模拟测试了，可是她的一百米成绩还是不理想，“肯定是练得不够，必须加大运动量”，为了追求成绩的我，失去了理智，失去了科学训练的态度，让她每天拼命地不停反复跑，甚至跑到呕吐，可她的成绩在模拟测试中不但没有提升，甚至还下降了许多。测试完后，她的眼神充满了绝望，愧疚地告诉我，她想不练了，她这么努力拼搏可是成绩上不去，也许自己天生不是那块料。望着那绝望的眼神，我真的需要冷静思考下我的训练方法和方式，我不断安慰她，和她一起分析原因，给她信心，同时我也在反思自己的训练方法，改进教学方式，让每一次训练不但科学而且充满乐趣，学生的训练积极性提高了，同时训练效果也越来越显著，一时的冲动可能会毁了一名学生的努力，这需要教师有更专业的知识去帮助他们。

相　知

为了这一份“责任”和“承诺”，在生活上，我无时无刻不想着她们，有没有吃好，有没有睡好……甚至为她们买运动装备、营养品等，导致许多同事还认为她们都是我亲朋好友的小孩。记得那一年她读高三的时候，一年一度的家长会又召开了，体育班的家长们又聚在一起开家长会，家长会马上要开始了，和往年家长会一样，所有的体育生家长都到会场了，唯独她的家长没有到，在课室门口迎接家长的我，发现了她的父亲和她在远远的地方，没有进入会场，“难道不知道会场在哪？”我急忙跑过去迎接。原来她父亲本来是打算参加女儿最后一次家长会的，但是到了门口又打起了退堂鼓，怕自己家庭条件差，又没有什么文化，不太会说话，丢女儿的脸。当我了解了情况后，我二话不说便拉起他父亲的手和她走进会场，对全体家长们简单地介绍说，这就是我们体育班最优秀学生的家长。全场响起了热烈的掌声，一句简单的介绍，没有任何话语，但从她的父亲眼神里看到了骄傲，从她眼神里看到了感恩，我也读懂了一份责任和承诺，责任和承诺并不是结果，并不是简单粗暴的经济付出，而是给予尊重和理解。

她们训练的这三年，有时我想要偷偷懒，陪伴家人过过温馨欢聚的日子，但一想到那一份责任和承诺，我就不得不背上行囊踏上新训练周期的旅程。通过我和学生们共同的努力，在那年高考，体育班有二十几个孩子考上大学本科，这位小女孩也如愿考上大学。但是由于家庭条件太差，可能无法读完大学，但她坚定地和我说，高中三年的成长已经让她明白了，既然选择了远方，便只顾风雨兼程！望着她那坚毅的眼神，我感到一丝的骄傲和感动，也让我读懂了她的不易。

相　信

“谢谢您陪我一起长大！”这简单一句话，让我相信了，这就是我要的人生价值！在十几年的体育教师生涯，我只是做了一份简单的职业，陪着一个个孩子慢慢地在我亲手刻画的跑道上一直健康走下去，那汗水、泪水打湿我的脸庞，我也从来没后悔过！

【评　语】

教育是一场陪伴；教育需要陪伴。教师就是要陪着一个个孩子在亲手刻画的跑道上健康发展。

【作者简介】

马敬华，韶关南雄市人，硕士，中学高级教师，韶州中学学工处副主任，担任高中体育教学工作。韶关市教育学会体育卫生专业委员会理事、广东省首批高中体育骨干教师培养对象。在第七届全国中小学优秀体育课教学观摩展示活动中荣获一等奖；参加广东省第九届中小学体育教学展示活动获得一等奖；参加第十届广东省中学生运动会论文比赛获得一等奖。

让我慢慢靠近你

广东省翁源县龙仙镇中心小学　毛雪珍

当我接任六（2）班班主任时，为了更快了解学生，我让学生完成习作《我的自传》。当我看到小瑶的习作时，让我大吃一惊。她在习作中写道：“许多别人喜欢做的事，我都不喜欢。”“我喜欢老师批评，而不喜欢老师表扬。”“我性格直爽，做事敢做敢当。”小瑶够可怜的，特别是那句“我喜欢老师批评”，难道她之前受过太多老师的批评，已经习以为常了？在学校也不与同伴玩？在家里没有父母的疼爱？“冰冻三尺，非一日之寒”，小瑶形单影只的身影深深触动了我。

知己知彼，方能百战百胜。我从她同村的孩子那慢慢了解到，小瑶是单亲家庭的孩子。她一直以来都是老师眼中的“问题孩子”。

通过一段时间的观察，我发现小瑶真的与众不同：上课同学们齐读课文时，她不是不读，而是每读一句都很快，然后停下来，读下一句又很快；劳动时不是不干，而是手脚麻利干完自己的份便不再动手；集体活动时，要么与男同学玩，要么独自在角落发呆；午睡时有时很安静，有时“逮”个同学整个中午小声讲话……当找她谈话时，她要么情绪激动，要么低着头一言不发。

这位孩子，就是朵带刺的玫瑰！

踏破铁鞋无觅处，得来全不费工夫

突破口来自一次借小瑶的头花给我们班的小冰参加市级演讲比赛开始。

广播里正在播放进行曲，同学们整齐地排好队准备做课间操。我从后面走到小瑶跟前对她说："小瑶，你的这朵头花真漂亮，能借给小冰同学去韶关参加演讲决赛用吗？"

"没问题，老师。"小瑶果真如她自己说的那样爽快。

这真是个奇迹！从那以后，小瑶慢慢出现在了我身边：同学问问题她也围过来，课间也与女同学聊天，前几天在校运会上，小瑶还获得高年级组女子垒球第二名的好成绩。当我表扬在校运会上取得好成绩的同学时，小瑶再次露出了会心的笑：其实对我的表扬，并不是像她自己说的那样"不喜欢"。

欲穷千里目，更上一层楼

我继续寻找可以接近小瑶机会。少先队大队部安排了我们班在第十六周进行国旗下的演讲。俗话说"机不可失，失不再来"，为此，我准备了《好习惯伴我成长》的演讲稿，这是为小瑶同学"量身定做"的。起先，她说自己不行，怕演讲不好。

"你试试，读一遍我听听看，确实不行，再换人。好吗？"我给了她一个台阶。

小瑶捧着稿，然后认真读起来。"在一次都没有练的时候，能读成这样，你说行还是不行？""老师，我……"

我知道她的顾虑，但机会难得。经过我的"软硬兼施"，小瑶同学还是勉强答应了。事实证明，小瑶站在国旗下演讲时仪态大方，感情充沛，她在收获师生们热烈的掌声的同时也收获了满满的自信。我相信她在读英国的查尔斯说的“播下一种思想收获一种行为，播下一种行为收获一种习惯，播下一种习惯收获一种性格，播下一种性格收获一种命运”时一定也触到了她心灵的最深处。

山重水复疑无路，柳暗花明又一村

正当老师们谈论小瑶的进步时，宿管老师向我汇报，周日下午晚自习前，小瑶与一批男生在学校后面的小树林喝啤酒。这什么情况？还和男生喝啤酒！当时我听到这消息时，头都蒙了……

冷静、冷静、再冷静！

原来，昨天是小瑶的生日，一位家里经济比较好的男同学帮她买了一些零食和苹果醋，因为当宿管老师过来时，他们把手中的易拉罐扔到墙后面去了，老师看到易拉罐以为是啤酒。这已经是最好的结局，如果是啤酒，那几个同学必须要记大过或处分的。但这件事也让我受惊不小。我主动跟校长汇报这件事，并请求将这件事交给我处理。因为知道这件事的人不多，针对这件事，我还召开了“假如我过生日”的主题班会，让每个孩子说说自己过生日时最想做的事情。

“从小到大，从来没有人给我过过生日，我不羡慕别人的蛋糕，我想要的就是一句祝福。今年生日，我头一次收到生日祝福，我很高兴。同时，我要向老师说声对不起，给老师添麻烦了！”当她说完，同学们报以热烈的掌声。原来每个孩子都有自己渴望的东西，小瑶的要求这么简单。

这件事，我并没有公开指责他们，只是单独告诉他们我对这件事的处理方法。他们也意识到自己确实做错了，并保证，以后不会做违背校规校纪的事了。

从这件事，我看到小瑶还是渴望朋友、渴望别人的关注。

我就想寻找接近小瑶的机会。为了规范学生做课间操的动作，学校要求每个班要有一个领操员。平时我观察到，小瑶做操的动作挺到位的，节拍感强，体育老师也认为她可以当领操员。有了上次国旗下演讲的经历，小瑶也看到了自己不比别人差，更主要的是我的态度是真诚的，所以这次她爽快答应了当领操员。现在，每天在六（2）班前领操的、动作敏捷的就是小瑶。

蓦然回首，那人在灯火阑珊处

近段时间，学校的鼓号队每天都在有条不紊地训练着，可是，指挥换了一个又一个，都不尽如人意。于是，学校在集会上向全校公开特招一位指挥员。

小瑶："老师，我可以去面试指挥员吗?"

"你想尝试一下吗?"

"我相信自己能行!"小瑶看着我果断地说。

看着满脸自信的她，我还是愣了一下。"我每天都看着他们练习，还跟着练习。特别是指挥，我已经知道怎么指挥了。"

说完，她左手朝左前方扬起，喊了声"一，二，起!"左手叉腰，右手便挥起来。哎，这位"业余指挥"像模像样，还真的比前面的那些指挥还专业。面试过关后，她利用课余时间向鼓号队指导老师虚心学习更专业的指挥方法。

在小瑶的带领下，整个鼓号队士气更旺。比赛那天，小瑶身披红色带金色流苏的披肩、配一套红白相间的鼓号队服、手持指挥棒、飒爽英姿走在队伍最前面。所有的鼓号队队员也是精神抖擞、士气大振，一举获得乡镇中心小学一等奖的好成绩。

她那每一个从容、自信的动作无不在告诉我：小瑶身上的刺慢慢软了。终有一天，这刺一定会陪着她绽放出美丽、骄人的花……

小瑶现在是班上的团委书记兼七年级的志愿者队长。看到今天的阳光的、与同学打成一片的小瑶，我庆幸，当初自己没有拔掉她身上的刺，而是允许她带刺成长，也庆幸自己将她身上的"扎人"的刺软化了。

小瑶的事，我切实体会到，用自己最真实的言行感染着每一位学生，多么重要！让我知道了以学生为主体，因势利导使他们得到润物无声教育模式的重要性。帮助他们挖掘自身的潜能，让他们重新认识自己，重新树立自信。只有循循诱导才能让学生形成从自发到自觉、自律、自强以及动之以情、持之以恒的良好性格。

我，愿意继续成为孩子们智力学习和生活中的一盏指路灯！

【评　语】

教师言行要真实，以真实言行感染学生。教育学生的艺术在因势利导，润物无声。

【作者简介】

毛雪珍，本科学历，从教26年，广东省特级教师、小学语文高级教师。

曾荣获翁源县优秀教师、翁源县优秀班主任、韶关市优秀班主任，南粤优秀教育工作者、广东省优秀实验教师等荣誉称号。是广东省第三批级骨干教师培养对象、韶关市基础教育“名校长名教师”培养对象。撰写的十几篇论文和教学心得分别发表在《广东教学报》和《广东教育》上，另有十几篇论文分别荣获县市省各级奖；先后主持、参与10多项县市省级课题；多次承担县市省级的竞赛、研讨、讲座和公开课等。

教学中，一直在探寻适合师生共同成长的方式。自2015年以来，把思维导图与小学语文教学结合起来，取得了一些成果。采用图文结合的方式，多次指导学生参加县、市、省各种征文、演讲、朗诵等比赛并获奖。

多走一步，爱的天空会更蓝

新丰县第一中学　潘英科

“三十岁，小学文化，父母去世，家里一贫如洗，行为不太好，至今单身。”在这份单位对口精准扶贫的资料信息里，我发现有一个人是我17年前教的学生。尘封已久的记忆涌上心头，我心中如打翻了五味瓶……

2002年我毕业后分配到县里一所乡镇中学任教，并担任七年级的班主任。刚开始那段时间，根本没有什么经验，前辈们一开始就吓唬我：小潘，首先你必须得够凶，不然压不住这帮“马骝”；你要快速记住每个学生的姓名，当他们捣蛋时要直接喊出他的姓名，才能“镇”住他。

在前辈们的“惊吓”中，我认识了班上的第一个学生：小叶。记得那时的小叶留着小平头，皮肤晒得黝黑，穿着一双大大的人字拖鞋，眼睛骨溜溜乱转，不由得让人联想起鲁迅先生笔下的少年闰土。

小叶好动，嗓门大，有点憨，上课时头老是在晃动，总能跟周围的同学找到话谈，开学不到一周，任课老师就纷纷跟我投诉，小叶影响课堂！于是，我拿出了前辈们教给我的第一个方法：将小叶狠狠地训斥了一顿！接下来的日子里，小叶安静了很多，见我巡堂时坐得笔直，班上的纪律好了很多。我沾沾自喜，以为树立了威信，掌控了班级。

开学第二周，星期一的大课间，我组织班里的同学学习广播体操，远远地看到小叶打着赤脚，我有点生气小叶影响班容班貌，做完操后单独留下了小叶，问他怎么回事。

小叶低着头细声说：“我爸给的人字拖烂了，不能穿，扔了。”

我跟他说：“叫你家里给你买双布鞋，不要穿拖鞋上学了。”

小叶低头不吭声，我又问了一遍，他才耷拉着脑袋跟我说家里没钱给他买。我犹豫了一下，从口袋里拿出二十块钱，让他到镇上面买双布鞋。

小叶犹豫了一下，接过钱飞快地跑回课室去了。

第二天，我看到小叶兴高采烈的，发现他不再打着赤脚，而是穿着一双崭新的回力鞋。下课后，我问了小叶一句：“买好鞋啦？”他低着头轻声嗯了一下。

“那就好，以后可要遵守纪律，好好学习啊！”我满意地说。

很快，又到了周末。周六晚上，我总结了一下班里一周的情况：广播体操基本都学会了；科任老师说纪律好了很多，开始会做笔记了，学习态度好了；班干部懂得汇报班里的情况了；还给小叶买了鞋子，嗯，我一定带领他们都考上高中！

周日晚，我精神抖擞地到班上检查学生返校情况，才发现小叶的位置空着，在班上问了一下同学：“怎么小叶没有来？”

班长犹豫了一下站起来说：“听说他不读了。”

我非常愕然，问怎么回事。

班上有同学说：“听说小叶上星期在饭堂偷了别人好几个饭盒，给人家查出来了，人家说要他赔钱，还要打死他！”再问，班上同学说都不知道更多的情况了。我赶紧将小叶的事反映到政教处刘主任里，刘主任说：“我刚好要找你，小叶家里来人跟我说，家里穷，小叶不读了，我也跟他家里做了工作，但做不通，已经把学费退给他家长了，你把他的名单去掉吧。”

“刘主任，他家在哪里，我想去家访看看。”

“他家很远，在一个叫高粱肚的地方，骑摩托也只能到山脚，山路只能靠两条腿走上去，要走一个多小时，没人带去不了的，过一段时间再看看吧。”

“我还是想亲自问问他为什么！我上周还给他买了鞋子！”

“他纪律不好，品行也欠佳，同学们反映他有偷盗行为，人家说他不赔钱就不客气，他现在再回来怕会有打架斗殴事件发生，过一段时间再看看吧。”

“过一段时间”，这一段时间一晃就是17年，从此再也没有小叶的消息，直至去年在单位挂扶的村落中，发现他的名字出现在精准扶贫的名单上。

我一直在想：要是我当时能坚持去家访，他或许还会和其他调皮的学生一样，坐在教室里听我讲课，或许在我的教育下能改变一些陋习，不至于以后可能走上歪路，或许他在接受教育之后还能帮助他的家庭走出困境，改变家庭贫困的命运……然而，为什么当时没能多走一步呢？

《士兵突击》里班长对一个很差的士兵许三多说过一句话“不抛弃、不放弃”，就是这样一句充满激情的话语使得许三多最终成为一名特种兵。不抛弃每一个学生，不放弃每一份希望，我们的每一个学生也可能会像许三多一样取得进步，也可能成为国家的有用之才。特别是特殊家庭的孩子，更需要老师多给予一份特别的爱。当我们有了一颗真诚、无私的心，教育会有“润物无声”的效果，让特殊家庭的孩子共享一片蓝天。

17年后我由小潘变成了管教育教学的潘主任，也遇到了与曾经相同的故事，而我却多走一步。

“主任，我们班小林说要退学，怎么劝也不听！”一个周日的晚上，班主任小蓝老师着急地跟我说。

“蓝老师，别急，详细跟我说说怎么回事。”

原来，蓝老师突然接到小李从家里来电说要退学，不来学校了，问什么原因她也不说，只是问老师能不能帮她把书收起来，放假叫同村的同学帮忙带回去给她弟弟。

我向蓝老师简单了解了一下小林的基本情况，想了一下，对蓝老师说：“这样吧，你找找注册表，查一下小林家的地址，我陪你一起去小林家家访，不能轻易让一位同学就这样辍学了！”

“好的，主任，太谢谢你了，不然我真不知道该怎么办，我真不希望她就这样辍学了，我马上去找注册表！”

“主任，我已经找到小林家的地址了！”

“走！家访去，不管小林有什么困难，我们都想办法帮助她！”

…………

“主任，小林考上了大学，为谢谢你，她妈妈提了一篮鸡蛋来谢你！”

你提一篮春光给学生，学生给你一篮的希望！这就是教育。有爱的天空里，天蓝蓝，云淡淡，风轻轻！多走一步，爱的天空会更蓝！

【评　语】

教育需要韧性，对小叶和小林这样的学生，教师不仅要善寻帮助办法，还需要有不抛弃、不放弃的韧性精神。

【作者简介】

潘英科，韶关新丰县人，中共党员，高中生物高级教师，韶关市基础教育名教师（第三批）。现任新丰县教育局教研室主任，中学生物学教研员，新丰县人民政府督学、新丰县教育学会秘书长。对初高中生物学新教材、课标、考纲、教学、备考策略、信息技术方面有独特的研究成果。主持、参与省、市级课题8项。多篇论文获得省、市的奖项并发表。多次被邀请开展培训讲座，获得较高评价。

叛逆女“华丽转身”

乐昌市中等职业技术学校　丘慧琼

“爱是美德的种子”。一名教师心中就应该有这样一颗种子，让它在三尺讲台上默默地发芽，在三寸粉笔上潇洒地开花，在莘莘学子身上满满地闪耀。我们知道，世界上，很多东西都是越分越少，唯有教育中的爱却会越分越多。这种爱，能清除悲伤的瓦砾，推倒绝望的断壁，也能点燃希望的灯。英国哲学家罗素说：“爱是一缕金色的阳光，凡缺乏爱的地方，无论是学生的智慧还是品格都得不到充分或自由的发展。”我也始终相信：作为一名教师感到最欣慰的就是用爱触动过学生的灵魂，让学生一生记住，一生尊敬，一生感激。

遇见“走在悬崖边缘”的她

在我十多年的班主任工作中，我曾经用爱触动过学生的灵魂，其中一位就是黄香。黄香是我2008年接手女子关爱班的一位特殊的学生。其实，女子关爱班的学生大多数都很特殊。她们大多数家庭经济困难或出自单亲家庭或父母残疾。面对这样组合的一个班，我知道“爱”是她们最渴望的。我也知道她们的心灵很脆弱，也最容易受伤。因此，为了不随意触到她们的伤痕，在接手这个班的第一天，我就连夜把全班学生的家庭背景背得滚瓜烂熟。

所以，当班上206宿舍舍长向我说起黄香的时候，她的情况马上在我眼前映现了。黄香来自农村，她的父亲爱赌博，赌得家徒四壁。在她六岁时，她的母亲因为生活的压力而寻了短见。从此她跟爷爷奶奶生活，而现在爷爷奶奶已七十多岁了，根本照顾不到她。她的遭遇令人同情、令人伤心。

但206宿舍舍长的话却让我震惊。她说，黄香已经有一个星期没有在宿舍住了，每晚宿舍查了房、熄了灯十二点之后，她就偷偷爬围墙出校门，到离学校四公里的街上网吧上网，并且有抽烟的现象。她们没有及时反映情况的原因是：她们想用自己的方式去感化她，但没有成功。

听了这消息，我震惊、我难过。我震惊的是：一个女孩子，关爱班的学生有如此的行为；难过的是：这个女孩正走在悬崖的边缘，这样下去这孩子的一生就快毁掉。

第二天早读课黄香却已经准时地坐在课室里，看到眼睛布满血丝的她，我原本想狠狠地批她一顿，但有一个声音在我耳边响起：不是锤的打击，乃是水的载歌载舞，使鹅卵石臻于完美。

所以当我走向她的时候，怒火渐渐化成一缕问候："昨晚睡得好吗？学习很辛苦，要多注意休息。"我看见黄香嘴角动了动，但没有说话，只是头慢慢低下去、低下去……我知道这个孩子的纯真本质还在，我必须拉她一把。而这是我拉她的第一回合，这个回合让我看到一点希望，因为接下来的课，黄香上得比任何时候都认真。

抓住教育契机，用爱触动她的灵魂

但接下来，我该怎样做呢？我记得叶圣陶曾经说过："教师之为教，不在全盘授与，而在相机诱导。"让学生自我认识，还需要教师能够抓住教育契机，适时进行教育。而恰好这时一次爱心活动给了我这样一个教育契机。一位香港热心女士到我们班现场献爱心，捐给每位学生人民币一千元。

我说："这位向我们无私献爱心的女士姓傅，她给了我们无私的爱，多像妈妈呀，就让我们称她傅妈妈吧。”

在全班响亮的叫声过后，我却听到了小声的啜泣声，渐渐地这啜泣声越来越大，全班都震住了。这是黄香的哭声。

她的同桌低沉着声音说：“黄香太久没有叫妈妈了，她想妈妈了。”

听了之后，我有一种揪心的痛，这孩子太需要爱了，太需要人呵护了。我应该给她更多的关爱和呵护。这时我知道我拥有了一把开启她心灵的钥匙。

我抚摸着她的头面向全班同学深情地说：“确实，人的嘴唇所能发出的最甜美的字眼，就是母亲，最美好的呼唤，就是妈妈。人生最美的东西之一是母爱，母爱是一缕温暖的阳光，母爱是一片祥和的云彩，母爱是一束闪闪的星光。失去母亲是痛苦的，女作家张洁曾说过：我的痛苦，其实是我的财富。在座的同学也有这样或那样的痛苦，但同时也拥有了许多的财富，就让这种财富激励我们走好人生的每一步。即使母亲的外形没有了，可是母爱还是会永远留在你的心中，时时刻刻关心着你激励着你。黄香，你的母亲在天堂里看着你，你一定要勇敢而快乐地活着。况且你还有师爱，爱会陪你一起走。如果不嫌弃，你可以叫我妈妈。”

黄香哭得更大声了。我知道这是心灵的感应，灵魂的洗礼。全班同学也受到了感染，她们齐声说：“我们也永远爱你。”

这时全班同学在黄香声声妈妈的喊声中哭成一团。看着这一群特殊的学生，我也早已泪流满面。那天之后，黄香晚上没有再出去，和同学有了较多的交流，脸上经常有了微笑。

被爱一路护航的她完成了“华丽转身”

成长是需要过程的，她需要爱一路护航。教育是心灵的艺术，在接下来的回合中，我忠实地做她的倾听者，倾听她内心的宣泄，倾听她心灵的创伤，倾听她对人生的诠释，并适时给她点拨和激励。

我还利用班上的“知心信箱”“家长信箱”，用笔和她和她的家长交流。在生活上也给她无微不至的照顾，对她嘘寒问暖。随着时间的流逝，黄香的毛病改了许多。

其中的一封信让我知道她已走出了阴霾。信的其中一段是：“老师，是您打开了我的心扉，让阳光照进来，使我能像其他同学一样快乐，谢谢您，老师！由于家庭的缘故，您对我疼爱有加，在饱尝辛酸痛苦中，您向我伸出了援助之手，原谅了我的过错，而且从不曾放弃过对我的教育。当我在学习上遇到困难时，您投来了慈爱与鼓励的目光，在生活上您无微不至地关怀我，使过早失去母爱的我又被另一种无法言语的关爱包围着，我爱您，老师，我爱您，妈妈！我一定不会辜负您的希望”

看到这，我长长地舒了一口气，我由衷地为她“华丽转身”而高兴，也为自己高兴。我播种的爱心终于有了回报，这种真诚和爱戴是千金难买的，我将无比珍惜和呵护它。

爱是阳光，可以使坚冰融化；爱是春雨，可以使枯草发芽；爱是神奇，可以点石成金。教育家马卡连柯也曾经说过：“爱是一种伟大的感情，它总在创造奇迹，创造新的人。”为了一切的孩子，为了孩子的一切，用爱触动学生的灵魂吧，我坚信，今天用爱心托起的太阳，必将在明天发出灿烂夺目的光芒！

【评　语】

教师的爱是教育爱。教育爱最柔软，却最有力；教育爱最细小，但最绵长。教师用爱碰触学生的灵魂，会给学生灵魂留下最深的记忆。

【作者简介】

丘慧琼，韶关市乐昌市人，本科学历，高级讲师，乐昌市中等职业技术学校办公室副主任，担任中职语文教学工作。曾获广东省优秀先进个人、韶关市优秀班主任、乐昌市“市长工程”名教师等荣誉称号，被评为乐昌市优秀教师、乐昌市先进教研工作者、韶关市名教师优秀学

员。主持中职教学改革工作，多次主持省市科研课题研究，其中教育教学成果曾获省三等奖、韶关市一等奖。撰写的经验论文多次获市级一、二等奖并在省级刊物《广东教育》发表。辅导学生习作多次获省市一、二等奖，多次辅导学生参加市演讲比赛获奖。积极参编教材并由省级出版社出版。长期担任高考班语文教学工作，教学经验丰富，教育教学成果好。擅长朗诵和演讲，有一定的文学创作能力。

有时候“忽视”才能真爱

仁化中学　陶兰岚

又是一个硕果累累的金秋时节，参加完教育局的教师节表彰大会，我能量满满地赶回学校，继续备战新一轮高考。回到办公室，桌上放着一张精美的贺卡，满怀欣喜地打开，刚劲简短的字迹映入眼帘：

亲爱的老师，节日快乐！感谢两年来你的理解和宽容，感恩在我彷徨的时候遇到你！——小郑

任教多年，碰到过各种学生，小郑让我印象深刻：高大俊朗的大男孩，却藏着一颗稚嫩又敏感的玻璃心。

小郑是高二才转学来我们班的。他高一在重点中学读书，听教务处领导说是因为迟到、旷课的违纪行为，累计扣除操行分太多被给予通报批评，就主动要求转到我们普通中学的。成绩不错，但是个大错不犯、小错不断的“个性”孩子。

初见他，个子高高的帅小伙，特别有礼貌，但眼里却藏着一丝说不出的忧郁，与大家印象中经常违纪的“坏”学生，尤其是“桀骜不驯”的形象大相径庭。我心想重点中学生源优秀，竞争激烈，孩子一定是压力太大了吧。而于我们普通中学的生源而言，这样一位成绩不错的学生，很难得的！暗自庆幸收获的可能是个“宝贝”！抱着这种心态，简单地跟他强调学校、班级的纪律，安抚、鼓励一番，他就进入课室，正式成为我班的一员了。

第一周，平静度过，他迟到两次，说是闹钟没吵醒，睡过头了。我

选择“忽视”，没有批评指责，只是提醒他多买几个闹钟。第二周，仍有迟到，理由同上，问他家长为啥不提醒，他说一个人住，父母亲在外做生意。我只好联系他家长，才知道他以前是个品学兼优的学生，高一下学期父母离异，各自在市里组建了家庭，才出现了这种小错不断的现象。现在他回县城读书，一个人住在原来的房子里，父母除了每个月按时给小郑生活费，都没有陪在他身边，自己照顾自己。我想：真是个可怜的孩子！现在换了新的学习环境，除了迟到也没有其他违纪行为，暂且“忽视”，让他缓缓吧。

第三周，他突然说情绪不好，请假一天在家休养、自学。我只能又一次联系家长，提醒加强监管，让他尽可能平稳度过高中生涯，还告诉他家长，他的成绩在我们班名列前茅，多关注、鼓励，考重本很有希望。

第二天，我就收到他的信息，说我不尊重他，居然直接联系他的家长，增加他的烦恼，他近段时间不想来学校，不想面对我。于是电话不接，信息不回。联系家长，家长表示只能确保他的安全，让他在家静一段时间，情绪稳定些，就劝他回学校。我意识到问题比较严重，但仔细想来：他会请假，没有无视校纪、校规直接旷课，又肯发信息说出想法，说明有纪律观念，还不想轻易放弃这次读书的机会。这些“小错”行为可能就是他发泄情绪和引起父母关注的方式。于是我又一次选择了对他 “忽视”的冷处理方式，只是跟家长说最多给他一周时间反思，跟科任老师和同学们说小郑请假一周，当然会向学校报备这种情况。

一周后他才回学校上课，似乎若无其事地静观其变。我也对他的旷课有意“忽视”，没有批评和指责，相信他会领悟和成长。

时间就这样平稳度过，小郑仍然时有迟到，偶尔请假。我还是刻意“忽视”，没有针对这个问题进行任何批评教育，只是邀约他一起上学，他没有回应。我更是“无视”他的态度，每天上学前电联做他的闹铃，定时在我们上学的必经之路等他。时而见到时而不见，但是慢慢地我发现，没有特殊原因，他都能及时到校上课了。即使偶尔的迟到，他会主动找我说明原因。而我则趁机提醒他：任何一件事，只有自己真心愿意去做才能做好；任何一个人，无论心情多糟，都不要与世界失去联系，注意安全，很多人在为你担心！同时我保持与他家长的密切联系，探讨适合的教育方法，但一定会提醒家长不要在他面前提因为他的“小错”我们进行的交流和沟通，要尽可能抽时间多陪陪他，即使不行，也要时常打电话给他，关心、鼓励他，让他在家里，感到父母“忽视”他的小错，却又是那么地关心、疼爱他。我真心地希望自己这种对他已犯错误的刻意“忽视”，能让他情绪比较平稳，有时间去理解和接受大家善意的关心和帮助。

接下来的月考，小郑成绩果然位居班级前列。各科任老师也更多关注他，时常加以辅导，期望他能考上重本，为校、老师争光。当然，对他偶尔的缺席也有所异议。

某一天与科任老师的闲聊中，我粗略讲了小郑同学情况，顺口说那么多老师关注、辅导他，没听过他说声谢谢，这家伙不会感恩的，表面上服从，心理可能有很多想法。却忘了提醒科任老师，家庭的变故让他的心灵那么的敏感。

不久，他突然发来信息，说“所有人都觉得我不够坚强，老师辅导我就是为了得到我的感恩”之类的，问同学也没有说过他什么，不过说是昨天晚自习某某科任老师找过他谈心。这是一位班主任工作经验较少但满腔热情的年轻教师。

问了这位科任教师，才知道他是在前一天辅导小郑学习后，顺便谈心，聊了人生要勇敢面对生活中的不如意，要学会感恩等话题。小郑当时还很虚心接受的样子，不想第二天就发信息“责问”班主任。

小郑于是又在家自习了。这是一个多么聪明又敏感的孩子呀！这一次，我没有再发信息对他解释、安抚，刻意“忽视”他的先斩后奏，只是保持与家长联系以确保他的人身安全。但就我的粗心行为给了他一封情真意切的道歉信，同时赠予他一些关于成功人士类似人生经历的图书。

三天后，他居然回校上课了，我仍然“忽视”他的曾经缺席，没有和他进行任何的谈话，静观其变。但在科任教师交流会及对领导的汇报会上，我专门就小郑同学的事作出解释和提醒，希望科任老师对小郑同学，只讨论学习的内容，不要轻易涉及思想教育，他太敏感，正常的关心都有可能令他误解，一旦“触犯”他的“禁区”，他又一周不来上课，会直接影响他的学习；期望领导在不违反学校原则的范围内，对小郑同学“睁一只眼闭一只眼”。而在班上，小郑高超的篮球技术和帅帅的样子，很受同学们的欢迎，同学们慢慢习惯他的“古怪”个性，对于我的做法，也能理解和接受。

此后，小郑都比较平稳，虽然偶有情绪波动，但都能向我说明情况请假，顺利度过高中生涯。稍有遗憾的是，高考差五分上重本，当然也考了比较理想的本科院校。

如今能收到他的来信，看到他如是说，倍感欣慰。我一直在想，对小郑同学，我们过于强调的管理令他有所抗拒，主动出击的关心反而给他带来困扰，而我们适时的“忽视”却让他能“心安理得”地生活、学习，慢慢地感悟、成长。那么对于当今社会，各种因素造成很多特别敏感、脆弱的学生，有时候我们适当的“忽视”或许才是对他们最好的“保护”：让他们能藏好自己那颗敏感的玻璃心，让他们没有与众不同。我们才有机会靠近他们，有机会用我们的爱心、耐心、细心去打开他们的心灵，帮助他们健康地成长。

【评　语】

教之道，要因人而施。对敏感、脆弱的学生，需要教师保护他们的玻璃心，心怀期待，无为而教。

【作者简介】

陶兰岚，广西壮族自治区来宾市忻城县人，本科学历，学士，中学二级，仁化中学高中物理教师。2007、2008、2014、2017年被评为仁化

县高考优秀指导教师；2016、2019、2021年指导学生参加全国中学生数理化学科能力·解题技能竞赛，荣获全国高二年级组物理学科一等奖；2017年评为仁化县优秀教师；2018年评为仁化县骨干教师；多篇教育教学论文获市、县级奖励并发表，多次主持或参加市级课题并已结题。

好问的“学困生”

仁化县仁化中学　王雪琼

小发是我几年前教过的高一学生，上课认真，最大的特点就是好问；每逢课间休息，他都会带着一系列问题来找我。

“老师，你今天课堂上讲的什么什么，我没有听懂，能不能再给我讲一次呢？”

“老师，这次考试有一道题目，我没弄懂，您能不能说给我听听？”

……

总之，只要是课余时间，他都会跟在我身后，问一些上课没有听清楚的问题、解释句子的语境、词与词的区别以及词组的多种用法等诸如此类的问题。

一开始，我觉得这个学生很好学，非常耐心地为他讲解问题，还在班上点名表扬他的好学爱问。渐渐地我发现，他问的问题总是反反复复；已经解答过的问题，又会再次出现，我开始疑惑这个学生是不是在学习方法上存在问题呢？

于是我和其他的科任教师进行了交流沟通，发现这个“好学”的学生在其他科目上也一样，其他的老师也都反映了类似的问题。大家都说这个学生上课抓不住重点，总想把课堂上老师和同学们所说的话都记得清清楚楚。

然而，小发经常由于注意力不集中，没有听到或没有听清楚，就会着急地跑来问老师。除此之外，他还经常问一些只要动手查资料或者参考书就能解决的问题。我认为大多数问题其实可以通过参考翻阅同学笔记、与同学讨论一下就能解决的，但是他要亲自问过老师才觉得放心，或者提一些这样的问题：

“在这个句子中是give up和give in它们有什么区别？”

“manner是什么意思？与method怎么区别？”

诸如此类我已经重复了N遍的问题，依旧出现在小发的问题列表中。

看着他求知若渴的表情，我还是非常有耐心地为他一一解答。我以为凭借我循循善诱的教学方式和他好学肯学的态度，肯定能够提高他的英语成绩。可是重复了一次又一次后，我的耐心渐渐被消耗完了。特别是连续上了两节课后，只想坐下来喝两口水，静静地休息一下。但是他还是坚持每一节课后跟着我到办公室，问着已经被解答过的问题。

最令我吃惊的是，如此“好学”和勤奋的同学，几次考试下来，成绩都是在中下游徘徊。看到他下课后可怜巴巴的样子，我陷入沉思中：怎么样才能有效地帮助这个学生呢？是他的学习方法出了问题，还是我们的教学方式出了问题呢？

于是我便利用的课余时间，与他认真地进行了交谈；我单刀直入地问他：“你上课是不是不听课啊？为什么刚刚讲过的问题还是不懂呢？”

“我上课有时会走神，一走神就跟不上了。”小发听出我语气中的不耐烦，赶忙解释道。

接着我就直指要害：“那你上课能不能认真点，不要走神。没听到的知识点，下课自主地找资料查字典。”

“老师，我就喜欢听你讲，我觉得你讲了我就能更好地记住。”

想到只要能帮助学生学习，我重复几遍又如何呢？但是转念一想，这种情况持续下去，学生的自主学习能力得不到锻炼，过于依赖老师，这将不利于他接下来的学习。于是我对他提出了要求，我对他说：“你上课要做笔记，要认真回答问题。”他似乎也意识到了自己上课的不足，点点头若有所思地离开了办公室。看着他离开办公室的背影，我觉得这次的谈话对于他而言是有效果的。

过了几天我收到了他的一封信。信中写道："Dear Miss Wang：在和你谈话之后，我知道了自己的缺点，上课容易走神，下课又懒于记忆知识，可是心里又很想学好，所以总是去问问题。谈话之后，现在我又不怎么敢问问题，所以现在不懂的更多了，我很苦恼，我现在对学习更没动力了。"

经过一段时间努力，我以为学生的学习状态会有所改进，谁知却让他陷入更大的困惑之中。我体会到了深深的挫败感，但是强烈的责任心驱使我不能放弃。

为了更好地了解他在家的学习状况，我前往小发家进行了家访。通过家访，我了解到他从小做作业都不自觉，每次做作业都需要家长在一旁陪同，没有家长的陪同，他就无法完成作业。了解到小发的学习习惯后，结合他在学校的学习情况，我觉得小发的自主学习能力还是不错的，只是在探究能力方面有所欠缺。

经过一番认真的思考，我又找他来办公室。如果我一开场就批评他否定他，那他的积极性和自尊心可能会受损，所以这一次我想改变策略。

我说："小发，你最近进步了，上课比以前认真了，而且更善于问问题了。"

听到我的表扬，他露出了久违的笑容。然后支支吾吾地说："我还是想下课就问老师，再讲一遍，印象会更深刻。"

我接着说："现在老师要对你提出新的要求了，除了上课认真听讲外，每节课后对所学知识做思维导图。遇到不懂的问题先自己思考查资料。实在不懂的，记在笔记本上再来问老师和同学。其他问题自己学会解答。"

可是当我把这个想法告诉他时，他一脸惊讶，"我连问问题都不行吗？为什么？老师不是应该为学生答疑解惑吗？而且每天写这么多的思维导图，我都没时间做作业了。"

我的脑海里想起高中英语新课标的基本理念："重视对英语问题的探究，倡导自主学习、合作学习和探究学习。"小发缺少的恰恰是探究学习能力，尽管我个人认为这个方法应该很有效，但是学生的配合程度却不高。

我又一次陷入苦恼中。我就对他说："我相信你能做到，我期待你的改变与进步。"

有一天我在回答他的问题之后，我又跟他谈起如何探究学习这个问题，他却说，他在心里一直认为："知识是老师教的，学生要去问才能获得，不懂就问，问得越多学到的就越多。"

他可能认为我嫌弃他问问题，其实我只是希望他能改变他的认知，自主解决一些问题，减少被动和依赖状态。长时间保持这种学习状态，不仅学习效率不高，还会缺少主动和独立学习的能力。

问题是找到了，但是如何帮助他呢？经过一段时间的反思，我觉得应该从他对探究学习能力的认知上来改变。我也曾采取一些措施来教他如何学会思考、学会问问题，记笔记，做好提前预习等，但收效甚微。我想，首先要肯定学生不懂就问的精神；其次，作为老师需要及时解决好学生的疑问，以此避免学生胡思乱想，否定自己，误认为老师不关心他。

根据前面总结的经验，"交谈"或"劝说"作用不明显。我需要另辟蹊径，找寻更好的方法，想起曾经听过的一句话："我们搞教育的，大概没有任何一件事被当作一件小事来忽略的，因为这可能带给学生一辈子的影响。"小发的好学精神深深地触动了我，我应该尽我所能去帮助他解决问题。

于是，我想了两个方式：第一，请几个优秀的学生来谈谈他们的学习方法和心得；第二，组织大讨论、辩论赛让大家特别是他参与。通过权衡，最后决定用系列辩论赛的形式来进行。

我在班会课上进行了一系列的辩论赛，第一场辩论赛，正方：方法比知识重要；反方：知识比方法重要。他是正方辩手之一。第一场辩论赛他都处于被动的状态，发言不够积极。

第二场辩论赛，正方：遇到问题时怎么办，直接问老师；反方：遇到问题时先自己解决或与同学讨论，解决不了再问老师。这场辩论中，小发所在的反方队伍获得了最后的胜利。他怀着激动的心情告诉我："老师，辩论赛我们组赢了，我太高兴了。我开始理解你之前跟我说的话了。"

第三场辩论赛，正方：听老师讲一遍更有印象；反方：自己查寻词典或与同学讨论获得答案印象更深刻。第三场辩论赛之后，小发看起来容光焕发，神采奕奕。他主动来找我了，他说："老师，我最近很开心，学习让我很开心。我很喜欢愿意去学习。你看我的笔记、错题本以及你让我做的思维导图。还有，我的物理和英语都有明显的进步了，我觉得我渐渐地找到了学习乐趣。"

我笑着说："以前你是一只被赶着上岸的鸭子，现在的你是领头羊。"现在的他上课很认真，下课及时复习，做思维导图。虽然他还是经常问问题，但是数量大大减少，最重要的是问题的质量明显提高。我拍着他的肩说："I am proud of you！"除此之外，我也特别关注他，每次小组讨论，安排他先发言；课堂提问，优先考虑让他回答力所能及的问题等；对他的每个微小进步及时予以鼓励，保护他的自尊心。

之后的两年学习中，小发越学越有劲。他还是很喜欢问问题，但是问题都是经过独立思考，有质量的问题。他的成绩一路攀升，最终在高考中取得了好成绩，实现了自我突破。高考结束，他成功考入了广东海洋大学，选择了自己喜欢的海洋资源专业。拿到通知书后，他第一时间找到我，和我一起分享他的快乐。他说："老师，幸好你之前没有放弃我，没有嫌弃我。我今天的成绩和你的努力与鼓励分不开。老师，感谢您！"

在毕业典礼时，他把他的笔记本和思维导图笔记送给了我。我看着厚厚的笔记本和思维导图，感慨万千。其实我也要感谢他，所谓教学相长，通过对小发的教育，让我对教学有了更多的思考，使我不断改变，不断成长。我深刻地意识到，作为教师一方面要尊重学生的提问，另一方面也要通过现象看本质，循循善诱，避免学生走上盲目努力的道路。教育，首先是关怀备至地、深思熟虑地、小心翼翼地去触及年轻的心灵。作为一名教育工作者，对学生更应多一点关怀，多一份理解，多一些引导，只有真正激发学生的自我理解、自我修正、自我完善的内在动因，才能更好地促进学生成长。

【评　语】

好问的“学困生”是最需要教师帮助的群体之一。对这个群体，教师要关怀备至，深思熟虑，提供有效的支持和指引。

【作者简介】

王雪琼，韶关仁化人，本科学历，高中英语高级教师，任教于仁化县仁化中学，现在是仁化中学高二年级英语教师。

2008年至2020年期间主持了3个市级课题和撰写了5篇论文发表在省级刊物。其中《高中英语学案式教学实验研究》2014年获韶关市教育教学成果三等奖。2020年8月广东省普通高中骨干教师英语新教材培训研修班教学设计一等奖；2019年课堂实录获广东省中小学3A课堂教学范式资源征集及展示活动中获“教师资源征集优秀作品”；2020年6月韶关市高中英语优秀教学录像课例评选活动中获二等奖；2019年6月韶关市高中英语优秀教学录像课例评选活动中获三等奖。

“坏孩子”又重新变乖了

乳源县一六镇初级中学　吴汉华

一天下午放学了，我班小张同学急匆匆地跑进办公室说：“报告老师！我班同学小黄在校门口被一伙社会青年围殴了。”我先是一愣，一向乖巧的小黄怎么会惹事呢？作为班主任的我二话没说就放下手中的活儿，飞跑出校门口。

校门口附近围了一群叽叽喳喳的人，那伙人见老师来了，也一哄而散。我走近一看，我班小黄抱着腿盘坐在地上低头哭泣。我盘开他的裤脚，发现青一块紫一块。于是，我扶起他到办公室，并买来一瓶跌打药水帮他擦拭。

我趁机问他：“那伙人怎么会打你呢？”

他耷拉着脑袋：“我……”

看着他难为情的样子，我也不好追问了。于是，只好用摩托车把他送回家里。

刚进他家屋内坐下一会，他爷爷扛着锄头干活回来 。我把当天下午的事告诉了他爷爷 。

爷爷大声地对小黄吼着：“你这个不争气的孩子，你父母离婚后各自到外面打工，对你不闻不问，你还要在外面惹事，让我老人家操劳。”接着，爷爷拿起墙角的扫把往小黄的大腿上抽打说：“你老实交代，为什么要与那些不三不四的人在一起？他们为什么要打你？”

小黄支支吾吾地说：“我与那伙人打牌，欠了他们的钱。”

我让小黄在屋外思过反省，和气地跟大爷说：“小黄已经读初中了，有自尊，可不能粗暴地教育。他犯错，必有原因，你应该心平气和地跟他沟通，否则适得其反。”

大爷说：“是呀！老师说得对！”

我问：“孩子父母回家看孩子吗？”

大爷说：“电话都没一个回呢！”

天渐渐黑了，我骑着摩托车回家了。一路上，小黄近来的多少异常表现浮现在我眼前：“有时，连我的语文课也打瞌睡，偶尔借病请假不来上课，各学科考试成绩也下滑厉害。”“我怎么这么粗心呢！我怎么就不找学生谈心了解情况呢！我怎么就不找家长沟通呢！”我不禁自责起来。

第二天中午放学后，我把小黄叫来办公室，关心地问：“你的脚伤如何了？”

他小声回答：“老师，用了你的药没事了。”

我和蔼地问：“你怎么会与社会青年一起玩呢？”

小黄哭泣着说：“爸爸、妈妈总是吵架，甚至当着我的面打架。我犯了点错，父母不是骂就是打，现在父母也离婚了，都在外头打工。在家跟着爷爷一起生活，父母不管我，爷爷也不怎么理睬我。我很伤心自卑，跟着那伙人一起吃喝玩乐，我感到快活。”

现在离异家庭越来越多，孩子不但享受不到家庭的温暖，而且还会遭受家庭的冷落。孩子就会在家庭外寻找关怀，孩子往往容易良莠不分，被居心不良的人所利用。

我说：“父母离异是大人的事，你永远是父母的心头肉，永远是父母的孩子，他们永远是你的父母，这种血缘关系和亲情是不会改变的，他们肯定不会抛弃你的。现在，他们为了生活，为了你生活得更好，他们不得不远离家乡外出谋生，再加上你没有手机，父母也不方便联系你，你应该多理解父母 。如今，你应该拒绝与那伙社会青年一起玩，好好读书，成为你父母的骄傲。”

一番沟通后，小黄坚定地说：“我一定听老师的话，好好读书，不再与那伙社会青年来往了。”听罢，我心里踏实多了。

我想，一个享受不到家庭温暖的孩子，心里怎么会阳光，怎能安心下来读书呢！

于是，我拨通了小黄父亲的电话。电话里头，我向小黄父亲汇报了小黄在学校和家里的表现及发生的事情。

他父亲惊讶地说：“在小学时候，我家小孩学习也不错，也很听话守纪律，怎么到了中学学习成绩就不好了，甚至与社会青年打牌赌钱呢？”

我问：“你平时电话过问孩子的生活、学习吗？”

“孩子没电话呀，不方便！”

“你了解孩子吗？”

“不了解！”

一番闲聊后，我说：“没有父母关心的孩子，怎么不犯错呢？有空就回家看看孩子，来学校与老师沟通吧！”

小黄父亲说：“多谢老师的关心，一定会的！”

孩子成长的路上，不仅要有父爱，母爱更不能缺失。于是，我又拨通了小黄母亲的电话，同样汇报了小黄在学校和家里的表现及发生的事情。

电话那头说道：“我已和孩子爸离婚了，孩子是判给孩子爸的，且我远在河南，也不方便回家。”

我耐心地与她商量说：“孩子的成长需要母爱的陪伴，有空就来学校看孩子，别忘了给孩子买些衣物等寄给孩子，孩子生日记得给孩子寄礼物。加老师微信，必要时与孩子视频沟通，让孩子感到母爱依旧。”

小黄母亲满口答应了。之后的微信里也多了小黄妈妈对孩子的关怀、沟通。

后来的家长会，我提前半个月通知小黄父亲届时准时参加，并汇报了小黄在围殴事件之后学习上和纪律上的良好表现。

我想，家长来到学校，表明家长关注孩子的学习和生活，孩子感受到家长对他们的爱和期待，这无疑是一种默默的、无形的支持，孩子们也必然会特别在意自己的学习和行为表现。这对孩子而言，是一种巨大的支撑力量；对学校而言，也等于给学校教育注入了不竭动力。

原以为风平浪静了，小黄会成为当初的乖孩子。

一天下午，我正在办公室备课，突然短信铃响起来了。原来是小黄爸发来的，希望我到他家吃饭，跟我交流教育孩子的事。

我想，又是小黄惹事了，家长可能遇到了教育困境，苦于无法，才求助我的，说明家长还是信任老师的。信任是成功教育的基础，也是家校形成生命共同体的牢固纽带。

傍晚时分，我到了小黄家里。首先给我打招呼的是一个陌生的中年妇女，接着小黄父亲介绍了面前的农村妇女。

趁孩子不在场，父亲说："这是孩子的继母。原本让孩子有个完整的家庭，可孩子却与继母不能和睦相处，经常吵架顶嘴，我做父亲的很无奈，希望老师帮我出主意教育孩子。"

"为什么孩子不能与继母和睦相处呢？"

"孩子一直把她当作外人。"

"继母主动与孩子交往、沟通吗？"

"没有！"

我说："父母没有走近孩子，孩子体验不到亲人的关怀，孩子又怎么能与继母和睦相处呢？长辈应该主动与孩子交往、沟通，换位思考孩子的想法和需求 。"

现在很多再婚家庭的孩子教育都阻梗在缺乏沟通。家长与孩子的心理距离远，亲子之间有一堵墙，互相不理解，甚至互相抱怨、指责，关系极不和谐。家校合作有利于家长和教师及时了解并分析学生心理发展的水平和特点，从而共同商讨出适合每一个学生的教育方式。

像小黄这样，父母再婚的学生班上也不少。日后的家长会，我都要求学生的继父母一起参加，让学生感受到继父母像亲生父母一样关注自己，父爱、母爱仍旧没有缺失。我还请类似学生的家长建立一个微信群，方便家长之间、老师与家长之间交流与继子女的相处方式，让再婚家庭的孩子不会缺失爱，幸福快乐成长。看到小黄脸上常挂着笑容，学习成绩不断地进步，作为班主任的我感到无比欣慰。

【评　语】

班主任要积极介入再婚家庭孩子教育，充当再婚家庭孩子教育的润滑剂和推手；要对这个学生群体多一些关爱，助其快乐成长。

【作者简介】

吴汉华，广东省韶关市乳源人，本科学历，中学高级，乳源县一六镇初级中学教师，语文学科组长。

教育需要爱，需要赞赏

韶关市第一中学　吴运红

苏霍姆林斯基曾说过："一个好教师意味着什么？首先意味着他是这样的人，他热爱学生，感到跟学生交往是一种乐趣。"教师应当有爱的情感、爱的艺术，不失时机地去激励、去引导和赞赏每一位学生。心理学研究表明，人在被赞赏、激励的条件下，其自身潜力的发挥是平时的2至3倍。让学生从赏识、激励中体验成功的快乐，激励学生挖掘自身的潜力做出更好的表现，争取更大的成功。

教师对学生的爱、理解、尊重，犹如春风化雨，润物无声，能诱发学生的内省，净化学生的心灵，使学生鼓起前进的勇气，扬起理想的风帆，驶向胜利的彼岸。我班的梁志龙同学，从小是个留守儿童，父母长年在外地打工，一直由奶奶照顾，对其是一味地溺爱，缺乏严格的管理。梁志龙以自我为中心，学习行为习惯很差，上课不遵守课堂纪律，喜欢讲话，只要受到老师批评就会情绪激动，或与老师狡辩。在我高一第1节的信息技术课上，正当我和一位学生讨论问题时，他居然无视我的存在，随意地过位走动，和他人讲话，还不时对其他同学动手动脚。他的过分举动令我很生气，毕竟是第一堂课，要是制止不了，那以后的课堂还不知道会怎样呢？为了不耽误课堂教学，我也只是警告了他一下便装作什么事也没发生。课后，我及时了解情况，知道了其实他是因为缺少关爱、缺乏管束。这就需要教师用爱心去感化他，由于该学生就住在学校附近，所以我常常到他家进行家访，并借助QQ、微信等及时了解情况，进行跟踪教育。功夫不负有心人，通过半个学期的关爱、关注和教育引导，督促他学习，他的学习态度明显好转，能认真听讲，作业也能及时完成，在中段考多科成绩有了明显的进步。由此可见，在教育学生时，特别是进行德育教育时要学会从关爱学生做起，因为爱能创造教育的奇迹！爱能使教育走向成功！

转眼又过了一个学期，我发现梁志龙喜欢上玩手机、电脑，沉迷网络游戏，有时还爬围墙外出网吧上网，当我再次找他谈心，他根本不理睬，半个多小时他才说了一句："反正我学习不太好，考不上什么理想的大学。"针对他的这种心理和态度，我没有生气，没有抱怨，始终保持一颗宽容的心和他交流。我温和地对他说："你虽然学习不好，生活散漫，但你不笨，是个聪明的学生，只要不笨就能学好，只要想改，就能改掉毛病，养成好习惯。不信你坚持一个星期试试。"帮他规划"一天争取一点进步，一周一小步，一学期一大步"的进步计划，发现他的进步时，及时鼓励和表扬，让他知道进步，看到希望，逐渐树立信心。经过耐心劝导、宽心教育，他改掉了迟到、逃课等违纪行为，能正确认识网络游戏的危害性，戒掉了网瘾，让他当上了信息技术科组长，指导他参加韶关市"和教育"杯中小学电脑制作活动比赛，程序设计作品《开心打字》获得了市一等奖。教师只有学会用宽容、温和的态度来对待每一位学生，才能感化学生，促进他们自觉遵守纪律，自觉学习的目的，那么我们不妨去多了解、多理解、多接触他们，多听听他们的心声，用宽容的心去打动学生，相信我们一定能够收到良好的教育效果。

赏识，把自信带给学生，发现学生的闪光点。记得一位优秀教师说过这样一句话：打着灯笼寻找学生的优点，用显微镜来观察学生的"闪光点"，闪光点就会成为学生进步的起点。

在教育的过程中，我还发现梁志龙同学有一个最大的优点，就是能写一手漂亮的字。一次和他谈心时，看到他写的作文，很是赞赏地说："哇！你写的字很漂亮，以前我怎么就没发现呢？看你写的字真是一种享受。"这时他的眼中流露出一种自信的神情，又高兴又不好意思。对他的书法给予赞赏和认可的同时，推荐他担任班里的宣传委员，负责并组织出班级黑板报，让他感觉到“天生我材必有用”“英雄有用武之地”，让他在写字方面大显身手，班级黑板报多次被学校评为第一名、韶关市第二十二届中小学（幼儿园）“英东杯”文艺竞赛活动中获得了书法项目比赛一等奖。从书法找到了学习的方向和希望，增强了学习的自信心，后来引导他选择书法班学习。他经过奋发图强、努力进取的学习，顺利考上了本科院校的书法专业。由此可见，教师要有一双善于发现的“慧眼”，会赏识教育，从闪光点入手，激发学生的进取心，从而使每个学生都能品尝到学习的快乐和成功的喜悦。我们对学生要多一些赏识与鼓励，才能调动学生学习的积极性，使学生有被认可的满足感与成就感。教师一番指引暗示的劝导，能帮助学生走出迷雾，远离误区，重新恢复信心。自信心是一个人取得成功的精神支柱，是一个人采取自觉行为的动力源泉，是一个人成长和成才不可缺少的心理品质。

苏联教育家马卡连柯曾经说过：“没有爱就没有教育。”爱是理解与尊重，爱是信任与宽容，爱是教育的基石，是教育的“催化剂”，它可以促进学生的转化，是滋润学生心田的甘露，可以把师生关系转化为亲密的朋友关系。正是这样，我热爱和关心每一个学生，用爱架起了一座通往学生心灵深处的桥梁。

【评　语】

爱是教育的基石，是滋润学生心田的甘露。教师要热爱和关心每一个学生，用爱架起通往学生心灵深处的桥梁。

【作者简介】

吴运红，高中信息技术高级教师，长期从事高中信息技术教学与计算机软硬件研究。韶关市教育信息化建设与应用优秀教师，韶关市浈江区教研先进个人、电脑制作优秀指导老师，韶关市浈江区犁市镇先进教师，论文《浅谈高中信息技术课堂作业的设计策略》等3篇分别在《韶

关教育》《考试周刊》《中小学电教》发表，论文《“微课”在信息技术教学中的优势分析》等21篇分别获全国、省、市、区一、二、三等奖和优秀奖，指导学生参加电脑制作竞赛65人分别获省、市一、二、三等奖和优秀奖，“核心素养下高中信息技术微课教学策略的研究”等2个课题被立项为韶关市教育科研课题。

“谢大哥”

广东韶关实验中学　谢莉锋

周末，我走在熙熙攘攘的街头。“谢大哥！”忽然有个小伙子喊住我，声音中充满了惊喜。我停下脚步打量着眼前这位年轻人，高高壮壮的身材，眼神急切又诚恳地注视着我。原来是他，我工作后教的第一届学生——大叶。匆匆的几句寒暄，将我的思绪带回了他上学的那段时光。

大叶的名号在我见到人之前就听说了，他个头高大，于是同学们就用他的姓取了这个称号。在其他老师那里我听说了诸多他的“事迹”：抽烟、打架、逃学、成绩差……但是我觉得教师不应该先入为主地给学生“贴标签”，我始终相信只要我们有足够的耐心，方法得当，每个学生都是可以转变的。

在我接手他们班的信息课后，我也特别偷偷关注了他，几次课下来他都表现挺好的，至少没有惹事！在我正要放松警惕的时候，一次上课，我突然发现他没来。

我心想着，他是不是有什么急事才迟到了呢？在我安排好学生操作练习后，忍不住走出教室寻找他的身影，路过走廊尽头的厕所时，我发现里面烟雾缭绕，有三个学生看到我进来后慌乱地冲了出去，其中有一个就是大叶，我一把拉住他。

我大睁怒目，心里已经准备了一打的批评“炮弹”。可此时的他头高高抬起，眼睛斜斜盯住天花板，一副桀骜不驯没有做错事的模样。我的理性一下子回归了，我知道此时的批评达不到任何教育的效果，用教师的权威手段只会让他产生敌对心理或口服心不服。

怎么办呢？我脑袋急速运转，正所谓“亲其师信其道”，不能对他来“硬”，那想要让他有所改变，我想可以从与他构建良好的人际关系开始。

“为什么会旷课？”我语气柔和地问他。

“肚子不舒服。”这说辞明显是事先准备好的借口。

我认真地看了他一眼，主动地岔开了话题：“走，我们出去说，这里不知道是谁抽了烟，太难闻了。”

“前几节课你都学得挺好的，今天肚子不舒服，是不是因为刚开学，还没有适应学校食堂的饭菜。老师从外省来的，因为吃不惯食堂的辣椒菜也闹过肚子呢。”

“其实刚才我是和同学一起躲在厕所里抽烟。”听完我的话，他不好意思地小声说。

我拍了拍他的肩膀笑着说：“嘿！不错啊，敢作敢当是个男子汉！抽了什么牌子的烟，味道如何？”

他连忙摆手说：“不知道是什么牌子，是跟着别人吸的，味道真不咋样！老师不要告诉班主任好吗？”

怕我向班主任告发，看来还是珍惜在这个班级的学习机会的。针对这一点，我对他说：“既然不学体育转到了普通班，就应该专注到学习上了。如果你自己不改变那转班有什么意义？高二了，你也该有自己的主见了。”他听到这些话眼睛一亮，显然是说中了他的要害，高高个子的他也下了低头。

处于青春期的孩子，遇事容易冲动，盲目跟随，但他们有较强的自尊心，他们希望得到老师的尊重与理解，理解他们在学习上的需要和情感上的渴望。所以，在与他们交流时，设身处地站在他们的立场上说话，这样能使学生感到亲切，乐于领会教师的意图。

课后我选择没有告诉他的班主任，对他也投入了更多的关注。我推荐他担任了信息课的科代表。我知道他篮球打得好，有时会约他一起比两场。

此后，他在我课堂上的表现也越来越好，本来我心里还有一些成就感。不承想从班上的其他科任老师口中得知，在文化课上他仍然逃课严重，时不时地闹出点违纪的事。我这才意识到我对他的教育并没有获得完全的胜利。

对此我陷入了沉思，他就是不能沉下心来学习文化知识怎么办呢？哪里才是解决问题的突破口呢？如果希望从一切方面去教育人，那么就必须从一切方面去了解人，我决定再找他进行一次深入的谈心。

坐在草地上，听着他向我说出内心的想法：读书以来自己的成绩一直不理想，勉强上了高中为逃避文化课才选择体育班。在体育班和几个哥们在一起就更无心学习，让家里的老爸老妈操碎了心，不想让家人再失望，才从体育班转到了普通班。奈何自己基础太差学不进去，可当体育班的老同学一鼓动，他就坐不住了，他的脑袋里装不下学习，生活过得太不充实导致“时间过多”，坏习惯的朋友一邀约，各种违纪事情频出……

所以，问题突破口首先应该让他在学校过得更充实，不能再像之前那样瞎混时光。在之前的接触中我发现他对电脑维修很感兴趣，还多次问我能不能教他。于是我便提出：每次上完信息技术课，让他留下来和我一起检查维修电脑。利用这个实践机会，我手把手教他一些电脑组装及维修知识。他欣喜地答应着。

此外，我会经常向班主任了解他的情况，和班主任一起督促他按时完成作业及保证正常出勤。同时也与他的家长取得联系，要求孩子在周末时多帮家里做家务。并由家长直接送他回校，杜绝提前回校“应邀”外出游玩的情况。

大叶在学校的日子充实了起来，也就没时间接受那些朋友的邀请了。之后，大叶的名号慢慢淡出了师生的视线，他和其他同学一样忙学业，为自己的将来拼搏。

“滴滴”，嘈杂的汽车鸣笛声把我从回忆中带回了现实。我津津有味地听着大叶继续说着他的传奇经历：他没上大学，学车时因为电脑维修这一技之长而进了驾校工作，再后来因为业务的发展，自己出来开设了驾校……

大叶说他心里感激着我，其实我也应该感谢他，他让我看到了教育的力量及教育者的魅力所在，也让我获得了宝贵的教育经验：我们教师首先应在思想上保持一定的高度，不能纠缠于学生某种不良行为，而要以宽容之心允许他们犯错误，并帮助他们改正错误。此外，要设身处地为学生想一想，理解学生，相信学生，包容他们的各种行为习惯，以自己的言行促使学生不良观念和行为的转变。与学生真诚地相处，学生们也愿意还你一颗真诚的心，于是我便成了学生眼中的"谢大哥"了。

【评　语】

教育有其力量，力量之源在教师学高身正；教育具有魅力，魅力之源在学生成长成才。教师待之以真诚，学生必报之以进步。

【作者简介】

谢莉锋，江西修水人，学士，中学高级，广东韶关实验中学高中信息技术教师。韶关市中小学学科带头人，"南雄市青年岗位能手"，韶关市"百千万人才工程"名教师培养对象优秀学员结业。

获教育部关工委及中央电教馆主办的竞赛"优秀指导教师"、韶关市十佳优秀科技辅导员等各级优秀指导教师15次；指导学生竞赛获奖300余项，3次夺得全国冠军。

所撰写的论文获得省市一、二等奖各1次，宣读论文1次，发表论文4篇。主持课题获韶关市教育教学成果一等奖、二等奖各一个，11次担任市学生电脑制作活动及教师教育软件比赛评委，15次承担公开课或专题讲座。

最后一名同样精彩

韶关市九龄高级中学　许敏

梁英同学一向是老师们眼中的乖学生，在班里，刻苦是她的标签，勤奋是她的烙印。难过的时候她可以一边流泪，一边坚持写作业；生病的时候她可以一边打吊针，一边坚持背书，努力程度难以言喻。可就是这样一个勤奋刻苦的女孩，学习成绩却一直很不理想，有时甚至是班里的倒数。

有一天，她眼中含泪地问我："老师，你听过'一份耕耘，一份收获'吗？我觉得我就是个例外，无论我怎么努力，我都是最后一个，我觉得自己很失败……"话音刚落，她便泪如泉涌。

于是我递上纸巾，意在舒缓她内心的伤痛，然后轻声问她："你这么努力学习，是为了什么？"

她说："为了考大学。"

我紧接着问她："考上大学以后呢？"

她说："找一个好的工作。"

接着，我故作沉思片刻，继续问："考上大学就一定能找到一个好的工作吗？"意在引出她存在认识狭隘性的问题根源。

她沉寂片刻，眼神略带迷茫地问我："老师，那你认为我们努力学习，是为了什么呢？"

我说："学习本身就是一种生活态度，一种生活方式，学习并不会随着我们上大学而终止，更不会因为我们找到一个好工作就不用学习。

学习的过程是培养意志品质的过程，是树立人生观、价值观的过程。

在学习的过程中总会遇到很多的困难和挫折，在它们面前我们选择退缩还是面对，是选择趴下还是站起来？这些抉择的过程就是磨砺我们的过程，即使过程再痛苦也要坚持下去。我们以后的人生道路，同样会遇到很多问题，而那时我们面对困难时所具有的勇气和信心，解决困难的能力和方法都得益于我们今天的学习过程。所以说，现在的学习是为了自己以后的人生道路奠定精神基础。"

她又问道："可我的成绩总是那么差，难道你不觉得我很失败吗？"

我微笑地看着她，说："有时候学习就像赛跑，成绩固然很重要，但它并不是我们的全部，考试分数对我们来说只是一个标杆，我们利用这个标杆，来确定自己跟对手的水平差距，来帮助自己进步。我跟你讲个故事吧。1968年，在墨西哥城奥运会上，坦桑尼亚选手艾哈瓦里在参加马拉松比赛进程中受了伤，可他并没有因此退出比赛，而是缠着绷带、拖着流血的伤腿，一瘸一拐地继续比赛，时间一秒一秒地过去，夜幕降临，暮色下只有他一个人在进行着比赛，虽然已经过4个小时，可当他几乎是一步一步挪进田径场时，数万名观众全场起立，雷鸣般的掌声经久不息，人们仍然向这位勇士表达了他们最崇高的敬意。当被问及为什么不索性退出比赛时，艾哈瓦里说道：'我的祖国把我从7000英里外送到这里，不是让我开始比赛，而是要我完成比赛。'作为坦桑尼亚历史上首位参加奥运竞技的选手，他并没有辜负国家的厚望，完成了比赛，成为'最精彩的最后一名'。所以说只要你用心学习，在学习的过程中学到了勇气、信心、责任和能力，哪怕你的分数是最后一名，老师也觉得你是最成功的一个、最精彩的一个。"

这时的她终于露出了笑容，用力地点点头，说："老师，谢谢您，我明白您的心意了，我不会让您失望的！"

"解铃还须系铃人"，解除心结后，要有成绩的提升，方法策略同样重要，谈话后，我每周还安排一个单科"学霸"，利用自习课与她交流学习。事后，我看到，重拾信心的梁英比以前更加勤奋刻苦，她匆忙地穿梭于课堂与图书馆之间，在她脸上消散了昔日苦闷失落的神情，洋溢着可爱自信的笑容。“天道酬勤”，最后，她以588的高考优秀成绩，被华南师范大学文学院录取。梁英的成功再次证明“心智不颓，希望在前”的道理。

时光荏苒，四年后，梁英考研成功，她被华东师范大学文学院录取，成为古汉语文学专业的一名研究生。2017年的教师节，回校探望我的时候，她激动地与我热情相拥，热泪盈眶。四年后，她充溢青春活力的自信与学识沉淀后的成熟，我邀请她参加执教班级高三（3）的主题班会《高三，我来了！》，在班会中，当她再次谈到当年高三我与她讲述的“最后一名同样精彩”的情节时，她语句哽咽，激动地说道：“感谢许老师，她让我真正认识到什么是学习的本质以及优良的学习品质的重要性。如果没有她，也许我的高三会遗憾而终。学弟学妹们，请谨记，学习的品质会伴随你们的一生！既然选择了远方，就要风雨兼程，拼到最后，待到山花烂漫时，你在丛中笑！有许老师与你们相伴的高三，是你们的幸运，好好珍惜吧！”当时，我班的孩子个个听得热泪盈眶，不时响起雷鸣般的掌声。看着梁英这一个“大孩子”和班里的这一群“小孩子”，我内心澎湃：作为一名老师，育人“最美”的境界莫过于看到自己浇灌的花朵灿然开放，精心栽培的树苗茁壮成长。

著名教育家苏霍姆林斯基说过，智育不仅仅是让学生获得知识，它还应该让他们形成正确的人生观、价值观，在发展认知能力和创造能力的同时，让他们在人生道路上时刻持有一个积极向上的生活态度。

是的，教师是被人们赞美为“太阳底下最光辉的职业”，而这“光辉”一词体现在，作为一名教师，我们不仅要教会学生知识，更重要的是在孩子心中播下“遇挫不畏，解剖自我，勇敢面挫”的自信挑战的种子，在以后风雨之路上，才能活出智慧、从容与自信！

此次教育的经历，让我认识到：教育人，成全人，从来都应该是一件缓慢的事情，它需要教育者有足够的耐心，也只有这样有耐心的人，才可以做微小的事情；只有这样有耐心的人，才能把微小的事情做出更大的格局。

【评　语】

教师不仅要教学生知识，更重要的是在孩子心中播下挑战自我的种子，如此学生在以后风雨路上，才能活出智慧、从容与自信。

【作者简介】

许敏，韶关市浈江区人。学士，高中语文高级教师，韶关市张九龄纪念中学任教，担任高中语文教学工作。曾获市“三八红旗手”、区“优秀班主任”和“高考优秀教师”等荣誉称号。

我的“乒乓球外交”

南雄市界址中学　严罗生

临危受命

开学第三个星期一的早上，参加完升旗仪式，就听两个同事在谈论：“听说，来我校支教的陈老师辞职了！”“啊！怎么回事？”“还不是八（3）班那班捣蛋鬼！”“唉，那个小伙子也真够倒霉的。”“是呀，据说上学年七年级各班最捣蛋的，几乎都分到八（3）班了，一个刚毕业的后生仔做班主任，怎么Hold得住？”听到“班主任”这个词，此时，我的心中激起了不少波澜：从师范毕业到现在，一直做着班主任，由于今年接手的工作较多，学校未安排我做班主任，但我心中总有一种失落感，总觉得缺少了什么似的，时常回忆起做班主任的点滴过往，正当我沉浸在回忆中时，校长的说话声打断了我的回忆：“小严老师，来我校支教的陈老师辞职了，我看八（3）班的班主任还是你接起来吧。”听到又能做班主任了，我一下便跳起来，应道：“校长，我听从您的安排！”

内外交困

于是，我便走马上任，又做起了班主任：组织学习班规校纪、了解学生情况、选拔培养班干、布置班级文化……这个班在我这个老班主任的经营下，一切都那么井然有序。我不禁暗自得意，一个班还能难倒我？但不久，我便发现，我高兴得太早了。那批从七年级各班上来的捣蛋“精英”，上课不是迟到、睡觉，就是讲话，还时不时捣乱课堂纪律；课后常欺负小同学，捉弄女同学，严重影响到班风学风。我经常接到同学和任课老师对他们的各种投诉。令人更可气的是，他们在一个叫兰平（文中人物均为化名）的带领下，一下课便成群结队地在校园闲逛，成为学校一道“靓丽的风景线”，为此，分管德育的副校长好几次叫住我：“严老师，你班那些学生，下课后成群结队在校园闲逛，影响极坏，你必须得管管！”唉，不是不管呀，在他们身上我可花了不少时间和精力：主题班会、个别谈话、家访，甚至罚站、罚跑步……该用的方法都用了，可效果就是不理想。刚开始，他们是有所收敛，可不出两天，他们又旧病重犯，而且有愈演愈烈之势。怎么办？我有点束手无策了。难道就这样任其发展下去吗？不！这可不是我的性格，我一定要想法破解！

破冰之球

一个下午的课外活动，我路过乒乓球台，发现他们当中的几个“捣蛋鬼”正在打乒乓球，这使我想起了“乒乓球外交事件”，中美两国关系当时如此僵硬，都能凭借乒乓球重建外交，而我面对的只是几个“捣蛋鬼”，我就不信拿不下他们。于是灵机一动，何不借此机会走近他们，兴许事情会出现转机。于是，我便走向他们，说：“老师和你们一起打乒乓球，好吗？”听到“死对头”也想和他们一起玩，他们意外之余，更多的是欣喜，便高兴地同意了。

为了打破僵局，更好地走近每一位同学，我便以了解他们的乒乓球水平为由，让他们每人和我对打一局。我一边打乒乓球，一边相继评论，“这个下旋球，你发得不错！”“你削球的动作很规范！”“你打球变化真多，我得小心对付你。”“好！这个球打得好！”“这个球要是直接扣杀下来，我就招架不住了”……听到我的肯定，他们圆圆的脸因羞涩而红了起来；听到我的建议，他们信服地点着头。一个愉快又轻松的课外活动结束了，虽然没有深入的交流，但我明显地感觉到我们的距离一下子拉近了很多。临走时，我诚挚地发出邀请："明天，继续！"他们高兴地点头应允。

重组团队

第二天下午，我准时出现在乒乓球台边。我发现，除了昨天打球的那几个同学，另外几个"捣蛋鬼"也来了，周围还有其他一些同学。于是，像昨天一样，我边和他们打球边相继点评。快要结束时，我向他们提议，班上这么多人喜欢打乒乓球，我们不如成立一个乒乓球队，共同切磋、共同提高。听到要组建乒乓球队，大家都非常高兴，争着要报名。于是，我又提议，为了确保大家球技提高，我们这个球队要规范些：一要固定队员，确定之后，不能随便进出；二要争取在校乒乓球赛中取得一定的名次；三是为了达到比赛拿名次目标，球队最好要制定训练方案；四是要选出队长、组长，方便管理；五是最好要有一个教练帮助大家提高球技。最后，他们经过商量，一致推选兰平做队长，推选赵力、董兵做组长，推荐我做球队的教练。于是，我进行了工作布置：报名由赵力、董兵同学负责，确定人选后，由兰平同学组织大家讨论确定训练方案。

共同成长

接下来的日子，我知道，我带的不仅仅是一支乒乓球队，更重要的是，我还在引领着一个特殊群体。因此，一方面，我在对他们进行技术指导和战术训练时，有意识地将一些日常规范融入。另一方面，我也非常重视对兰平等同学的培养，帮助指导他们进行球队的管理与训练。并经常提醒他们：现在咱们是球队的核心，大家都跟着我们、看着我们，因此，我们要带好头、做好表率。此外，我还有意识地去发现他们身上的闪光点，及时地在班上或球队进行肯定和表扬；对他们做得不足的地方，我会私下委婉地提醒指出。

经过一段时间的训练，他们的乒乓球水平得到了明显的提高，在学校乒乓球赛上，这个球队有4人进入全校前十名，其中兰平和赵力还代表学校去参加市里举行的乒乓球赛。兰平等同学在班上的表现，也有了让人欣喜的变化：上课违纪的情况很少发生，欺负小同学、捉弄女同学的现象及课后成群结队在校园里闲逛的“风景线”不再出现，班上老师同学的投诉大大减少。为进一步激励他们，我在期中考后重组班委的时候，提议让组织能力强的兰平为班里的体育委员，让责任心强的赵力为卫生监督员，让服务意识强的董兵为生活委员，我的提议得到了同学们的赞同与支持，他们以高票当选班委成员。得到了班里师生的肯定与认可，兰平等工作起来更带劲，成了我的得力助手。

经历此事后，我也得到了进一步的成长：亲其师，才能信其道！当我们的学生出现状况的时候，我们不要把自己的思想和做法生硬地加在学生身上，而应当从他们的角度出发、去亲近他们，只有深入他们的内心，我们的教育才有效果。由此，我也联想到中央电视台董卿、李思思等著名主持人，她们被人们所津津乐道，除了她们出众的才华与稳健活泼的台风，更和她们能半蹲半跪俯下身来与小朋友及坐轮椅的老人倾听交谈是分不开的。

用尊重与信任敲开学生的心扉。问题学生之所以有问题，那是因为某些地方做得不好，一直被批评、被忽视，出于自我保护他们的内心可能会关闭。当他们关上心门时，肯定会打开一扇心窗。作为教育工作者，就是要找到这扇心窗，用尊重、信任为钥匙去开启，用温暖与爱去化解他们内心的坚冰，总有一天，他们会感化，会投桃报李的。

对学生，特别是问题学生要多一些爱心与耐心。每个孩子都是一朵花，只是花期不同，有的开在春季，有的开在夏季，也有的开在秋冬季。只要我们用爱去浇灌，用耐心去等待，到了相应的季节，他们定会将自己的美丽与芬芳带给人们，惊艳你我、惊艳世间。

【评　语】

教师只有深入学生的内心，教育才有效果。对问题学生，教师要用爱去浇灌，用耐心去等待。

【作者简介】

严罗生，韶关南雄市人，中共党员，大学学历，初中语文高级教师，现任南雄市界址中学专职副书记，分管学校党务、工会、德育、教学等工作，长期担任九年级语文教学工作，现为韶关市中语会理事。2019年被评为南雄市首批名教师，2020年遴选为南雄市首批语文名师工作室主持人。

我的跨界教学之旅

韶关市第十三中学　叶华敏

5年前的我，在一所学校连续13年一直从事信息技术学科教学，三点一线，职业倦怠，得过且过，是我的常态，没有什么轰轰烈烈的壮举，更没有值得称颂的大作为。当时我区小学教师严重缺乏，为了均衡各校教师的配比，区教育局启动了中学教师援教小学的活动。为了改变当时的状态，我申请了支教。为期一年的支教生活，在我平淡的教学生涯中泛起了涟漪，成就了一个焕然一新的我。

我的支教单位是——浈江区银山小学，银山小学是一所位于城乡接合部的农村完全小学，离市区十多公里。麻雀虽小五脏俱全的村小，设施齐备，电脑室、美术室、舞蹈室、科学实验室等功能室一应俱全。学校只有7个班，从学前班至六年级。每个年级只有1个班，每个班最多也只有20多人，最少的班级只有10位同学。近百人的学校，包括校长也只有6名教师，后来加上我们支教和新调入的老师也才勉强凑齐10位教师。但是按照办学规模，班师配比语、数、英教师的配比却严重失衡。在这样一个大环境下，怀着忐忑的心情我由一名中学的教师成为一名小学教师。

由于学科教师配置严重不足，缺少专业的语文、数学老师，校长在万般无奈下安排我当三年级的班主任，承担语文、思想品德、信息技术、音乐和体育五科的教学工作。当听到安排时如雷轰顶。作为一名理科生，居然要教语文，这个跨界有点大，还要兼教这么多学科。作为一名大学毕业于计算机专业，正疲于应付不断更新的专业知识的我，难以相信这个现实，一名中学信息技术教师何以胜任小学语文教师这个岗位？看着孩子们那一双双清澈纯洁的眼睛，教师职业的使命感和责任心让我软了下来，最终硬着头皮接下了班主任和语文教学这项艰巨的任务。

跨界前的焦虑

为了上好第一节语文课，我花了几天时间备课，上课前一晚上几乎都没合眼，不断地在脑海中预演课堂的教学环节。第二天顶着一双“熊猫眼”忐忑不安地走进教室。“老师，这个拼音怎么读?”“老师，这个字你笔画顺序写错了，书上不是这样写的。”“老师，以前的老师不是这样教我们的。”“老师，这个词是什么意思?”

“铃、铃……”好不容易熬到下课，慌忙逃回办公室。由于不适应理科到文科教学的转向，不适应信息技术学科到语文学科科目的转变，不适应中学教师到小学教师身份的转换，接二连三状态百出的语文课让我像个泄气的皮球没有勇气再去上课。

第一节语文课的落荒而逃让我更清晰地认识到，支教这一年我势必跟语文教学杠上了，但是作为一名没有接受过语文专业培训非科班出身的理科教师如何才能上好语文课呢？于是我利用专业优势在网络上搜寻解决的方案方法，但是仍然找不到突破口。正是焦虑时，一位教语文的老教师跟我说：“别泄气，霍懋征60岁从数学老师转教语文；支玉恒40岁从体育转教语文；窦桂梅也是打杂5年才开始教语文，但是现在他们都是语文界的翘楚，都是特级教师。只要你肯努力，上天必会厚待努力的人。”

窦老师的课堂不自觉地会把音乐、美术、信息技术等内容整合到语文教学中；支老师认为教师应当始终充满创新的意识，让自己的每一节课都能新意迭出，让孩子们在语文课堂上始终有新的感受和体验，始终对语文充满着兴趣和向往。于漪老师根据多年教学实践，总结出“点、线、面、体”的主体化教学方法。敢于跨界、敢于创新的他们，犹如指路明灯让我认清了自己的不足，我的信息技术老师跨界语文之路由此开启。

跨界中的探索

19世纪苏联教育家，教育心理学的奠基人乌申斯基指出：“儿童是依靠形式、颜色、声音和感觉来进行思维的。”这观点恰与信息技术学科特征相符，这让我更加坚定信息技术与语文是可以互相融合的，而无论哪个学科教育的本质是一致的，借助信息技术工具结合窦桂梅和支玉恒老师提出的语文教学方法，我大胆践行跨界之举。

【片段一】

“老师，这个拼音我总是搞混，在学校会读，回到家我就忘记了。”小茹拿着试卷在教育门口堵住了我。

“这样呀，我帮你想想办法吧！”小茹的问题也是农村小学孩子们的难题，我应该怎样做才能帮到他们呢？

“同学们，我介绍一个朋友给你们认识，它叫微课，以后我们要学会跟他们交朋友哟。现在让我们来看看《我可爱的拼音兄弟》。”

微课中拼音通过的卡通形象，把学习的方法融合在视频内，孩子们在观看视频过程中学会了学习拼音的方法。利用网络上丰富的微课资源，我把这些微课资料汇集成学习资源发放给家长，实现了家校的合作教育。

【片段二】

“小强，认真读书。不许偷懒！”我生气地教训着孩子。

小强委屈地看着我，眼眶里泪水正在打转。“老师，这篇课文好长呀，读得好累。”微弱的言语传入了我的耳朵。

“同学们，我们来看一场电影如何？”

"哎！老师，这不是《木偶奇遇记》吗？"

"对对对，我们语文课本后有这个故事。""原来皮诺曹长这个样子呀！""你看他的鼻子越来越长啦！"

看着孩子们的反应，心感安慰。语文课本最后一个单元的课外阅读课，不是小说就是剧本，篇幅都很长，三年级的小学生很害怕文字扎堆，我在网络中搜寻相关的电影，通过观看电影的方式进行课外阅读课的学习，借助视频中的动作、画面加深孩子对课文内容、人物的理解，完美地解决了阅读篇幅长的问题。

【片段三】

"老师，这句古诗是什么意思呀？"

"这段文言文我看不懂"

……

古诗词是孩子们学习的难点，枯燥乏味，让孩子配乐朗读，用电脑绘制画面，制作相关的动画，分组做诗词PPT小报，形成各类的电脑作品，在班内进行展示，指导他们参加电脑制作比赛等手段，把信息技术融合到语文教学中。

此后，我把信息技术学科知识作为工具融入语文课教学中，把拼音学习语音化，文字书写形象化，词语记忆图形化，课文内容影像化，经过不断的创新与实践，沉闷的语文课变成了孩子们最喜欢的一门课，语文成绩也稳步提高，实现了理科生教语文跨界。银山小学把我的教学方法进行了校内推广。这一年的支教经历从本源上改变了的教学方式，形成了我的教学风格。

跨界后的启示

如果说，5年前的语文教学是我跨界教学缘起的话，那么给学生开设创客和STEM课程则是跨界教学的直接触发。经过支教跨5门学科的教学，如今的我可以轻松驾驭现在的课堂教学，在教有余力的情况下，我大胆组建教学团队，开设了3D打印、开源硬件、创意机器人、切割创意设计和无人机的社团，并与校外企业共同研发适合我校的跨学科STEM校本课程，逐渐形成了十三中的教学特色，为学校和自己获得了许多成绩，也赢得了“百千万名校长、名教师”培养对象的称号。

于漪老师说：“追求人格的完美，心中必有‘两把尺子’：一把尺子是量别人的长处，一把尺子是量自己的不足。”一个教师只有对世界充满好奇与兴趣，对所有的东西都贯注自己的热情，立足于本专业，将眼光放到专业以外的广阔世界，超越自己专业的藩篱，用宽阔的心胸学习，学会从广阔世界中寻找资源为自己所用，同时大胆与其他学科融会贯通，才能实现自身的成长，才能立足现今高速发展的社会，才能更好地培养国家的栋梁。

跨界不仅是一种学术结果，还是一种人生态度。敢于跨界才能思维广阔，思路灵活，思想深邃，才能不断突破自我疆域、打破专业壁垒；实现跨界成长、跨界实践，才能在信息化时代立于不败之地，担负教师的责任，做到尽自己能力之内的完美，无愧于心无愧于行。

【评　语】

教师的专业发展需要教师走出舒适区，敢于跨界，跨界成长，跨界实践，不断打破专业壁垒，不断突破自我疆域。

【作者简介】

叶华敏，韶关市浈江区人，中共党员，工程硕士，中学一级，韶关市第十三中学信息技术学科教师和创客团队负责人，韶关市浈江区教师发展中心信息技术兼职教研员。

主持参与多项教研教学改革工作，其中主持省级课题2项，市级课题3项；参与省级课题1项；其中一项广东省信息化中心校STEM专项课题《基于创客基地初中STEM课程建设研究》被评为“优秀”等级。课题成果和教改实验报告获市二等奖2项，区一等奖1项。

广东省信息技术骨干教师和“优秀学员”；广东省教师信息技术应用能力提升工程“优秀学员”；韶关市“百千万名人才工程”名教师培养对象；浈江区优秀教师和教研先进个人；浈江区教师发展中心培训师；浈江区教育学会理事；浈江区学科教学伙伴互助导师；韶关市创客和中小学电脑制作优秀指导教师；韶关市创意机器人优秀指导教师，韶关市科技创新优秀教师。

我想成为别人敬仰的雕塑

韶关市田家炳中学　尹健

2015年教师节，我收到来自广州体育学院学生小麦寄给我的一张贺卡：尊敬的尹老师，感谢您三年来对我悉心的教导，让我清楚自己人生的道路，我会努力成为别人敬仰的雕塑，不辜负您的期待，在这个特殊的节日诚挚地祝您健康快乐。

看完贺卡，我的思绪渐渐地回到了2012年。那时，我担任了高一（6）班的班主任工作，学生小麦在读八年级时父亲因为婚外情把他母亲杀害了，父亲被判处死刑，因此成了一名孤儿，平时沉默寡言，行为散漫，还经常迟到，他的姨妈作为监护人也很难与他有效沟通，所以一开学便找到我，跟我详细说明他的家庭情况。他来到我们班，经常迟到，学习也并不用功。刚开始我经常找他谈话，说明学习的重要性，迟到会影响学习，违反学校纪律；有时还进行一些小处罚，如罚扫地等。而他姨妈则对他说："你不好好读书，你就得像农民一样辛苦，像清洁工一样做工。"有时给他一点惩罚，就是不给他零花钱。无论谁说他，他都默不作声。

记得一个周三的下午，第一节是我的数学课，小麦又迟到了，对他本来不满意的我，顿时怒发冲冠："你在门外站着！"而他还真就一言不发地在课室外站了一节课，课后我没理他就走了。晚上回到家，心情平复下来以后，我回想起下午的做法，觉得自己这样做是不是过火了，我陷入了沉思，决定另辟蹊径。

之后的一段时间里，我经常故意在他上学的路上与他“偶遇”，一边走一边聊聊家常，但我没说他迟到的事，渐渐地他对我有了一丝亲近的感觉。

不久，到了中秋节，正好轮到我值班，我看见小麦独自一人来到学校，在走廊外面徘徊，我把他叫来，说：“能陪我一起去操场中走走吗?”他点了点头，俗话说“每逢佳节倍思亲”，我和他讲了自己对父母的思念之情。这时，我发现月光中小麦的神态变化的细节，于是鼓励他讲讲自己的父亲、母亲。他开始竭力控制自己的情绪，最后忍不住嚎啕大哭，倾诉了自己不幸的遭遇，很想和父母坐在阳台聊天赏月。我拍拍他的肩膀，让他坐下，喝口水，给了他一个月饼，稳定他的情绪，并慢慢讲述我成长中一些不幸的事情，引起了他内心的共鸣，随后像两兄弟一样你一言我一语地讲开了，这样一来我们彼此之间增加了不少的信任感。

与小麦接触得多了，他对我说了他想报考体育大学。我立即肯定他有理想有目标，说他个子高，体力好，是一个有出息的体育苗子。他笑了笑，但笑得不自然，嘴上不自觉地说了一声：“可惜我成绩不好。”我说：“你人聪明，如果好好学习文化课，体育又有专长的话，就比别人更容易成功。”我又说：“你喜欢哪些体育项目。”他说：“喜欢打乒乓球。”我说：“我也喜欢打乒乓球，要不周末我们打打?”他说：“好呀。”我与小麦好几个周末都去学校乒乓球馆打一个小时乒乓球。他打乒乓球进步较快，自信心也在不断增强。就这样，他与我的关系更密切了。

我们在一起打乒乓球的时间多了，也就无话不说了。有一次，在打乒乓球休息时，我跟他说了下面一个寓言故事：

过去同一座山上，有两块相同的石头，三年后发生了截然不同的变化，一块石头成为雕塑，受到很多人的敬仰和膜拜；一块石头却成为路边石，被人搬来搬去，还经常受到践踏、污损。路边石极不平衡地向雕塑石头说道：“老兄呀，三年前，我们曾经同为一座山上的石头，今天却发生了这么大的差距，我的心里特别痛苦。”雕塑石头答道：“老弟，你还记得吗？三年前，曾经来了一个雕塑家，你不愿意改变，更害怕割在身上一刀刀的痛，你告诉它只要把你简单雕刻一下就可以了。而我那时想象未来的模样，乐于改变，也不惧怕割在身上一刀刀的痛。于是，雕刻家在你身上只是简单地处理了一下，在我身上呢？锤子砸，钢锯锯，刻刀刻，纱布磨……我经受的改变是你的数倍，我忍受过的痛苦比你多得多，这才产生了今天的不同啊！”路边石听了这一席话，既惭愧，又后悔。

听完这个故事，我问他有些什么感想呢？他断断续续地说出了下列体会：我们要经得起考验，不经风雨，怎能见彩虹；天降大任于我们，必先经历磨难；等等。

听了他的话，我当即对他所悟表示肯定。我对小麦说：“你想成为什么样的人，完全取决于自己的选择，老师无法改变你，只有你自己才能改变自己。《国际歌》中的‘从来就没有什么救世主，全靠我们自己’。我们要做自己命运的雕刻家，你也要成为你自己命运的雕刻家。”

我也没想到，跟他说了这个故事后，他迟到一事我也没提，他迟到的次数倒是越来越少了，后来真的就不再迟到了。

这时，我也就无所顾虑地问小麦：“迟到一事是如何想通的？”他说：“我想成为那个人人敬仰的雕塑，再迟到还能有谁敬仰？连迟到的事都解决不了，还谈什么成才？我可是想考体育大学呀！”

他的学习也认真了。虽然他听课都很认真，可是做起题来就不那么如意，学习成绩，考试的成绩还在低位徘徊，他着急地问我该怎么办。

我给他介绍了六步学习法：①课前预习，提出疑问；②课堂专心，标记不懂；③虚心请教，不懂就问；④完成作业，纠正错题；⑤及时复习，巩固知识；⑥归纳整理，强化记忆。他很听我话，一直坚持六步法学习。慢慢地，他的成绩由原来的300多名进步到200多名，后来进入了年级前150名，最后高考被广州体育学院录取。

收到他的贺卡后，我给他回了一封信：天行健，君子以自强不息。望你努力践行自己的目标，开辟出一块属于自己的土地。

这件事也让我有所思考：学生的不良行为是经过长期积累形成的，在教育他们的时候，先与他们构建起良好的人际关系，这样才容易事半功倍；要鼓励学生理想信念不能丢，只有将理想与信念植入学生灵魂的深处，他们在人生的道路上才能走得更远。

【评　语】

教师要点燃学生身上的成功欲望，将理想与信念植入学生灵魂的深处，如此学生在人生的道路上才能走得更远。

【作者简介】

尹健，韶关武江人，大学本科学历，获得理学学士，中教一级，韶关市田家炳中学高三年级班主任，担任高中数学教学工作。在2006年抗洪救灾工作中表现突出，被评为“韶关市田家炳中学抗洪救灾先进个人”；担任“共创成长路”田家炳青少年正面成长计划课题组成员，2018年被评为“共创导师”；2019年学生军事技能训练活动中表现突出，被评为韶关市优秀带队教师；积极参加民进各项事务，2020年被评为民进韶关市委先进个人。

用爱温暖学困生

仁化县田家炳小学　张彩琴

1999年7月，我毕业于乐昌市教师进修学校，服从上级分配到仁化县丹霞车湾小学任教，从此开启了教师之路。

时光如流水，转眼间，我已经在小学语文教学岗位上度过二十个春秋。二十年间，我努力地耕耘着，默默地奉献着。我享受着小学语文教学带来的快乐，分享着同学们收获学习语文的乐趣和成长的喜悦。作为一名平凡的教师，回想从教之路，我没有什么轰轰烈烈的壮举，更没有值得称颂的大作为，可是平淡的教学生涯却赋予了我宝贵的课堂教学经验。在教育教学过程中，有困惑、有激动、有伤心、有愤怒、有无奈、更有迷茫。伴随着自己和学生交往的生命历程，我欣慰地看着我的学生在我的教育下露出满足的笑容，那一张张灿烂笑容的背后是一个个刻骨铭心的故事。

2014年8月，我调入仁化县田家炳小学，在新接手的四（1）班有个叫阿贵的男孩子引起了我的注意：该生上课经常望着窗外发呆，目光无神，作业经常迟交或不交，偶尔还迟到。按照我多年从教的经验，应该找这孩子谈话。于是，一天语文课下课后我把阿贵同学叫到了办公室：你上课很不认真哦，怎么回事啊？有心事吗？不喜欢上语文课吗？也不知是不想说还是我问得太多，阿贵就是低着头一声不吭。这可出乎我的意料呀！要知道我可是出了名的孩子们心中的好老师啊！这下可把我急了，不会是欺负新老师吧？怎么办？这时，我上前抚摸着阿贵的头说："没关系，你现在不想说，我们就不说。老师看出来了你有心事，等哪天你想告诉老师了，老师再听你说。"我让孩子回到了课室。接下来的几天，我无论课堂还是课下都特别留意他，偶尔也会和他四目对视一下，每到这时我都会冲他会心一笑，这个笑大概就我们俩懂得其中的意义。

一次我走路上班，远远的我就看到了我班阿贵的身影，于是，我连忙跑上前，与他并肩走着，并抓住机会找他聊天。也许是因为在校外，也许是有了上次谈话的基础，也许是那一次次的会意一笑，阿贵竟然放下芥蒂和我聊了起来。在你一言我一语的交谈中我知道了他的家庭情况——父母离异，他随父生活，爸爸再婚后刚添了个妹妹。爸爸承包了一所中学的饭堂，每天早出晚归，无暇顾及孩子，继母又疏于对他的疼爱，对于他的生活、学习基本不闻不问（平时都是奶奶叫起床，煮早餐，催上学）。他甚至告诉我"这个妈妈有和没有一样"，这不禁让我心头一震。原来这就是一直影响着他的课堂表现的心事。像这种重组家庭孩子的问题教育我决定从教育家长入手，于是我及时进行了家访。

我找到孩子的爸爸（在某中学饭堂），避开孩子，很郑重地聊起了对方的家庭情况。知道我的到访，家长第一反应是不是孩子闯祸了，当我告诉了孩子最近在校的课堂表现和我们的聊天大意时，他才恍然大悟，回想起再婚后的种种，顿时也觉得忽略了对孩子的关心，尤其是有了二宝后，更是全家人都把精力放在了小的上。后来我们还聊起了后妈的问题，毕竟不是亲生的，我们先从理解开始，但是孩子是敏感的，容易受伤的，如何转变"这个妈妈有和没有一个样"的态度很重要。在达成共识后，我开玩笑似的还给他支招：多爱老婆一些，老婆才乐意把母爱分享给继子，爸爸也表示乐意接受我的建议。之后，我们还随时向对方反馈孩子在家、在校的点滴变化。我也经常找阿贵聊天，聊作业、聊兴趣、聊妹妹……

这样一段时间下来，阿贵同学脸上笑容多了，课堂也认真了，成绩也慢慢提了上来，甚至和我成了无话不说的好朋友。一次，他又没交作业，我上前问道：“你怎么又不交作业了？”他反倒说：“老师别生气，生气容易变老的。作业我马上补做。”这一逗，我真是又气又乐了，至少孩子和我亲近了，也喜欢上我的课了。这个事例让我明白了，要转化学困生，只有使学困生动情；要转化学困生，必须家校合力，用爱温暖。

学困生的缺点较多，也较突出，容易被大家发现。但是他们也有优点和长处，只不过不太明显和突出，时常被大家忽视。往往这一点就不利于调动学困生自身的积极因素去克服消极因素。我认为，作为一个班主任就应该注意发现学困生的微小进步，坚持一分为二，优点给予充分的肯定，积极引导，有时创造条件让他们施展自己的长处，以自身的长处逐步克服一些短处，从中让他们看到希望，增强进步的信心。我班有一名小男生，年龄小，个子小，读书嗓门也小，在班上很不起眼。课堂上虽然认真听讲，可从不敢举手回答问题或发表自己的意见。一次自习课上我无意间发现这孩子对画画特别感兴趣，每当完成了作业，他就会掏出画本涂画起来，小猫、小狗，小花、小草，建筑物、汽车模型，哇，样样逼真。于是，在我的一次学校公开课《莲叶青青》准备中，我让这个孩子帮我画了两幅画——老奶奶头像和莲叶，按教学的需要先后粘贴在黑板上。课后，我问班上孩子：“这两幅画好看吗？”孩子们异口同声地说：“好看！”随后我郑重其事地宣布作画者，孩子们的意外和那位胆小的小男生的惊喜至今还在我的脑海里呈现。从此，小男生的朋友多了，笑容多了，嗓门提高了，成绩也明显进步了。

教师对学困生多关注，用伯乐的眼光去发现学生的闪光点，主动采取适当形式去靠近他们，栽培他们。总之，要善于发现学困生身上的闪光之处，并在合适的机会给予肯定和鼓励，使其获得自信心，并逐步把兴趣迁移到学习中去。

爱是教育中一个永远的主题。如果没有爱，任何说服都无法开启一颗封闭的心灵；如果没有爱，任何甜言蜜语都无法打动一颗冰冷的心。学困生就是因为缺少爱，缺少能理解他的老师和同学，所以他们才会在学习上变得冷淡、自信心不强，逐渐变得自暴自弃。

我曾遇到过这样一个学生，他生活在没有母亲的单亲家庭中，因此毛病特别多。于是，我暗地下了决心，要转变这个孩子。有一次检查作业，他没交，我正想批评他时，还没等我开口，他便伸出右手，对我说："老师，我的手不好。"我一看，心都揪起来了，孩子的手烫得皮都破了，好像要化脓，不治的话会感染的。"你这几天不用做作业，课堂练习也不用做了，认真听讲就行了，以后老师给你补上。"第二天早上，我带了点药，给他敷上，孩子哭了，我心里也酸酸的。没有了母爱的他是多么希望得到别人的关怀和爱护，他的情感非常丰富，上进心也非常强。就这样，他竟然用受伤的手写了一篇作文，在别人眼中也许不算什么，可他是出自师生都承认的学困生之手，我感动极了，同学们也都情不自禁地为他鼓掌，于是我借此机会对他做了进一步的转化。

"玉不琢，不成器"，让我们摒弃对学困生的偏见，多给学困生一份爱，时常给孩子一张笑脸，让他感受到老师的温暖。学困生也要求上进，他们需要更多的关怀与爱，让我们用爱去融化他们心灵的坚冰，点燃他们心中自尊和进取的火花。

教书育人，是一项崇高的职业，我爱这项职业，无悔于自己的抉择，也不辜负党和人民给予我的荣誉，继续奉献教育，默默耕耘，以德立身，以身立教，开辟教育的蓝天。

【评　语】

爱是教育万灵药，没有爱任何苦口婆心都无法开启一颗封闭的心灵；没有爱，任何甜言蜜语都无法打动一颗冰冷的心。教师要多给学困生一份爱，让他感受到老师的爱，用爱点燃他们自尊和进取的火花。

【作者简介】

张彩琴，韶关市仁化县人，小学语文高级教师，仁化县田家炳小学教务处副主任，担任小学高年段语文教学工作。工作期间积极独立撰写

教育教学论文，多篇论文先后获奖或发表；先后主持两个市级课题，并顺利结题，其中课题“小学生口语交际能力培养的研究”获2019年韶关市中小学教育教学成果三等奖；先后被评为2019、2020年度学校教学优秀个人，2020年仁化县小学语文名教师，2020年广东省中小学生写作大赛优秀指导老师，2021年广东省小语会成立40周年纪念表彰活动先进工作者，2021年仁化县优秀教育工作者。

别怕，有老师在

韶关市第一中学　张良其

高考成绩出来的那天，我第一个接到了小英打来的电话。

“老师，我上3A专科线了，我准备报考广州的一所学校。”她略带高兴地告诉我。

在最后挂电话的时候，她欲言又止，好半天才挤出一句话：“老师，谢谢你！”

从她的电话中，我感觉到她的思维还是有点乱，但是已经趋于正常了。最近这段时间，小英一直是我放心不下的学生。

第一次接触

还记得刚接手高三新班级第一天，有老师告诉我：“你要注意一下小英，入学时她是正取的，由于性格原因，成绩退步挺大的。”听到这番话，我很好奇，也很关心，决定多了解小英一些。

“高三了，有什么打算?”我主动凑过去问。

“没什么。”她摇了摇头。

“那学习和生活上有什么困难吗?”我诚恳地问。

“没有。”她斩钉截铁地回答道。

从她的眼神和回答中，我看出她不愿意跟我交流，语气也略显沉重。

我知道对待小英这样的学生不能操之过急，最好的方式就是从爱入手，用心沟通。果不其然，后来几次小英在月考中的表现让人刮目相看，特别是我教的英语科成绩表现特别突出，这让我感到非常欣慰。

但事情没有想象的那么顺利。

办公室里的哭声

高考前的一个清晨，有老师告诉我前天晚上听到有人在办公室里哭，是我班的小英同学，她到处找我。我一听，心头预感小英可能出现状况了。我压制住自己的情绪，快速赶到课室里。我一下看不出小英的异常之处。当我如无其事地离开课室时，她居然主动尾随我来到办公室，我装着没事一样，问道："有什么事吗？"而她却傻傻地站在我桌子旁边，什么也没说。那一刻 我觉得空气都凝固了。

过来好一会儿，她回答道："老师，我该怎么办？我现在什么都学不进去。这样的我，活着还有什么意义呢？"

"发生了什么事情吗？"我关切地问。

"别着急，慢慢说。"我在努力缓和着谈话的氛围。

可她呆呆地站在那里，一声也不吭。

我随手拿起杯子喝了口水，小英伸手过来想拿我的杯子。

"哎，你干嘛？"我惊讶地说。

"我想喝水。"接着她又说道："老师，你说人为什么活着？"

听到这，我心头一阵乱麻，心怦怦地跳，不敢往下想。

我马上说："别怕，有老师在！"

"想喝水，要不咱们去小卖部去买矿泉水喝吧！走，老师请你喝水，咱们走。"我宽慰道。

小英神情恍惚地跟着我出了办公室的门。

在去的路上，联想起早上其他老师的描述，这验证了我之前的预感。神经紧张的我马上联想到一位心理学教授说过的话："一个人跟你谈死亡，她并不一定真的会跑去自杀，她想要通过说出自己的想法，来排遣内心的孤独、不被理解、孤立无援，以及向旁人倾诉来做一个自我拯救的尝试。”我立刻打电话给当时的年级副主任兼我们班的科任女老师，向她求助。

小英喝了水后，情绪稍微有点缓和。

“考了400多分，我睡不着，看到题目就头疼。”她目光散漫地看着四周。

“喔。”我关心地看着她。

“我最近心情不好，上课听不进去，不想上课。”她明显加快了说话的速度。

我在想，小英到底在哪里出现问题了呢？作为班主任，我又该怎么样去帮助她呢？

关爱361度

为了顺利解决小英的问题，我和级组长深入同学们中进行了解，在不让小英知晓的情况下去了她家。小英妈妈还挺支持，而小英爸爸态度非常坚决，极不配合。在小英家，我们感受不到任何家庭的温暖，面对这样的家庭，我们无功而返，我们也很无奈。

处于家庭危机中的孩子，往往对老师和同伴的关爱有一种特别的渴望。师爱和友爱虽不能代替父母之爱，但至少可以使学生感受到学校生活的温情和暖意。对于这个时期的孩子，这个状态的孩子，如果我们稍不留意，就有可能造成让大家都无法面对的后果。作为班主任，作为她唯一信任的来源，我不能放弃，不能让她失去最后的“救命稻草”。

后来，经过多方打听得知，小英爸爸有家庭暴力。三年来，小英得不到父母的关爱，而偏偏在离高考还有一个多月的时候，亲朋好友在小英爷爷的生日宴会上好像非常“关心”她，导致她非常在意，甚至出现“高考不能失败，一旦失败，人生就毁了”的错误认知。在这个错误认知下，使得她对自己的学习成绩要求过高，超出了她的能力范围。压力剧增，情绪就容易崩溃。

在与心理专业老师的沟通中，我们猜测小英可能有抑郁情绪。于是，我及时与其妈妈沟通，让其带孩子去医院做进一步诊断和治疗。经过多次劝说之后，小英妈妈在瞒着她父亲的情况下带她去了某医院咨询心理医生。后来，小英妈妈主动告诉我，经医院诊断，小英患有中度抑郁情绪。

为了找到有效的解决办法，我专门咨询了相关专业医生。在医生的建议下，为了缓解她长期高度紧张的状况，我做出了以下安排：一是主动找小英聊天。聊她喜欢做的事、喜欢说的事，陪伴她。那段时间，会经常看到我和小英坐在学校湖边的草地上聊天，尽量让她控制和平复自己的心情。二是鼓励同学们与其正常交往，跟她正常沟通，确保一切都如往常一样，让其感受不到周围异样的眼光。三是与其妈妈沟通，让其在周末尽可能给小英创造一个宽松的学习、生活环境。四是与心理老师联系，让心理老师在小英情绪非常低落时，进行心理辅导、缓解情绪。

在心理医生、药物和学校心理老师的帮助下，小英的情况有了好转，小英的反常举动明显少了许多。偶尔，还能看到她主动去问老师问题。看到这，我内心也释放了很多。

高考前半个月，她那惊心动魄的电话我也接了很多个，她想做的“傻事”也是一件接着一件，都被一一化解，直到高考结束。

我想，在高考压力下，在那种家庭环境下，如果我们老师不理小英，少跟她说一句安慰的话，少一次及时的沟通，少一份及时的关爱和鼓励，那么结果可能就是另外一种结局了。

中学时代是人生的黄金时代，也是人生中心理冲突最多的时期，面对出现类似小英状况的学生，老师必须及时进行心理干预，否则会影响他们的身心健康，甚至会影响他们的一生。

通过小英事件，让我明白了，无论高考结果如何，让每个孩子过上平凡、正常的生活比什么都重要。

班主任是学生的心灵伴侣，是学生最信任的人，我们要做学生最坚强的后盾，学会倾听，给予学生尊重、理解与信任，做他们成长路上的引路人。当孩子们在成长的路上遇到困难，向你求助时，“别怕，有老师在！”这是最直接、最温情的表达。

【评　语】

班主任要做学生成长路上的引路人，更要做学生最坚强的后盾。“别怕，有老师在”，是学生遭遇困境时，教师对学生最大的慰藉。

【作者简介】

张良其，湖南溆浦人，教育硕士，中学高级教师。曾获南粤优秀教师，广东省中小学名班主任工作室主持人，广东省中小学德育研究会第二届理事会理事，广东省省级骨干教师培养项目首批培养对象，韶关市基础教育系统百千万名教师培养对象，韶关市基础教育系统教学能手。曾获第三届广东省中小学班主任专业能力大赛班会课或班集体活动设计一等奖、综合二等奖；多项论文获国家级、省、市一等奖；曾参与或主持省、市级课题8项。

最美好的遇见

韶关市田家炳中学　张燕

“你冤枉我，我没有……！”某天课间，在教室的走廊外，班上一位男生冲着我大吼。我们已经争论整整五分钟了，我被他气得全身发抖，班上的同学们被吓得不轻，都不敢来劝。我手上拿着正在通话的手机，电话那一头的家长不停在道歉。“你……”我已经说不出任何一句话了，转身跑回办公室，在关门那一刻，嚎啕大哭起来！

这位男生是我们班的班干部、我的小助手。今天他被宿管阿姨投诉半夜玩手机，这是他开学一个月来第四次因手机问题被抓了，前三次他都一再保证不会再犯。再一次的投诉让我对他特别失望，一种被欺骗、被愚弄的感觉霎时点燃了我的无名之火。我已经不打算再相信他任何狡辩，冲到课室去批评他，并准备当着他的面打电话告知家长。他似笑非笑地当着同学的面不停在辩解，说自己没有玩，只是拿手机出来看时间。他的表现让我更为恼火，我彻底失去了耐心，在我走出课室拨通手机的那一刻，他突然间像个爆炸的气罐，跑到我身后，指着我破口大骂起来，于是就出现了开头的那一幕。

晚上回到家，心情一直很差，心里盘算着明天要申请处分这个小子。妈妈看到我哭肿了的双眼，心疼地唠叨开了：“大学毕业的时候叫你进电视台，你就是不听劝，做老师工资又少又受气，都不明白你图个啥？这下好了，后悔也来不及了吧？”我一愣，后悔？我会后悔吗？教师可是我学生时代就已经认准了的终身事业啊！

回想起自己的中小学时期，我眼前的老师是在操场上领着孩子们玩游戏，如同动画片里的精灵姐姐一般；是站在讲台上挥动着教鞭，像音乐会里的指挥家一样。虽然大学读的是非师范专业，但我想成为一名教师的愿望却更加强烈了。我加入学校的勤工俭学社团，成为一名帮小朋友补习功课的大学生。1998年的教师节，正好我在扬子小朋友家为她补习功课。在我做完补习后，扬子悄悄地从书包里拿出了一张手工贺卡。她双手把贺卡递到我的面前，甜甜地说了声："老师，节日快乐!"，那一刹那，她纯真的笑脸和真诚的眼神深深震撼了我。就是在这个特殊的日子，让我在心里暗暗地下了一个重要决定，我要当一名教师，一名受学生喜爱的人民教师。大学毕业后，我坚定地放弃了家人安排的电视台职位，带着执念和对教育的粗浅认识，走上了教育的道路。二十年来，我自学了教育学、心理学、学科专业知识，读了研究生课程，因为我深知，教师的职业素养在教育教学活动中起着关键性的作用。

想到这里，我发现自己根本不是后悔，是对自己没能冷静地处理好这件事情而恼羞。于是，我打消了处分他的想法，决定用更理智更科学的方式来收拾这个烂摊子。

多年的教育教学经验告诉我，每位学生都是有独特个性的人。这位开学军训表现特别突出的小队长、大家眼中的标兵，为什么会屡次违反校规？为何屡教不改？我决定深入地了解一下！于是，我和他妈妈通了电话，把爸爸请到了学校，经过细致沟通才得知他的叛逆史由来已久，逃课、沉迷游戏、夜不归宿……这些都归因于他生长在一个父母离异、缺乏良好教育的家庭里。同时，他又是一个特别聪明的孩子，升中考前稍稍用点心就考到重点学校来了。可以说，他是学习能力与思想品行很不匹配的孩子。

同时，学生是发展过程中的人。回想起这个孩子开学报到时的情形，那是新生入学教育的最后一天下午，我看见他们父子站在班级的门口，爸爸手里拿着新生录取通知书，嘴里不停地说着什么，他则是背对着爸爸的，时而转过头不耐烦地应对几句。等我走近他们，爸爸笑脸相迎地不停解释着错过规定报到时间的原因。然而，我一点也没听进去，因为从孩子眼里，我没有读到任何尴尬或者是羞愧。如今，通过和爸爸的沟通，我才了解到真正的原因是他不服从管教、负气离家出走，因而耽误了报名入学的时间。紧接着的新生军训，他也许是因为到了一个新的学习环境，想给大家留下好印象。他表现得特别积极主动，毛遂自荐担任了小队长一职，每天协助教官喊口号，而且喊得特别卖力，直到嗓子哑了也吃药坚持着。军训过后，他在班上树立了威信，还担任了班干部。从开学的系列表现来看，他是尝试着改变自己，朝优秀方向发展的，只是这个过程要抵制许多诱惑和克服反复，还需要更多的时间和毅力。我明白，像他这样的孩子，特别需要老师的鼓励和耐心。

第二天回校，我主动把他约到办公室单独交谈。他站在我面前，身体僵硬、扭着脑袋，眼神刻意避开我的眼睛，一副特别警惕的样子。我拍了拍他的肩膀说："小队长，老师相信你，昨天是我太着急了！"他忽然转过头来看着我，眼睛里充满了意外，愣了一会说："老师……你知道吗？你昨天来找我的时候说话太冲……当着同学们的面，我的面子一下子挂不住……我没控制好情绪，我不是有意的……对不起！"这时，我知道他已经放下了对我的戒心。我接着问："可是，今后怎么办？总是因为这个手机问题造成困扰，在校期间离开它可以不？"他很坚定地回答我说："不行！我还要用它来和我的好朋友们联系，我刚刚到这里，还很不习惯。"这一次，我没有了着急和愤怒，因为通过了解他的过往，我知道他在情感方面特别敏感和脆弱。于是我说："嗯……校规是人人都需要遵守的，而且你还是班干部……""老师，我保证不玩游戏，在班上也不拿出来，我只是偶尔用来和外校的好朋友联系！"他眼神渴望，语气坚定地说。谈话进展到这里，我感觉他又朝我的教育目标靠近了一步。这个时候，我一定要肯定他，说："老师相信你，这是我们之间的秘密哦！"他笑了，表情特别放松。

突发事件固然让人很不愉快，但往往是促进师生间了解、对全班进行教育的好契机。于是，我设计了以下几个活动：

一是网络交流。我想让孩子们知道，老师不是高高在上的长辈，只是和他们平起平坐的朋友，是陪伴他们共同成长的伙伴。于是，我在班级Q群写了这样一段话："孩子们，我要为我昨天的情绪失控道歉，我本应该做得更好的……即使你们接二连三地被发现玩手机，即使你们学习成绩落后，即使班上有一堆的任务而我却要离开，即使我用心对待的孩子对着我发泄不满，我都应该冷静的！我应该相信这些种种不如意都是暂时的，我应该相信你们以后会做得更好！我有缘做你们的班主任，我是多么的快乐，谢谢你们给我带来的一切。我会更努力的！"这段留言获得了同学们的纷纷点赞，更重要的是把大家的关注点从"火拼"现场、从那个孩子身上转向了自我反思，有些同学在群里直接承认自己因玩手机耽误了学习。我想，现在正是对这些不自觉的现象进行教育的好时机。

二是班会课。利用班会课时间，我策划了一次"我的青春我做主"的主题活动。孩子们通过参与讲故事、讨论、反思、规划等环节，对自己的高中生活有了更清晰的认识和目标。孩子们说："因为年轻，我们很容易受到挫折，很容易放弃，所以我们要坚持！""有笑声、哭声、快乐、悲伤、忧伤的青春才是完整的、无悔的！""我的青春不会被困难左右，我的青春我做主！"活动过后，虽然孩子们开始有想法、有行动，但是也出现个别学生信心不足的情况，我要想办法告诉他们，每个孩子都是有巨大的潜能的。

三是元旦节目创作。转眼就快到元旦文艺汇演了，我希望每位孩子都参与班级节目的创作，通过活动达到挖掘潜能，进而树立学习信心的目的。而那次"火拼"事件就是最好的创作题材，不仅本班孩子深有体会，还能对全校学生起到良好的教育作用。于是，我们以"火拼"事件为原型自编自导自演了音乐剧《我们在一起的时光》，导演、编剧、作词、录音、舞台、服装、表演等一系列工作都是集体智慧的结晶。整个创作过程我只是在一旁不停地鼓励和肯定，最终取得了意想不到的效果。这个节目在学校的元旦文艺汇演大放光彩，获得了第一名的好成绩。许多看过节目的家长都被孩子们的表现感动了，表示以前从没想过自己的孩子能做这些。

经过一系列活动以后，班级更团结了、孩子们更自信了、违反校规现象更少了，学习更用心了。一个学期下来，我们班表现非常突出，在学校举办的各种大型活动中都取得了第一，学生成绩也直线上升，成为全年级成绩提升最快的班级。最让我欣喜的是，故事里的主人翁在期末考试复习期间，说怕自己无法自控，主动把手机交到我的手上帮他保管……这一切正是我所期待的最好结局！

在教育路上，我感恩陪伴我的所有孩子，感恩一起经历的大事小事，正是这些让我对教育有了越来越深刻的理解，让我在影响别人的同时成就和提升了自己，这些都是我此生最美好的遇见！

【评　语】

教师在成就学生生命的同时，也在成就自己生命，让自己生命更圆满、更有价值。因此，教师要珍惜生命中的每一次遇见，以自己生命影响学生生命。

【作者简介】

张燕，广东韶关人，本科学历，中学高级，韶关市田家炳中学信息技术科组长，韶关市高中信息技术兼职教研员。

团中央“小平科技创新实验室”主持人，广东省中小学第三批“百千万人才培养工程”高中理科名教师培养对象，广东省科技教育名师工作室主持人，广东省中小学第二批信息技术学科带头人，韶关市第六期基础教育系统“百千万人才工程”名教师培养对象。

曾获广东省第二届青年教师教学能力大赛一等奖、广东省信息技术教师基本功大赛一等奖。获“全国青少年无人机大赛优秀辅导员”、“全国中小学信息技术创新与实践活动优秀指导教师”、“广东省中小学电脑制作活动优秀个人”、“韶关市三八红旗手”、“韶关教育信息化建设与应用先进个人”、“韶关市中小学电脑制作活动优秀指导教师”、“韶关市中小学人工智能创意编程活动优秀辅导员”、“韶关市‘教师成长伙伴计划’优秀指导教师”、韶关市浈江区优秀共产党员、韶关市浈江区优秀少先队辅导员、乳源县优秀支教教师等荣誉称号。

“顽石”也会闪光

乐昌市中等职业技术学校　朱林发

一个瘦高的小伙子，帅气的脸上永远是一双蔑视一切的眼睛，他就是我校学生中的一块典型“顽石”——张华。张华从小父母离异，性格偏执，说话粗俗，行为放任。

他是从其他学校转到我校的。转来后他依然故我，无心向学，经常逃课旷课，结交不良社会青年，肆无忌惮地抽烟喝酒，与同学斗殴，目无师长。对于他的各种不良表现，家长表示无可奈何，放弃了对他的管教，唯一的希望是他能混个高中文凭。

开学不久，张华的同桌就强烈要求调开座位，然后是张华的第二个同桌也要求调座，接下来，纪律委员向我提出辞职……这一切都因为张华。因为他无视班规班纪，无视纪律委员，无视其他同学，不仅自己无心向学，还严重影响周围同学。更甚者，张华竟然多次顶撞科任教师。才开学就出现了那么多问题，我火冒三丈，第一个念头就是一定要好好“修理”他一顿。

然而转念一想，对于一个积习难改的学困生来说，骂会有用吗？罚会有效果吗？他早已习惯了老师的训斥和学校的处分，一味地批评和责罚恐怕只会加剧他恶习的发展！是不是可以试着从另外一个角度来改变他？此时的我冷静了下来。

接下来一段时间我开始关注他，发现他喜欢打篮球，就多次去篮球场上跟他打篮球，累了就帮他买一瓶水，坐在球场上边饮水边聊天。先是聊一些篮球方面的事，慢慢成为他的球友，接触多了他就把我当作生活上的朋友，开始主动和我聊一些学习和生活的事。

张华说，他打架和老师顶撞只是想出名和发泄一些不满，“我心里很烦时总要爆发出来吧？否则憋在心里会闷死的！”我先点点头，表示理解，然后谈自己的看法：“你球打得那么棒，为何不想成为学校的‘球王’呢？同样可以出名，而且还可受表扬呢；而打架出名却只能使自己臭名远扬。每人都有烦恼，有烦恼时就在球场上跑几圈或打一场球，或者找找老师同学谈心，这样烦恼将会大为减少啊！我非常愿意做你的‘哥们’，你愿意吗？”

经过这一番比较深入的交谈，我不仅倾听了他的心声，加深了对他的了解，而且增加了彼此的情感，更重要的是，帮助他明辨是非，教会他如何去赢得他人的尊重。这样的交谈后来又进行了多次。当他真切地感受到老师是在关心他、爱护他时，他冰冷的心开始融化，变得主动接近我、信任我。

我知道他热爱音乐，于是让他根据自己对音乐的兴趣和热爱，写一篇音乐评论，他很乐意地接受了。一周后，他交来了作业，足足有十来页呢。其中不仅对歌词、曲有评述，还有对歌唱家的为人等都有搜集。尤其对某歌星就有贬低之意，说他说了一些不够健康的话，做了不够道德的事。

“那别人也不知道，又能怎么样啊，他还照样唱他的歌。”“老师，一般人这样做也就无所谓了，可他是公众人物、名人啊，他的一举一动、一言一行大家都看着呢，影响多坏啊？”看到了希望的我，抓住机会继续问道：“那你在咱们学校算不算名人啊？”他愣了愣，“呵呵，也算吧。”他很不好意思地说。“难怪学校那么多老师和同学都在议论你，原来他们都认识你。”我神秘地说道。

“议论我？议论我什么啊？”他一副急不可待的样子。我故意停了停，“他们呀，他们说你——奇怪。”他又是一愣，然后低头看了一下自己的裤子——一条低腰的“破烂”牛仔裤！我顺势引导他：“你这样的穿着符合学校的要求吗？同学和老师会怎样看你呢？”“你是学校的公众人物啊，你也说了，公众人物的一言一行、一举一动别人都看着呢，你希望给别人留下什么印象呢？”他不再说话，只是默默地低下了头……。

第二天，他穿着一套整洁的校服站在了我面前，“老师，行吗？”我拍了一下他的肩膀，“很好！”

……

功夫不负有心人，我的苦心终于换来了收获。经过近两年的辛勤转化，该同学进步很快，前后判若两人，他上课守纪律了；学习成绩也上升了，第四学期期末考试竟然进步了十八名；大家还推选他当上了体育委员；期末还被评为学习积极分子；在校运会、专业技能竞赛等比赛中也获了奖。

毕业后，张华参军入伍，退伍后，在深圳工作，现在还开了一家公司。“顽石”终于闪光了！

教育的艺术不在于传授本领，而在于激励、唤醒、鼓舞。美国心理学家威廉·詹姆斯有句名言：“人性最深刻的原则就是希望别人对自己加以赏识。”善于发现学困生的优点，并创造条件让他们发挥长处，展露才能，使他们觉得“自己并不笨，并不比别人差”，从而打消自卑感，提高自我形象。

在教育实践中，我深切体会到情感教育在教育学困生方面的重要性。学困生往往有过分的自尊心理和偏激行为，教师要懂得避开这种尖锐的心理锋芒，走进他们的内心世界，增加“感情投资”，只有这样才能接近学生，取得学生的信任。学困生最缺乏关爱，最想得到信任。作为教育者，教师应主动关心爱护学困生，运用慈母般的情怀爱护每一个学困生，处处给他们体贴和温暖；用热情去融化那颗冰冷的心，感化他们。

即使是一块顽石，它也有小小的一角在闪耀光辉，那么握住这个闪光点，我相信：顽石也终会闪出耀眼的光芒！

【评　语】

教育的真谛不在传授，在激励、唤醒和鼓舞。顽石也有闪光点，教育就是要催化闪光点，助其锤炼成耀眼之光。

【作者简介】

朱林发，韶关乐昌市人，本科学历，中共党员，高级讲师，乐昌市中等职业技术学校，教务处主任。

主持的“中职学校实训课程与实训方法创新实践”科研课题成果获韶关市二等奖；主持“基于微视频的翻转课堂教学模式在会计专业课的应用研究”等4个韶关市级课题先后顺利结题；参与省级课题“以成功为目标的中职德育模式研究”于2003年5月结题。2014—2020年担任副主编的《企业会计》等共5种中职规划教材出版，在省级以上核心期刊发表相关成果论文11篇。

乐昌市名教师和韶关市名教师培养对象、广东省职业技术教育学会财经工作专业指导委员会委员、乐昌市和韶关市中职兼职教研员。先后被评为韶关市技能竞赛优秀辅导员、乐昌市和韶关市优秀团干部、中共乐昌市教育系统优秀党员、乐昌市师德先进个人、乐昌市人优秀教师、乐昌市优秀教科研工作者、广东省学生工作积极分子。

孩子，有事我帮你顶着

新丰县梅坑中学　朱颂华

某年中秋之后的一天晚上，我突然接到一位毕业多年名叫朱艺（化名）的学生的来电，他说，想上我家坐坐。

不一会，开门一看，这小子带着他的女朋友来到我家，他右手拿着一袋苹果、一瓶酒，左手提着一只生鸡（在我的家乡，晚辈看望很亲的长辈或很敬重的长辈，会送生鸡，以示尊重）站在门口微笑。

“干吗？师生聊聊，怎么这样客气？”我有些生气，责怪他道。

“老师，我们进屋再说。”

进屋后，他不由分说，打开那瓶酒，满上二小杯，笑着对我说：“老师，你当年对我说‘有什么事，我会帮你顶着！’那句话啊，我一直记着。今天我带着女朋友来，是见‘家长’，这杯酒，我必须敬你！”

他的话，让我心头一暖！回忆，把我带回到过去的时光。

某一天下午临放学，班上有同学来向我报告说朱艺同学不见啦，我向班上同学打听也没他的消息，而且又联系不上他的母亲，我发动学生在学校周边找了两三个小时还是没找到他。直到晚上宿舍点名时，他还没回来。

我急得要命，在办公室左走走，右走走，刚上七年级，怎么就发生这样的事呢？这位学生平时在班上就是一位内向型的学生，这下不见人，该去哪里找？他母亲将他交到我手中，在学校，我就是他的依靠。如是这位同学出了什么问题，我如何向一位单亲母亲交待。这时我踩踩脚，正准备要报警。

此时，有同学说朱艺回来到宿舍啦。我立马跑去男生宿舍，一看到他，我急得揪起他衣领吼着说：“你去哪了？”

他当时说话含含糊糊，不肯说真话。我看到他青涩且惊恐不安的面孔，心中一软，自己也冷静下来。我将他带回到办公室，倒上一杯茶，再慢慢和他沟通，他终于一边哭泣一边道出原因。

原来他和班上一位比较调皮的男同学发生矛盾，对方说要叫村里的小伙伴打他。他们各自所在村一直都有互相打架的历史，因恐惧，他跑到学校外的农村一间土房子躲了起来，到了晚上才敢摸黑回到学校。

说到这里，我心中也猛然一惊，这二村学生的矛盾前前后后造成有学生受伤，并且有好几个学生因此辍学。

我自己定了定神，望着他的眼睛，真诚地对他说：“以后遇到困难，你要告诉老师。你是我的学生，有天大的事，也有我先给你顶着！”他擦着眼泪点了点头。

转天，我叫来朱艺和那位同学进行沟通，那位同学看到事情闹得有点大，心中有点害怕和后悔，我也疏导孩子们的不良情绪，经过一番教育，二人和解，那位同学也向朱艺同学道歉。

处理完这次突发事件，我还是有点担心，因为我知道二位同学所在村的一直都是恩怨纠结不清。果不然，过了一个星期，朱艺同学来办公室找到我，说那位同学又受到同村小伙伴蛊惑，又想挑起是非。

我很欣慰朱艺对我的信任。“你放心，这件事我会顶着你，我会处理好。”我对朱艺同学说。

我找到那位同学，了解情况，得知他们同村的孩子嘲笑他不是男生，没胆，鼓动他再去挑事。

我继续教育疏导孩子的不良情绪，在这基础上我联系那位同学的父亲进行沟通，并通过学校领导联系村委干部共同做思想工作。学校领导也在村委干部和他父亲面前说清楚两村小孩之间的矛盾已经让他们村好几个小孩辍学，让村干部认识情况严重性。几经周折，过后二人关系明显好转，朱艺脸上的笑容也渐渐多了，看着孩子天真的笑容，我如释重负。

我很庆幸，对待这个看起来是两个小孩子的矛盾我没有粗暴地去处理，也没有只是简单通知家长去处理。“有事我帮你顶着”也成为我和学生沟通的口头禅。

自从事情过了一段落，朱艺同学开始愿意和老师、同学们沟通，也积极参与班集体活动，主动帮助他人。朱艺同学各方面表现都令我满意，唯独他在学习上不上心，成绩不好。我和他母亲沟通过得知，他父亲过早去世，母亲为了生存从早忙到晚，没督促好他。

亲其师，信其道，我想尝试在学习也去转变他。我说：“阿艺，我发现你的数学成绩比较靠后，是在课堂上听不懂老师讲的内容吗?”

“老师，我从小学开始，数学就差，我对数学也没兴趣。”他目光左看右看说。

我说：“现在成绩差一点，但只要你肯努力，同学们会帮助你，老师也会顶着你，帮助你!”

这时，他就沉默不言。我看了看他的表情，知道教育急不得，就让他先回去。

在往后的课堂上，我更加关注这位学生，目光总是不由自主地在他身上多停留。有一次有位女同学在课堂上回答问题音量小，我笑着对全班同学说：“我们回答问题的音量要以后排的朱艺同学听到为标准。”

他听到后，愕然看着我一会儿，也没说什么。从那节课开始，每上数学课，我总能感受到他那专注的眼神。

有一次，我在讲“三角形”这章的某一道题的时候，让同学们拆图观察图形。我欣喜地看到平日不举手的朱艺竟然勇敢地举手，全班同学好像看到了新鲜事物般地盯着他看了看，又看看我。我满心欢喜说：“朱艺，你上台试试。”

这时，他有点迟疑但还是走上讲台，并将所需的图形画了出来。我问：“拆对了吗?”全班同学齐说：“拆对啦!”这时全班同学情不自禁地为他鼓起掌！

最难忘的是有一节几何课，我让学生合作探究一道练习题。巡堂中我发现有好多同学找不齐条件，并问了一位成绩较好学生有无思路，该学生也摇了摇头。

我正准备放弃等待，想做出导学指引。

朱艺突然说："老师，我发现∠3、∠4不在三角形里面呀！"

"是啊！不是三角形里面呀，怎样办？"我心中一喜。

有学生马上就说："可以通过互补性质获取三角形内角$\angle ABC=\angle ABD$。"

在大家的合作下，这道题的解答也就水到渠成了。同学们很自觉为朱艺响起了热烈的掌声。

有些时候，朱艺同学会在我忘记布置作业时，特意找我说："老师，今天作业做什么？"

从积极心理学角度，学生的一些"淘气行为"都是他们在自我保护或想引起他人注意。"孩子，有事我帮你顶着"在某个程度是一句善意的谎言，我也不能帮学生顶什么大事。我能做到的是尊重他们，打破学生自我保护的障碍，尽我最大能力帮助他们不要走弯路，为他们撑起一片爱的天空，呵护他们成长，最终让他们学有所得。

【评　语】

"孩子，有事我帮你顶着"表达的是教师对学生的袒护和鼓励，彰显的是教师的担当和责任。教师就是要尽最大可能帮助学生，呵护他们成长。

【作者简介】

朱颂华，韶关市新丰县人，本科学历，初中数学高级教师，新丰县梅坑中学，从教初中数学23年。主要业绩：曾获广东省乡村优秀教师，韶关市第六批基础教育名教师培养对象，韶关市中学数学教研会六届理

事会理事，韶关市新丰县第二批骨干教师，新丰县优秀教师，曾获多次新丰县初中数学课赛一等奖；所撰写课件、课例、论文分别获韶关市、新丰县一、二等奖，共主持7项市级课题，其中2项课题分别获市课题成果一等奖、二等奖。

我给“书虫”设“陷阱”

乳源瑶族自治县教学研究室　许宏华

从教20年，我教过的学生成百上千，我印象最深的并不是无可挑剔的模范生，而是那些别具特点、与众不同的孩子，小“书虫”志航便是其中之一。

严师遇上书虫

我是一个对学生要求严厉的老师。与志航第一次打交道是在我的语文课堂上，那个学期我刚出任他班上的班主任，那节课是我给他们上的第一节课。

那节课的内容离现实比较远，时代背景比较复杂，因此我讲得特别特别详细。学生们大都认真听讲，认真做笔记，唯有志航同学始终低着头。走近，才发现他津津有味地看着一本课外书。我撩起封面一看，是本《环球科学》杂志。

当时我挺生气的。心想这是咱们的第一节课，虽然内容有点多，但老师不是在卖力地讲吗，同学们不是都挺认真的吗，你小子居然在看课外书，这分明是对老师的不尊重啊，必须要杀个鸡给猴看看才行。

但想到毕竟刚刚才接任班主任，而且是新学期的第一节新课，马上开战可能会出乱子。我于是压住了火气，没收了杂志，给了他一个严厉的眼神，示意他坐好。

下课后，我立刻把志航叫到走廊。他把头低下，低眉顺目的样子，有点萌。

本想狠狠“教训”他一顿的，但看着眼前的这个萌娃，我的态度竟狠不起来，说出的话很温和。

“你也是《环球科学》杂志的粉丝？”

“是。”

“什么时候开始看《环球科学》？”

“嗯——嗯——应该是四年级吧。”

看到老师没有批评他的意思，他的胆量大了起来，反问我：“老师，您也是《环球科学》杂志的粉丝？”

看到我点头，他好像遇到了知音：“真巧！”

走进书虫世界

看着志航萌萌的眼神，我陷入了深深的沉思。

学生爱看课外书，不正是我们语文教师求之不得的事情吗？学校不是经常倡导我们要培养学生的阅读兴趣吗？面对志航这类课堂上爱看课外书的孩子，我们应该怎样正确引导他们呢？

和志航的谈话结束后，一系列新的问题困扰着我。我决定把引导学生正确阅读课外书作为一项教学课题来研究。

我找到志航五年级的班主任及相关科任老师进行了详细了解，他们反映说，志航确实是个书痴，学习成绩一直排在中等偏上，非常聪明。上课看课外书是经常的事，只要他对老师所讲的内容不感兴趣就读课外书。他知识面较广，有时老师讲课有错，还能纠正。

说起志航，同学们都说他是“书虫”，说他看书特快，上知天文下知地理，还叫他 “百事通”。志航在一旁听到同学描述自己，没忍住爆料说：“我课上除看《环球科学》，还爱‘偷看’漫画书。晚上有时等爸妈睡了后就偷偷爬起来看书。”

我还亲自到志航的家里了解情况。志航房间的书柜上摆了许多书，主要是科技类，其次是儿童文艺类、作文选等，《环球科学》单独成行。志航母亲向倾诉了她的苦恼：有老师反映孩子上课经常不专心听讲，太爱看课外书了。志航却和父母解释说有些课特没意思，太容易太幼稚了。

从志航家出来，一堂堂过分照顾学困生的语文课，像电影似的在我的脑海中播放。天哪，志航母亲口中的“特没意思”指的不正是我吗？哦！原来那些只照顾学困生而没有考虑学优生需求的课，对于志航这类知识面广的学生来说确实是简单了点。也许是因为“吃不饱”，才让他在课堂上“另谋出路”吧。

引导书虫自省

把志航的情况了解清楚后，一个新的问题摆在了我的面前：对于“书虫”志航这类学生到底应该怎样教呢？

我开始在中国知网上苦苦寻找答案。我下载阅读了几十篇关于培养学生良好阅读习惯的文章。其中，叶圣陶老先生的一句话让我恍然大悟，他说：“教师之为教，不在全盘授予，而在相机诱导。”

是啊，如果“书虫”能明白自己的优势与不足，并且能自己找到改正不足的方法该多好啊！

我找来志航同学，问：“最近在看什么书？”

“上个星期我和爸爸在当当网淘了一本《科学改变人类生活100个瞬间》，读了三天，快看完了。”

“课上有没有忍住不看呢？”我又问。

“嘻嘻，要听真话还是假话？”

我搓搓拳头说，“呵呵，你说呢？”

“我只在刘老师的品德课上偷偷地看了一会儿，其他时间都很认真上课。许老师，其实我知道我上课看课外书是不好的，那样会影响我学习新的知识。我以后上课再也不看课外书了。”

我心想：你这小子的情况我已经早摸透了，也为你的进步感到高兴。为了你这条书虫能化蛹成蝶，老师今天要给你设下“陷阱”了。

“以后真的不在课堂上看课外书啦？”我追问道。

“真的！”

我抓住机会顺势给志航同学一个发挥自己优势特长的任务。

“既然你小子说得这么信誓旦旦，就给你一个伟大而光荣的任务。”我还想问他敢不敢接受任务的时候，他迫不及待地抢着说：“保证完成任务！”

“对你来说，这个任务确实是很容易的，而且是你喜欢的，就是做我们班的好书推介员。希望同学们都向你学习，做个爱读书且知识面广的孩子。

每周的班会课上，请你用5至10分钟时间介绍一本好书。当然，如果你觉得有必要，也可以在我的语文课挤点时间让你介绍，前提是你看过的、觉得很好的。这个任务有挑战性吗？”

班主任这样表扬自己，用这样的语气和自己商量，志航连声说：“保证完成，保证完成。”

书虫散发书香

第二天的早读课，我宣布了打造书香班级的计划。

“你们认为谁适合做咱们班的好书推介员？”

“谢志航！谢志航！谢志航！”大家异口同声地回答。随即一阵热烈掌声响起来了。此时，一缕阳光钻过玻璃窗落到志航身上，嫩绿色的校服显得特别鲜艳。

不得不说我这个“陷阱”挖得恰到好处。

志航同学用自然有趣、轻松诙谐的方式向同学们推介了许多好书，同学们则听得津津有味。大约一个月后，努力了多年而不见成效的“书漂”活动，不知不觉成了我们班的一道亮丽的风景。

后来陆续有同学要求成为好书推介员。我因势利导，将“每周”5分钟改为“每天”5分钟，大量吸收“志愿者”，大量增加了上台推介好书的机会。

志航同学为了组织准备这5分钟活动，忙得不亦乐乎。由于课堂上的他更加专注，语文、数学、英语三科的单元测验成绩也迅速跃进到前三名。

“许老师，你们班的同学怎么搞的，以前只有谢志航一个同学在课堂上看课外书，上节课却出现了好几个这样的同学”，上思想品德课的刘老师向我投诉道。

志航等几个同学被刘老师带到了我的办公桌旁，等着我的处理意见。

我将这几个“捣蛋鬼”领到办公室外大樟树下的石凳上围坐一起。

“对不起，许老师！我们不应该在课堂上看课外书，”志航耷拉着头，等待老师严厉的批评。

我没有回答他，而是把目光投向一向品学兼优的艳子同学。

“艳，你怎么也加入了课堂上看课外书的行列？”

“我……我……老师……”艳子嘟着嘴，半天说不出一个完整的句子。

“许老师，刘老师的课太烦人，一天到晚自己讲个不停……”志航接过艳子的话，噼里啪啦地解释起来。

我没有任何批评他们的意思，示意他们把“违纪”原因说出来。他们的理由各不相同，却都有一个共同感受就是“刘老师的思想品德课太无聊了”。

面对这群“不识时务”的书虫，我实在找不出太多的言语来批评他们，只是告诉他们应该认真听课。我知道这空洞的说教是不会起到半点作用的，当一群“嗷嗷待哺”的书虫面对枯燥无味的课堂时，他们依然会选择沉浸在趣味盎然的课外世界里。

为了不让自己的课堂出现类似刘老师的“困扰”，我开始思考如何让每个层级的学生吃得好吃得饱的问题。课堂上的我不再“孤芳自赏”，更愿意倾听不同类型学生的声音，更容得下“乱”的课堂了。

尽管后来还是收到了刘老师的投诉，但班上像志航这样的书虫却越来越多了，同学们看课外书的积极性异常高涨。

我是真心喜欢这个散发着浓浓书香的班级。我深深地期待自己的教育生涯中，出现越来越多像志航这样书香四溢、与众不同的孩子。

【评　语】

课外书是教材知识的有益补充和拓展，也是学生了解世界和扩大视野的重要渠道。班主任要善加引导，创造机会，引导书虫在正确的时间享受阅读的乐趣。

【作者简介】

许宏华，韶关乳源人，本科学历，小学语文高级教师，乳源瑶族自治县教师发展中心小学语文教研员。系享受县政府特殊津贴人才、韶关市教育小学语文教研会副会长（常务理事），多次被授予县级“骨干教师”“优秀少先队辅导员”“优秀教师”等荣誉称号。系省级课题“小学语文专递课堂在农村薄弱学校的应用实践研究”（项目批准号：2020YQJK472）主持人。《应用专递课堂促进农村薄弱学校教学质量提升的探索》《细节处理决定课堂精彩》等多篇论文在各级教育专业期刊发表。

名校长教育故事

当花儿凋零的时候

韶关始兴县司前赓靖学校 邓庭艳

紧张激烈的运动会结束了，我班获得团体总分第一名，扬扬功不可没。周一升旗后，举行颁奖典礼。然而，领奖台上不见扬扬的身影！

“扬扬怎么样了？”“扬扬什么时候回来？”……同学们没有看见扬扬，纷纷向我打探消息。

“老师，我们等扬扬回来才换小组座位。”她的组员说。

眼泪几次险些冲出眼眶，我转过头，不知如何作答。

意 外

扬扬是班里的体育委员。女子4×100米接力赛，扬扬跑最后一棒。只见她的双脚像踩着一对风火轮，硬是把第二名甩出了一大截。400米决赛，扬扬又拿下一枚金牌。胜利的喜悦浮上她红润的脸颊上，恰似一朵含苞待放的花蕾。下午，扬扬有800米决赛。全班同学都怀着兴奋的心情等待扬扬夺冠归来。

午休结束铃响了，两位同学扶着扬扬来找我。只见她耷拉着脑袋，额前的头发凌乱地瘫在两边。“怎么了？”我急切地询问。“午饭后，扬扬的头就开始疼。”身旁的同学说。我赶紧带着她们去校医室。医生给她量了体温，36.8摄氏度，没有发热。“是担心比赛吗？”我问。扬扬没有说话，整个身子趴在同学的膝盖上，头深深地埋在双臂间。时间一点点流逝，眼看就到了赛点，扬扬的状态仍不见好。我们只好怀着无限遗憾的心情宣布退出比赛。扬扬的父亲把她接走了。

第二天早上，扬扬没有返校，我有些担心。这个学期她因为头疼请过两次假。下午，扬扬被诊断为脑出血，转到了市医院。晚上，扬扬被送往广州治疗。第三天上午噩耗传来。

一朵还未来得及盛开的花儿就这样凋零了。

纠　结

十几年的教学生涯风平浪静，扬扬的去世让我猝不及防。那两天的情景在我脑子里反复闪现。是跑步导致脑出血吗？扬扬暑假还参加过市运会呀。是那天没有及时送医耽误了病情吗？为什么第二天下午才被发现扬扬脑出血？为什么扬扬几次头疼都被忽视？她的颅脑也许早就有渗血，我们却让她去夺冠。她的父母会怨恨我的。学校该怎么办……

自责、悲伤、害怕、担忧紧紧地囚禁了我的心。我夜不能寐，食不知味。

就这样过了一个周日，我不得不面对这个班的学生。

“老师，这是扬扬的金牌，我代她领回来了。放您那吧。”班长的话打断了我的沉思。抬头瞥见小婕，只见她心事沉沉，闷闷不乐。小婕是扬扬最好的朋友。两人从小一块长大，一起上小学，一起参加运动会，初中又在同一个班，整天形影不离。

该怎么办？告诉他们吗？会把他们吓坏的。昨天还在一起嬉笑玩耍，今天却阴阳相隔。这让只有十一二岁的孩子如何接受？不告诉他们吗？很快消息也会从别的途径传到他们耳朵里，而且是添油加醋的消息。我的心紧紧地揪着。

倾　泻

自助者才能助人。作为班主任，我首先要处理好自己的情绪，疗愈好自己的伤口，才能带领学生走出这个阴影。我决定第二天发布消息。

小婕是一定要过这一关的。作为扬扬最亲密的朋友，她需要重点关注。早读课前，我把小婕叫到办公室，扶着她的双肩对她说："扬扬离开了我们。""啊！"她低低地惊叫一声，脸上一会白、一会青、一会红，许久说不出话，流不出泪，不停地倒吸着凉气。到底是多沉重的打击让一个平时活泼好动的孩子这般模样？我心疼地把她拥在怀里。这个时候，拥抱是最好的安慰，最踏实的依靠。

早读课，我走上讲台，让孩子们放下手中的书，极力保持平静地说："告诉大家一个坏消息，扬扬去世了……"我的声音无法控制地沙哑下去。"啊？""啊。""啊！"……教室里一串惊疑、低沉、短促、压抑的叹音，接着是一片寂静。这个消息犹如重磅炸弹，把大家都炸蒙了。

"还记得那天扬扬跑完400米吗？中午，扬扬躺在床上睡不着。下午，扬扬对好朋友说，她担心会输给一班的对手拿不到冠军。当扬扬说头疼的时候，我们以为她怯场，没想到危险正一步步靠近她……"有同学开始抽泣。我力求把那天的事还原，让大家重回当时的情景。孩子们要有勇气去面对，逃避不了。

"扬扬在这个世界只生活了12年零4个月……"我越说越悲伤，泪水如堤决。有些女生抱在一起痛哭，男同学也不停地抹泪。课室里哭声一片。

哭吧，孩子们，让泪水抒发我们的悲伤，表达我们的哀思，冲刷尽我们心头的抑郁。孩子们的情感需要一道出口，而我的任务就是要打开这个口子，让积聚的负面情绪得到倾泻。

我走下讲台，心疼地拍拍这个，搂搂那个。

珍 惜

“扬扬脑出血的主因是先天性脑血管畸形，跑步是诱因。脑CT图片显示，扬扬的脑动脉与毛细血管直接连通，搅成一团……”等孩子们的情绪稍稍平复后，我把扬扬的病因告诉了大家。这样既可避免胡乱猜疑，又可消除恐惧。

孩子们的眼泪止住了，抬起头，表情还很沉重。有人在纸上写些什么。为什么不让孩子们把对扬扬的哀思写下来呢？为什么不把这些哀思化成对扬扬父母的鼓励呢？我让同学们把心里话写下来，放进扬扬生前常背的小包里。她妈妈联系过我要来收拾扬扬的物品。

“扬扬，你永远是我的好朋友。”“叔叔阿姨，你们一定要坚强！”……要把阳光洒在别人身上，自己就要成为太阳。我想，孩子们对扬扬父母的安慰同样会激励他们自己。虽然扬扬的死亡不会被轻易淡忘，但我相信每个孩子都会在这次事件中获得成长。

人活一世，花开一季，生命如此美好而宝贵！它不可重来，不可逆转，不可替换！作为教育者一定要当好“护花使者”。当不幸来临，痛惜之余，绝不仅仅是疏导，更重要的是让受教育者从容看生死，积极爱生活。

我想，这才是最好的悼念。

【评 语】

守候生命，挽留生命，教育者有时无力；但是，生命教育，教育者可有大为。当不幸来临，痛惜之余，教育者当及时疏导，让学生获得对生命的新体认。

【作者简介】

邓庭艳，初中语文高级教师，广东省名班主任，韶关市基础教育名校长，韶关市“百千万人才工程”名教师培养对象，市优秀教师，市优秀青年班主任，始兴县模范校长。曾任九年一贯制学校校长、县招生办主任等职，现任始兴县墨江中学副校长。

享受自我成长的幸福

韶关市浈江区南枫小学　曾庆斌

新学期刚开学不久的一天下午，临近上课时间，我接到派出所电话，让我和六（2）班班主任一起去派出所接一位学生。六（2）班班主任冯老师是两年前招考进入学校的新教师，他们班的一位男学生林凯（故事中的人均为化名）在上学路上打了同班同学王俊，正好被王俊的父亲路过看到，然后王俊父亲报警了。

一到派出所，林凯正与王俊的父亲发生剧烈冲突。此时的林凯紧紧地握着拳头，怒目圆睁，吼着“来呀！谁怕谁！”一副天不怕地不怕，要与王俊家长打架的态势。尽管林凯才十二岁，只有近一米四的身高，但不管派出所刘副所长怎么制止、警告，他也不理会。

看到此情景，冯老师立刻火冒三丈，怒吼道：“小小年纪竟然敢打人，还想与家长干架！要打架吗？”

这时，我该怎么办呢？

我快步走到冯老师身边，轻轻拍拍他的肩膀（让他先平息怒火不要激动），学生是青春叛逆期，个性倔强，派出所民警的劝告都不怕，我想这时候利用“空白”战术，可能会起到意外的效果，不宜“突破”，我向派出所及家长致歉。请多多担待，由班主任先将孩子带回学校进行教育。

回来学校，小林的原班主任向我反映，小林性格倔强，有暴力倾向，平时只要有人惹他，他就拳头相向，班上的同学都很害怕他。他的周围还聚拢了一些不爱学习的后进生，对于学习无半点兴趣，上课总是干扰同学，多位家长投诉要求其转学。

第一节下课，冯老师气冲冲向我诉说：“校长，班主任我不干了！你让我上多几节课或干什么都行！我从没看过像这个班的学生，有十来个软硬不吃，家长又不管！”

这时，我想也不宜多说大道理，我倒了一杯水递给他：“冯老师，你辛苦了，先喝杯水。这个班的学生让你操心了，你实在不容易！这样吧，放学后我和你一起去家访。”

放学后我们到了小林同学家，他的爷爷奶奶对我们的到来感到惊讶。他的奶奶其实是个挺有文化的人，我与他奶奶进行了一次非常深入的交谈。小林是林家的独苗，家里对他都比较重视，但由于小林的父亲不务正业，对小林缺乏耐心管教，后来小林父亲坐牢了，小林母亲也跟他父亲离婚了。他爷爷奶奶更加没有精力管教孩子，加上小林内心深处对父亲坐牢感到自卑。由于从小缺乏父爱和母爱，养成了许多不良习惯。

家访回来路上，冯老师心情沉重，感叹道：“这个家庭真不幸，小林真不幸。”说完，低头不语了，也不提不当班主任的事了。

“是呀！每个问题孩子的背后大多有一个问题家庭。要想教育好孩子，我们应该先了解孩子，了解他们的家庭背景，深入他们的内心世界，了解他们的心理需求，让他们慢慢地亲近你，喜欢你，欣赏你，甚至是崇拜你。教育是慢的艺术，我们应该多一些等待，静待花开。”回来的路上，我和冯老师边走边聊。

教育的重要性就是帮助孩子树立梦想，有梦想才有人生努力的方向，有梦想才有人生的奋斗目标。我建议他根据班中出现的各种状况，适时开展形式多样的主题班队活动，创设良好学风、班风，制定班级管理公约及班级日常管理制度。之后我又指导他完善学生评价细则，完善班级文化建设方案，并向他推荐了魏书生有关班级管理的书籍，让他好好学习。我还经常抽空和冯老师聊天，了解他的内心需求和在工作中遇到的困惑，了解他们班的各种状况，及时地给他心灵鸡汤，帮他解惑。

日常巡堂时，我特别关注六（2）班，课余时间多和六（2）班的孩子交流沟通，了解孩子们的学习情况、同学关系和心理需求。我尤其关注老师眼里的“硬骨头”，同学们心中的“捣蛋鬼”，放下姿态和他们拉家常，侃大山，让他们深切感受到学校老师对他们的关爱。

慢慢地，我发现他班的班风有了明显的转变，纪律明显好转，学习气氛越来越浓烈。到学期末，他班所获文明班的次数竟然居学校前列。在他的工作总结中有一段感悟：“教师与学生不只是教育者与被教育者，在学生心里，教师是可倾诉心声的朋友，是懂得欣赏自己的家人，是愿意与自己分享快乐的伙伴。”

是的，教育是慢的艺术，教育需要持久的关注，耐心的等待，需要潜滋暗长和潜移默化。我们应该让所有的教师在陪伴学生成长的过程中，享受自我成长的幸福！

【评　语】

教育的确是慢的艺术，需要潜滋暗长，需要潜移默化；教育也是可分享的艺术，让分享者快乐，让被分享者成长。让我们在慢中分享，在慢中成长。

【作者简介】

曾庆斌，中共党员，广东龙川人，本科学历，小学信息技术高级教师。现任韶关市浈江区南枫小学党支部书记、校长，担任小学四年级信息技术教学，广东教育学会教师继续教育专委会理事会理事、韶关市基础教育（第三批）名校长、韶关市教育信息化（智慧教育或多技术融合）小学领航

校长工作室主持人。韶关市浈江区第8届、9届政协委员。担任校长21年，曾先后任工程处小学校长、铁路第一小学校长、浈江小学校长、南枫小学校长。多次获评为县（区）级“优秀教师”“优秀党员”“德育工作先进个人”“先进教育工作者”“浈江区教研教改先进个人”等

所任职学校先后获得“全国百社千校书香童年”阅读活动基地学校、全国青少年校园足球特色学校、广东省“书香校园”、广东省体育特色学校、广东省少先队“红旗大队”、广东省第二批毒品预防教育示范校、韶关市德育示范学校、韶关市“文明校园”、韶关市少先队“红旗大队”等荣誉。

他负责并结题了“十二五”国家级实验教改课题“小学机器人教学促进学生全面发展的教学评价”及市级多项课题研究。独立撰写的多篇教科研论文发表在省、市级教育期刊。

小纸条的魔力

韶关市武江区红星小学　邓娟

“邓老师，节日快乐！”

今天是教师节，参加完区里的教师节表彰大会回到学校，刚踏进办公室，我就听到了这么一声爽朗的节日祝福。

循声望去，是强，一位毕业好几年的学生，现在在韶关市重点高中北江中学就读高中二年级。

我请他坐下，唠起了“家常”。他说，目前，他的学习状况不错，成绩比较理想，上学年还拿了一等奖的奖学金。听到他的“汇报”，我由衷地竖起了大拇指：“你真了不起！”。

他带着充满感激的语气说：“老师，我的成绩有您的一份功劳，是您的那些一张张充满肯定、关爱、尊重和赏识的纸条，开启了我的自信心，给了我学习的方向和目标。到现在为止，只有您用这样的方法教育我。您的那张张纸条我现在还用一个夹子整整齐齐地夹着，锁在家里书柜的抽屉里呢。”

他的这一席话，勾起了我对他的回忆。

强是我们班的一个男生，人挺聪明，但有许多不良习惯：穿着邋遢，座位下面经常丢满笔头、纸屑，丢三落四，上课好动，爱说小话，扰乱课堂秩序，经常不做作业，被老师批评是家常便饭……

一天上午第三节课后，班里的数学科代表抱着一沓作业，来到我跟前：“老师，老师，今天又是王强一个人没有交作业本，他说放在家里了”。数学科代表的话让正在伏案工作的我感到“心沉沉”的，“唉，真是个犟劲十足、‘顽固不化’的孩子。”

批评他吧，他对“当众批评”似乎已经有了“抗药性”；批评重了，又怕伤害他的自尊心。

对于他的教育，我曾经采用了很多种教育方法，但都无济于事。

不服输的我，也真是和强“较起了劲”来。为了转变他，我一边看书、一边上网找方法；一边家访、一边和班主任老师交流，真是挠破了头皮，绞尽了脑汁：怎样才能让强同学按时完成作业，交作业？及时复习所学知识，提高学习成绩呢？怎样才能通过多次教育、多种方法来改变他呢？

在家访和与班主任老师的交流中，我了解到，强是个思维敏捷、喜欢看书、知识丰富、爱绘画的孩子，接受教育的态度也很好，但就是不入脑，事后就抛到了九霄云外。如何才让我的教育入心、入脑呢？

我经过苦思冥想之后，决定采用一种全新的方法——“纸条书信法”：把对他的每一个看法、每一次对他的期望写在一张小纸条上，偷偷地给他，让他慢慢去领会。这样既可以避免因受批评而伤害他的自尊心，也可以拉近我和他之间的距离。

在一次不交作业后，我递给他一张纸条。我这样写道，“虽然老师有时批评你，但老师还是很喜欢你，因为你有许多别的同学身上没有的优点。你思维敏捷，爱看书，知识丰富，绘画挺好。如果你能把毛病改掉，按时交作业，课堂上的事你也可以做得更好一些。我相信，你会很受大家欢迎，我也相信你会有进步，对不？”他接过纸条，愣愣地看着我，似乎在说“我怎么了？”我回以神秘的微笑。

接下来的几天，他看我的眼神有点不同，没有了以往的抵触，更多的是尊敬。上课时他的坐姿端正了许多，一连好几天的作业，都能按时交，达到了第一张纸条的作用——端正上课的行为习惯，改正不交作业的坏习惯。

从他的这个表现看，我坚信，他是可以改变的，这个方法用在他身上是可行的，于是我决定继续给他写纸条。

有一天，又一张纸条不期而至，上面写道："今天你的作业写得真好！我决定要在全班同学面前展示。我喜欢像你这样作业写得好的孩子。"这一次把纸条给他时，他的嘴角露出一丝不易觉察的得意和微笑。这一天上课时，他坐得比以往更端正，发言十分积极，当我在实物投影仪上展示他的作业时，他目不转睛地盯着我，认真地听着，脸上流露出一种无法形容的自信、开心的样子。更值得高兴的是，第二天作业不但能按时交，而且字也写得工整多了，一看就知道他花了不少心思，达到了这一张纸条的目的——提高作业的质量。

我知道纸条已经在这孩子身上发生作用了！但是，要他改掉身上的毛病是急不来的，要像剥玉米粒那样，有耐心的一粒粒地把它们剥掉。

有一次在下课前五分钟，我让大家制作一个下一节课上课用的简单学具，做好后把作品摆在桌面，同时要把自己的桌面收拾干净、整齐，下课铃声响了，班里55名学生，54名学生已按老师要求完成了任务，只有他没完成，急得就要哭了。原因是他一边做一边玩，我看在眼里，并没有当着全班同学的面批评他，照常按时下课，课后，我递给他一张纸条，上面写道："我知道你也很想改掉自己身上做事拖沓的坏习惯，别急，慢慢来，我相信你一定行！"果然不出所料，当我再回课室上课时，他的桌面整整齐齐放着自己做的学具，而他，充满自信地看着我，那眼神分明在告诉我，他会改掉所有的坏习惯，成为一名好学生的。

日子一天天过去，我用小小的纸条架起了一条我和他之间沟通的桥梁，而强在一天天地进步中。

我期待着更大惊喜的到来！

在"六一"知识竞赛中，他的成绩居然名列年级前十名，这可是他有史以来取得的最好成绩呀！

升上五年级后，强继续在进步。作业写得不错，养成了较好的卫生习惯，衣服干净多了，经常乱扔垃圾的习惯也改了不少。有一次，他不小心撕烂了《南方新课堂》中的一页，他居然用一张白纸把撕烂的那一页工工整整地抄写了一遍，然后把那张纸裁剪得和《南方新课堂》里面的纸张一样大小，粘贴在里面。我被他这种做法打动了，当场表扬了他。课后，我又递给他一张纸条："你的进步越来越大，老师越来越喜欢你，老师真替你感到无比的高兴。"我不用看也能够想象得到他看纸条时那高兴的样子。

"功夫不负有心人"，在我的努力下，强真的变了——不再欠交作业了，不再扰乱课堂了……他变得爱学习与思考，学习成绩突飞猛进，自信逐渐成了他生活的主调，最终以优异的成绩考上了市重点中学。

我没有想到，一张小小的纸条，竟然有如此大的魔力！它改写和启动了一个孩子的人生自信，自我价值的认同，从此他便有了自己的方向和奋斗目标！而最关键的是因为纸条的内容体现了教师对孩子的肯定、关爱、尊重和赏识。

当然，教育孩子不仅要倾注真情，更要深入思考，运用智慧。教育人是一门学问，更是一门艺术。这门学问的最高境界是恰当的方法、真挚的情和透彻的理的完美结合，这门艺术的最高境界是在合适的时间、合适的地点、合适的情景中采用恰当的教育教学方式去表达合适的情和理。

感谢小纸条，它给了我一个与学生沟通的契机，让我感受着教育的快乐和欣慰。

【评　语】

教育不仅要倾注真情，更要深入思考，运用智慧。教育需要恰当的方法、真挚的情、透彻的理完美结合，需要在合适的时间、合适的地点、合适的情景中采用恰当的教育教学方式去表达合适的情和理。运用得当，小纸条也会产生教育的魔力。

【作者简介】

邓娟，本科学历，小学数学高级教师，韶关市武江区红星小学副校长，担任小学高年级数学教学工作。共主持和参与课题研究7项，开设讲座主讲24次，发表13篇论文、获奖16篇论文，获奖的公开课19节、课件11次、指导青年教师参加专业技能大赛获奖19次。

因表现突出，先后被评为广东省特级教师、韶关市优秀教师、韶关市第二批学科带头人、武江区小学数学首批学科带头人、韶关市小学教师继续教育中心主讲专家、韶关市教育学会小学数学教研会理事、韶关市武江区教育学会小学数学教研会理事。

千万别冲动

乐昌市第四中学　范美林

“四眼狗！四眼狗！”

我扛着半袋大米从学生宿舍楼前走过时，一种怪怪的声音向我飘来。

我一怔！心想莫不是骂我吧？因为“四眼狗”是骂近视眼的人，特别是骂近视眼的老师——而我恰恰就是。

我心中颇为不快，对这种公然侮辱人的外号，我是不可接受的。如果知道是谁骂，我非扇他两嘴巴子不可！

转念一想：戴眼镜的人也不止我一个，有可能不一定骂我呢。况且，我刚调到这个学校任副校长还不足一周，很多学生都还不认识我。于是，我低下头继续赶路。

可是，没走两步，我那不争气的耳朵听到了更清晰的叫骂声：“扛米的四眼狗！”

呵，这分明骂我了，我怎么可能再容忍！而且这声音来自学生宿舍二楼第二个窗户！我没有犹豫——放下米袋，直接冲向那个发出“可恶”声音的地方。

来到二楼的这间宿舍门口，看见一群学生正在里面大声喧哗，有两个坐在窗边的学生还在仰着脖子哈哈大笑，那笑的声音特别刺耳。

看到此景，我怒火中烧，黑着脸环视着整个宿舍，两个拳头不由自主地攥了起来。我真想迅速冲过去，抓住这两个笑得最大声的同学狠狠地揍一顿，或至少要给他们一点颜色看看！

但理智很快告诉我：要淡定！淡定！千万别冲动！因为冲动于事无补，而且后果无法预料，只会损害我的威信。

我要想出新的办法。

于是我收起怒容，换成了勉强的笑脸，对着这两个学生说："两位同学，看你们这么开心，想让你们帮个忙！"

没等这两个学生反应过来，我就用接近命令的口气要他们帮我扛米啦！在同学的哄堂大笑中，他们懵懵懂懂地替我扛着米走向我的住处。

一路上，我没有跟他们说一句话，在思考着下一步的措施。我思考的重点，已经由惩罚他们，转为如何防范以后不要再出现这种现象了。

走到我住房的楼下时，我叫住了这两个学生。我从口袋里拿出本子，仔细盘问并记录下这两个学生的班级、姓名以及班主任等情况。这时，我才开始问我的终极问题："你们宿舍刚才传出骂我'四眼狗'的声音，是你们俩吗？"

这两个才读初中一年级的学生都异口同声说："不是！"

"不是你们骂，那是谁骂呢？"我又问。

"不知道！"他们又是同样的回答。

啊，看来很难问出个真实的答案。但从他们的说话声音和表情，我猜出了十之八九：骂我的话就是从他们俩中的那个高瘦个子的嘴里出来的！然而，我没有深究下去，一是因为不想在我气头上揭穿他们，二是我已经想出了新的处理办法。而且，我估计这孩子骂"四眼狗"不一定是品行问题，更多的可能是一种认识问题，甚或是觉得好玩。

我开始正面教育他们："四眼狗"是骂人的话，这样做对饱受近视之苦而戴眼镜的人极不尊重。你们今后不能叫人外号，更不能叫人侮辱性的外号，因为这是没有教养的表现！当然别人骂这些话，你们也要劝阻。

我十分严肃地告诉他们："如果下次我从你们宿舍旁经过时还听到有这样骂人的声音，我就直接找你们两个人，其他人我都不找了！因为我只认识你们!”

“来，给你们拍个照，并请在我的记录本上签个名，表示你们是接受过我教育的人。听着，我们是朋友了，我的朋友都是讲礼貌的！而且首先要从礼貌用语做起。”

后来，我组织开展了全校的文明礼仪大讨论、大教育活动，并安排各班专门召开了题为“嘴下留德”的主题班会。

随着活动的深入，整个校园的文明之风浓厚起来了，学生们见到老师主动敬礼，见到同学互相问好的现象也普遍起来了。

后来我常从这栋学生宿舍旁经过，再也没有听到朝外骂人的声音了，更听不到叫人“四眼狗”了!

学期结束时，我竟然意外收到了一封匿名信，信上说:“谢谢校长的教导，我们终于知道文明待人了，请相信我们会越来越懂事的!”

我想这就是教育的淡定与智慧结出的硕果吧。

教育定然是不能冲动的！因为冲动极易引发教师做出于情不妥、于理不合乃至于法不容的行为，结果是事情搞砸，效果没有，甚至可能反效果！这次学生公然给我起外号，他们应该是没有恶意的，因为未成年学生的普遍特点是心智未成熟，判断不准确，好奇有余，自控不强，况且我与学生本来无冤无仇，因此我最后是冷静应对，理智处理。这次突发事件的圆满解决，增强了我的教育耐性，增长了我的教育智慧。这个智慧就是：记录摄影、签名留痕、不去揭穿、责任连带，然后从更大的范围、更深的程度去开展相关教育活动，并形成教育氛围，从而最终达到“治本”的效果。

苏霍姆林斯基说:“只有能够激发学生去进行自我教育的教育，才是真正的教育。”站在学生的角度，他们一样需要理解、包容和尊重，特别是当他们不小心冒犯了老师而造成错误事实的时候，我们切不可恼羞成怒，“上纲上线”，更不能究根问底，穷追猛打，要给他们认识错误和改正错误的时间、空间以及相应的氛围，从而激发他们自我反省、自我提升。作为教育工作者，我们应该要有静待花开的淡定！因为只有淡定，关键时候才能忍得住冲动，才不会当场撕破学生的面子，这样既给了自己冷静思考的时间，又给了学生从容改正和自我教育的机会，更会产生无穷的教育智慧！

【评　语】

淡定出智慧。教育管理者遇事最忌冲动，冷静应对方可理智处理。教育耐性也是一种教育智慧。

【作者简介】

韶关乐昌市第四中学党总支书记，校长，初中语文高级教师，韶关市中学语文理事会常务理事，广东省教育学会教师继续教育专委会理事。韶关市基础教育第六批“百千万人才”培养对象，韶关市基础教育第三批名校长，乐昌市首批名校长和名校长工作室主持人，广东省首批骨干校长培养对象。

范美林校长有教育情怀，懂教育管理，擅长学校规划管理、人事管理、党建管理和德育管理等，至今有十余年的中学正职校长经历。他主动主持开展省级德育课题研究，并有多篇论文在国家和省市核心杂志上发表，常被韶关学院省级教师发展中心邀请去做相关讲座或授课。

走进学生的内心世界

翁源县龙仙第二小学　胡秀云

我们都知道，一把钥匙配一把锁。一把坚实的锁挂在大门上，一根铁棒也很难将它撬开，但钥匙来了，它瘦小的身子钻进锁孔，只需轻轻一转，那把大锁就打开了。每个“问题生”的心，都像上了锁的大门，任你再粗的铁棒也得很难将它撬开，唯有耐心关爱，才能把自己变成一把细腻的钥匙，走进学生的内心世界，许多百思不得其解的教育难题都会迎刃而解，使教育工作如同有了活水源头，效果明显。

著名的教育家陶行知先生有句名言：你的教鞭下有瓦特，你的冷眼里有牛顿，你的讥笑里有爱迪生。在我们的班级里，总有一些“问题生”，他们成绩差，思想表现不好，惹是生非，态度恶劣，影响别人。然而，他们也有上进心，也有爱的需要，也有闪光点，只要我们心中有爱且教育得法，他们也会成为班级里的好学生。

2017年我调动到新开办的县实验小学任教六年级2班数学，由于当时学校刚刚开办，很多基建工程仍在进行，设施设备未完善，又地处偏僻远离老城区，很多学生是从周边学校分离出来的“问题生”，其中张希就是较典型的“问题生”。刚开学，他就有较多的异常行为，如不听课，坐不端正，课堂上有时不但头伏在桌面上还故意用上衣把头遮住，不时骚扰前后左右同学，影响很坏。我严肃地给他指出过问题，他却一副无所谓的样子，同学们对他更是深恶痛绝。虽然以前也碰到过这样或那样问题的学生，但像他这样的还真少见。该如何去感化和教育他呢？

为此，我请来了张希的家长。他的父亲显得很不安，一坐下便急切地问我是不是孩子又在学校闯祸了？当我说明我只是想多了解些关于孩子的情况，以便更好地对其进行教育时，他才稍稍放松下来，然后张希的父亲开始慢慢说起了孩子在家的情况。原来他的父亲平时远在广州工作，他的妈妈性格较内向，一人在家照顾他和妹妹，较少与孩子沟通，结果让孩子养成了很多不良习惯，根本不想学习。与张希的家长谈话之后，我心里感慨万分，家长也拿他没办法啊？我开始寻找适当的时机，准备与他谈下。

有一天，张希和同学在语文课堂上发生了争吵，被老师“请”到了办公室。我了解到原因是他在课堂上故意用手推同桌，干扰同桌听课，结果发生了争吵。这一次，我没有像往常那样批评他，而是叫他先坐下，他很意外，我语气平和地问他：“你为何总是在课堂上捣乱呢？”他不服气地回答：“我没有！”“你不是推了同桌吗？”“哼！谁让他不和我玩？”“这是在课堂上，你这样不是影响大家学习吗？想和同桌玩下课时可以好好和他说呀。老师相信，他是不会拒绝你的。”听了这话，他吞吞吐吐地说：“以前，我想一起玩，他们总是叫我走远点！”“为什么会这样呢？不知。”这时，我才发现了问题的真正症结。经过这一次谈话，我了解到了张希的真实想法，这使我对转变他有了一些信心，我决心尽力帮助他。我认识到要使他树立追求上进的信心，必须先卸下他思想上的沉重包袱，于是我又一次找到他。

我对他说：“其实大家并不是讨厌你，而是不喜欢你身上的缺点。你应该学会自我约束，这样，老师今天对你只提一个要求：上课管好自己的行为，认真听课，好吗？”听了我的话，他担心地说：“要是我努力了，还是管不住自己呢？”看着他那种天真而担忧的神情，我顺势而导，进一步鼓励他：“一份汗水，一份收获。老师相信你是一个聪明的孩子，你能做好的，老师也会帮助你的。”张希的脸上开始有了笑容。一周后，当听到其他科任老师和同学说张希课堂上能遵守课堂纪律时，我非常惊喜，原来这孩子并不是真的无药可救！原来老师的关心和鼓励对他还能起作用！

冰冻三尺，非一日之寒。我深知要真正地转变张希那绝不是一天两天的事。这类学生非常容易出现“三分钟”热度的现象，顺利时沾沾自喜，一遇到挫折马上就垂头丧气，心理波动大。所以，接下来，为了预防他的反复，我专门找到班上几个优秀的同学，希望他们能协助老师帮助他转变过来。几个同学都非常乐意而且对此很有信心，我给他们具体分了工，分别负责监督他的课堂纪律、课间文明休息、帮助他学习进步等等，并让他们随时向我汇报。同时我经常与张希的父亲联系，交流孩子的情况，共同配合。经过一学期的教育帮助，张希上课能专心听讲了，各科学习成绩有了较大的进步，也能与同学们融洽相处了，他的变化让我感到欣慰。2018年5月初，我因工作调动离开实验小学的那一刻，不善表达的张希同学哭成了泪人。作为老师，当看到学生在自己的耐心教育引导下终于走上健康发展的轨道时，会情不自禁地涌上一种自豪感和实实在在的成就感，这也促使我对自己的教育工作不断地进行反思。

教育学生要耐心再耐心，细致再细致。也许在教育的过程中，我们会遇到许多困难，有时或许会想放弃，但请相信：精诚所至，金石为开。我坚信，只要我们不抛弃，不放弃，想方设法走进学生内心世界，用爱心、耐心去呵护问题生，就一定能守得云开见月明！

【评　语】

学生是成长中的人，不是成熟的人，出现各种问题在所难免。面对问题学生，教师心怀期待，耐心等待，细致对待，想方设法走进学生内心世界，用爱心、耐心呵护学生成长。

【作者简介】

胡秀云，广东翁源人，中共党员。本科学历，小学数学高级教师，省特级教师，现任翁源县龙仙第二小学党总支书记、校长。获韶关市第

一届教育系统“一把手”德育核心能力竞赛一等奖，首期享受市政府特殊津贴人才，曾被评为市名校长、市优秀党务工作者、南粤优秀山区教师、市巾帼建功先进个人、市中小学学科带头人，曾被授予省三八红旗手、县劳动模范称号，广东省中小学名教师工作室主持人，市第十三次党代会代表。

一根红色的橡皮筋

韶关市武江区新华幼儿园　黄建荣

清晨，我正整理办公室准备开始一天的工作，这时，小陈老师走了进来，她双眼红肿，眼里满是焦虑和委屈，还没出声，眼泪像断了线的珍珠洒落下来。

是多大的委屈让一个入职不到半年的教师有这般的委屈和无奈，我赶忙请她坐下，给她递上纸巾，轻轻地搂着她，轻轻拍着她的背，慢慢地小陈老师的情绪稳定了下来。

“我不想当幼儿园老师了”，小陈老师开口说的第一句话，我心里咯噔了一下，昨天那个怀揣梦想、信心满满的陈老师哪儿去了。

还没等小陈老师开口，媛媛的妈妈风一般地冲进我的办公室，一看到小陈老师也在我的办公室，先愣了一下，勉强打了个招呼，欲言又止，我觉得这个时候她们俩不是交流的最佳时机，于是，请小陈老师先回班级。

处理家长的投诉，首先要“灭火”，园长的态度很重要。

我面带微笑地给媛媛妈妈递上一杯热茶，“媛媛妈妈怎么了？”

媛媛妈妈很激动，语速明显加快：“园长，昨晚我家媛媛半夜在梦中哭喊着，陈老师还我橡皮筋，妈妈帮我拿回我的橡皮筋，我想，肯定是老师对我孩子怎么了……”

说实话，我对媛媛妈妈的这番话特别反感，还没了解清楚事情的真相，就给老师扣帽子，真是个“事妈”，故意找茬的吧。

但多年教育的经验告诉我，沉住气，先认真倾听，不能偏听偏信，还是了解事情的原委再作处理。

我深吸一口气，尽快平息自己的不良情绪，轻轻地拿起桌面上的记事本，坐到媛媛妈妈的身边，先稳定家长的情绪，认真倾听事情的经过。

原来，昨天下午媛媛回到家里，向妈妈“告状”，小陈老师把她心爱的橡皮筋给小颖小朋友扎头发了，据媛媛说，已经提醒小陈老师了，但小陈老师没理睬，孩子觉得很委屈，强烈要求妈妈向小陈老师要回橡皮筋。晚上媛媛妈妈与小陈老师沟通不畅，双方闹得很不愉快，因此，就有了刚才的那一幕。

听完了媛媛妈妈的诉说，我对媛媛妈妈承诺：会认真了解情况，尽快妥善处理好此事。

送走了媛媛妈妈，我暗暗地庆幸，还好控制了情绪，否则将会犯下家园沟通的低级错误。

我开始琢磨如何处理好这件事情，一是先到班级跟小陈老师详细了解事情的来龙去脉；二是关注媛媛的情绪，对媛媛进行一些心理辅导；三是在小陈老师与媛媛妈妈沟通之前与小陈老师进行一次谈话。

我走进媛媛的班级，刚好是早餐后的自主游戏时间，孩子们有的在做区域游戏计划，有的在看绘本图书，有的在分享自己的故事，这时的媛媛安安静静地坐在椅子上，面无表情地看着其他小朋友，显然心情不是很好。

我走到媛媛身边，摸摸她的小辫，“今天媛媛的小辫扎得好漂亮，是妈妈扎的吧？”

“嗯，可是外婆送我的红色的橡皮筋不见了。”媛媛一脸的不悦。

明白了，这可不是一根普通的橡皮筋。很显然，姥姥送的橡皮筋对媛媛来说很重要，如果处理不当，会对媛媛心理带来一定的影响。

“你一定很喜欢外婆送的橡皮筋吧？”我轻声地问。

“是啊，这是外婆送我的生日礼物，用它扎头发可好看了，像白雪公主一样。”媛媛眨着明亮的小眼睛，兴奋地说。

“外婆回老家了，我有点想她了。”

刚才听媛媛的妈妈说，媛媛是外婆一手带大，感情很深。

难怪，媛媛那么在乎那根红色的橡皮筋，除了好看，还有对外婆的思念。

是啊，我们应该时常反思自己的教育，我们真的用心体会孩子的心情了吗？我们读懂孩子了吗？了解孩子了吗？真的做到尊重孩子了吗？

我轻轻地抚摸媛媛的头，微笑着对媛媛说：“小陈老师会变魔术，等你中午睡醒后，就是见证奇迹的时候。”我模仿魔术师刘谦口吻说。

媛媛兴奋地问：“真的吗？”

我微笑着点点头。

回到办公室，我给媛媛妈妈回电话：“媛媛妈妈，小陈老师下午会将橡皮筋还回来的，放心吧。”

“园长，这不是一根橡皮筋的问题，一根橡皮筋不值多少钱，但我孩子的心理阴影怎么办。”嘟嘟嘟嘟，电话那头挂掉了。

也许，是我把问题想得过于简单了。

不一会，媛媛妈妈急匆匆地又出现在我的办公室，这可是媛媛妈妈一天内第二次为橡皮筋的事情走进我的办公室。

一进门，媛媛妈妈就对我说：“园长，一根橡皮筋不值多少钱，这件事情没那么简单，昨晚孩子那么焦虑，孩子的心理肯定受到了伤害，我要求小陈老师给媛媛和给我们家长当面道歉。”

于是我真诚地对媛媛妈妈说：“对不起，我们确实做得不够周到，不够细致，我代表小陈老师向您说声抱歉。”

接着我详细地向家长介绍幼儿教师工作的流程，想以此让家长理解幼儿教师工作的繁琐和压力。

但我们的沟通只是让媛媛妈妈理解教师工作的辛苦，而在幼儿心理方面的修复问题上，媛媛妈妈还是认为没得商量，坚持要小陈老师向孩子道歉。

站在家长角度，可以理解，因为幼儿期孩子已经具有很强的自尊心。但孩子对是非的理解和分辨还是模糊不清的，如果她认为老师是错误的，老师又拒绝道歉的话，很可能让孩子走向逆反，使孩子在受委屈的同时还要承受一定的心理压力，不利于幼儿的身心健康发展。

可见，现在80、90后的家长更注重孩子的心理健康，这不正是咱们幼儿教师面临的挑战吗？

我与媛媛妈妈约好：下午利用离园时间我们再一起与小陈老师进行沟通。

中午，我与小陈老师坐在幼儿园的长廊上，我问小陈老师："媛媛的事情你是怎么想的？"

"我觉得我没有错，那么多女孩子要梳头，而且橡皮筋都差不多，我真的很难分清谁是谁的，而且昨晚媛媛妈妈骂了我，我不能接受，我绝不道歉，我没错。"小陈老师激动得满脸通红。

对一个90后，还是个孩子的年轻教师来说，小陈老师有这样的反应，我一点都不觉得奇怪。

作为独生子女这一代的年轻幼儿教师，他们有青春活力，有自己的个性，但缺乏工作经验，他们思考问题时容易以自己的惯性思维来衡量现实。同时，青年教师自尊心强，比较难接受直接的批评和帮助，因此，青年教师的思想工作得讲究技巧。

我问小陈老师："你知不知道媛媛为什么那么在意那根橡皮筋呢？"

"好看呗。"小陈老师说。

"平时你在外面受了委屈，你父母会是什么反应？"我帮助小陈老师进行移情教育。

我告诉小陈老师关于媛媛橡皮筋的来历，从幼儿心理健康教育入手，通过案例帮助小陈老师分析、理解媛媛的心理状况，慢慢地，小陈老师的目光越来越明亮，越来越温暖。

下午，媛媛妈妈第三次进入我的办公室，不一会儿，小陈老师和媛媛向我的办公室走来，媛媛一看到妈妈，便高举着红色橡皮筋，小鸟一般地扑进妈妈的怀里，兴奋地对妈妈说："小陈老师帮我把橡皮筋变回来了，我的橡皮筋回来了，小陈还跟我说了对不起了。"

事情总算得到了解决，可见，之前解决问题的预案还是发挥了作用。

但我总觉得还是不够完美，我觉得孩子的教育不单单是老师理解家长就够了。因为家长是幼儿园重要的合作伙伴，教师和家长应该是一种平等合作的伙伴关系，教师和家长在教育的过程中，要互相理解、互相包容，相互学习，共同进步，形成合力，才能更好地促进幼儿的身心健康和谐地发展。

我真诚地对媛媛妈妈说："媛媛妈妈，我们幼儿园现在正在开展家长助教活动，欢迎您积极参加。"

几天后，我在园门口看到了媛媛的妈妈，她今天看起来心情很好，一看到我略带兴奋地将我拉到一边，真诚地对我说："园长，前几天我报名参加了家长助教活动，体验了半天的幼儿教师，说句真心话，幼儿教师真的不容易。照顾孩子三餐时我手忙脚乱，给孩子上课我准备那么多教具，提前做了精心的准备，但还是没有把活动组织好，给女孩子梳头简直像是打仗……"说完，媛媛妈妈给我送上一张明信片。

明信片上写道：体验过才知道幼儿教师的辛苦，衷心感谢老师为孩子所付出的一切。家园犹如一车两轮，只有同向运转，才能产生合力，我一定积极配合幼儿园的工作，为咱们的共同目标加油努力。

最朴实的语言，最真挚的情感流露。

我望着媛媛妈妈牵着媛媛的小手离开的背影，小媛媛背着小书包，一蹦一跳，扎着红橡皮筋的小辫左右摆动，在阳光下，她们的身影越走越远，但那根红色的橡皮筋却如此的耀眼，如此的灿烂。

【评　语】

家与园犹如一车两轮，同向运转，才能产生合力。因此，教师和家长在幼儿教育过程中要互相沟通、互相支持、相互配合，共同为幼儿成长创造条件。

【作者简介】

黄建荣，广西那坡县人，本科学历，幼儿园高级教师，现任韶关市武江区新华幼儿园党支部书记、园长，从事学前教育工作34年。先后荣获全国新时代最美幼师、广东省优秀共产党员、广东省“三八”红旗手、广东省南粤优秀幼儿教师、广东省特级教师、广东省名园长工作室主持人等个人荣誉，获得韶关市教育成果一等奖项目1个、广东省优秀校园建设方案二等奖1项，主持了省、市级课题10个，在省级以上刊物上发表论文11篇，主编著作1部。

特别的爱给特别的你

翁源县龙仙第一小学　赖秀霞

每个孩子都是天使，关键在于我们怎样培养教育他们。每当读起这句话，我想起了我班中的一位学生，教育生涯中让我印象深刻的一个孩子，一位弱小的天使走进了我的心里，走入了我的视线。

特别的你

班上转来一个叫霍晴晴（化名）的男生，这个小男生留着小平头，个子瘦小，肤色偏暗，表情没有同龄人的活泼和自信，略显呆滞和腼腆。

那是周二上午的第二节语文课，天气冷极了，天空飘着细雨。正当我准备为孩子们布置课后作业时，窗外闪过一个瘦弱的身影，我往窗外瞥了一眼，是霍晴晴的妈妈。“晴晴，这是你的午饭，妈妈要做工，你中午在值班室休息吧！”晴晴的妈妈在窗外喊道。“午饭?”“什么午饭?”我睁眼一看是两个馒头，心里一怔：城里的孩子家庭条件都比较好，都是家长的心肝宝贝，午餐都很讲究，晴晴这两个馒头一顿饭也太寒酸了吧，何况天寒地冻的没有一口热汤喝！晴晴丝毫没有争辩，只是恭恭敬敬地点头应诺，手里揣着馒头快步走回座位……后来我从晴晴三年级的班主任口中了解到：妈妈没什么文化，没有固定的收入，离异家庭，夫妻感情不和，父亲外出打工，没有能力承担孩子任何学习和生活的费用，家庭经济拮据……这样的孩子我该怎样对待他，给他怎样的爱？

放学了，我看见偌大的值班室只有他孤零零的身影，孩子手上拿着那个冰冷的馒头，此时我心中闪过一个念头：这孩子我得帮帮他！我快步走到他面前，摸着他的头温和地说：“孩子，你回老师宿舍休息一会，老师帮你看看功课做得怎么样，好吗？”孩子用惊奇的眼神望着我，表情非常羞涩……我轻轻搂着他的肩膀把他拉回宿舍，途中我发现晴晴的衣服比较脏和旧，白衬衣已泛黄……回到宿舍孩子狼吞虎咽喝下了我为他泡制的一碗热面，我从儿子的衣柜抓起一件衣服，为他换上，孩子脸上露出幸福的笑容，闪烁的眼眸里流露着对美好生活的期盼，我深深同情这位家境不太好的孩子，我想靠近他，了解他，帮助他。这一切都是我心甘情愿，努力爱每一个孩子难道不是我们教育工作者应该做的吗？

可是，晴晴这孩子没少让我操心。科代表举报说晴晴语文默写检查表又没有签名了。那可不是一次两次的问题了，当时我真的很生气。我立刻把他叫了过来问道：“你为什么又没签名、不完成老师布置的学习任务？”我提高嗓门生气地问道。空气里弥漫着紧张和严肃的气氛，一秒，两秒……他耷拉着脑袋，一言不发，我叫他把头抬起来，突然发现这孩子已经泪流满面，泪水模糊了他的双眼。我一下子愣住了，是我语气太重了吗？是我太冲动了吗？我缓了缓情绪，轻声地问：“有原因吗？”“我有默写，可我妈妈给爸爸打完电话就哭了，那时他们在吵架，好像是妹妹的心脏出了问题要医治，可爸爸一时拿不出钱给妹妹治病，半夜我还听见妈妈在哭。”“我妈妈总是这样的，心情不好常常不理我的……”说完孩子早已泣不成声，他哭得更伤心，更委屈了。听了孩子的话，我的心情一下子复杂了起来，心里五味杂陈。不理解孩子的处境，怎么可以随意批评孩子呢……我对自己刚才的严厉感到后悔和深深的自责。家庭成长环境的原因给孩子的成长蒙上了一层阴影，弱小的天使又怎能快乐地飞翔？我一遍遍地问自己，心中隐约有了些答案：唯有尊重他们，倾听他们的内心世界，多理解、体谅、宽容孩子，原谅他们的不优秀，接纳他们的平凡，用充满爱和宽容的眼光去看孩子。

特别的爱

那是一节语文课，孩子们全神贯注地学习，笔尖在纸上来回滑动，发出沙沙的响声，我不自觉地走到了晴晴身边，看见他一直低着头，拿着笔在纸上专心致志地画着，图中画的竟然是爸爸妈妈牵着他的手一起在金色的沙滩边散步。令我吃惊的是他的画画得非常好，画里透露着他内心强烈的渴望：希望父母关系和谐，希望在融洽的家庭氛围里成长，孩子意识到我在他旁边，他慌乱地停下手中的笔不知所措地望着我，既紧张又害怕。看着他的样子，我心中既生气，又有一种说不出的难过，我不忍批评他，也知道不能在全班人面前批评他，我必须保护他的自尊心。毕竟是一个缺乏爱的孩子呀，于是我轻轻地俯下身子摸了摸他的头，弓着身说了句："上课要认真，重要的笔记也要记一下。"也许是因为没有被我批评，他感到很意外，连忙把画收了起来，动作还特别快。课后我心平气和地找到他，没有狂风暴雨，没有指责和训斥，只是想和他来一次温柔的对话，我将备课本递给他，让他把重要的笔记都写在他的语文书上，还递给他一支崭新的铅笔，此刻的他变得安静而听话……看到书本工整的笔记，我按捺不住心中的喜悦，连忙拿出早就准备好的糖果，塞到他手心里，孩子笑了，笑得那么甜。也许是我的这次举动触动了他，此后的语文课上，他偶尔会抬头看看黑板，看看电脑上的课件，这些举动让我看到了希望。我多么希望看到他的进步，然而我知道我不能操之过急，只能持续不断地给他关注和帮助。发现他有画画天赋后，班级绘画比赛、手抄报比赛，班级板报栏的布置成了他大显身手的好机会……或许校园生活的忙碌会让他更充实，能让他忘却家庭的不和谐，也许和老师同学在一起，他的笑容是最灿烂的……从那以后我想方设法与家长取得联系，校园里偶尔能见晴晴爸爸给孩子送温暖，校园里也出现了我和他促膝而谈的身影，帮扶小组的组长亲自给晴晴辅导功课……

晴晴总是不够自信，一般不会主动举手回答问题。当遇到一些简单的问题时，我总会把机会留给他。“小家伙”是我对他的昵称，班上的同学似乎也习惯了我对他这一称呼，他们都说很亲切，也许他也这么觉得，因此他也没有反对。每当我叫他回答问题时总会说：“小家伙，你来吧！”在他勇敢表达自己观点时，我总会对他报以微笑。在他无法流利回答问题时，总会有同学适时地站起来说：“我来帮帮你”。渐渐地，孩子自信心悄悄萌发，课堂上，他抬头的次数多了，偶尔也会举手了。我时不时会给他一些惊喜：精美的笔记本，他心仪已久的漫画书，他爱吃的糖果……就这样我陪伴晴晴度过了令他难忘的一学年，经过我的悉心引导和他自身的努力，孩子悄悄地变化着，他的学习状态、行为习惯有了较大的转变，胆小、怯懦的小男孩已变成了一位上进、阳光的男孩，脸上不时会展露出笑脸，课堂上、操场上偶然也能看到他活跃的身影。孩子的进步让我倍感欣慰，所有的辛苦没有白费，有这样一首歌时常我心中响起：“特别的爱给特别的你……”这首歌时常激励着我，时常提醒着我。

留守儿童、单亲家庭孩子是学生中的弱势群体。心理学家调查报告显示，近年来我国留守儿童、单亲家庭孩子数量呈逐年上升的趋势，他们由于缺乏感情依靠往往会出现这样那样的心理问题：孤僻、自卑、自我封闭、寡言沉默、焦虑和紧张，如果这些孩子没有得到有效的关怀、帮助和引导，他们将难以树立正确的人生观、价值观，学习积极性将难以调动，我们要及时向他们播撒真爱，倾注真心，在他们需要时给予帮助，在他们失败时给予鼓励，在他们成功时给予喝彩，在他们失意时给予爱抚，永远在终点为他加油鼓劲，把特别的爱送给特别的学生，让特殊学生在师爱、父爱、母爱沐浴下健康快乐成长，我想这是我应该做的，因为我是一名人民教师。

【评　语】

家庭成长环境已给留守儿童、单亲家庭孩子成长蒙上了阴影，教师唯有给予他们更多的关爱，用充满爱和宽容的眼光看待他们，把特别的爱给特别的他们，这些特殊的天使才能快乐飞翔。

【作者简介】

赖秀霞，韶关翁源人，本科学历，小学语文高级教师。就职于翁源县龙仙第一小学，任德育副校长，担任语文教学工作。主要业绩：2014 年被授予韶关市优秀教师称号；2016 年评为韶关市经典诗文诵读指导老师；2017 年授予翁源县教书育人优秀教师；2020 年评为韶关市大课间优秀指导老师；2021 年评为翁源县优秀小学校长；2021 年教学论文获翁源县教育教学论文一等奖，2020 年德育论文获市一等奖。

一个都不能少

乳源瑶族自治县高级中学　李华秀

2014年3月的一天，我正在午休，被一阵急促的电话声吵醒，来电话的是我的学生张锐敏，在电话里，她很焦急地说："老师，我们班的邓金梅同学，把东西收拾好了要回家去了，你快点过来。"我一时没听明白，因为这一天学校正好要放假，学生要回家是正常的事。经过她的一番解释，我才明白，原来邓金梅把自己的所有东西都收拾好了，准备退学。

放下电话，我赶紧跑向学生宿舍，心里还在想，上午上课的时候还好好的，是不是与同学闹矛盾了？是不是学习跟不上？我不由得加快了脚步。来到学生宿舍，与她同宿舍的学生说，她已经拿着东西去了校门口。我叫上班上的几个男生和我一起赶往校门口，想着把人劝回来，把东西都搬回来。

在校门口，我看到了满身行李的她和满地的生活用品。我和学生围上去问她为什么要走？当着大家的面，她的脸涨得通红，一言不发。这可把和学生都急坏了，眼看着就快到上课时间了，学生和我都极力劝她回教室上课，同学们都帮忙拿东西，把她拉回了教室。

下午，我坐在办公室里，想着这个学生要退学的种种原因，心里还是有一个大大的问号，我决定要在下课后和她好好谈谈。下课铃响，她准时来到我的办公室。一番长谈之后，她的情绪稳定了很多，脸上也现出了难得的笑容，我也长松了一口气。

谁知第二天中午，张锐敏又打来电话，说邓金梅又走了，我又追了出去，只是这一次，我只看到了她坐上车远去的背影。

明明好好的，为什么会这样，我意识到了事情的严重性，也明白这个学生一定有难言的苦衷，因为这个学生在班上表现良好，性格也温和。我在班上做了调查，重点问了与她同宿舍的同学和她的好朋友。学生们都说，可能是家庭原因。接下来，我打了电话给她的父亲，从言谈当中我感觉到了她父亲是支持她上学的，同时也体会到了这个农村家庭生活的不容易。我让她的父亲劝她早点来学校，让她接电话，她接过电话，只是简单地说了句：老师你不用管我了，我不回去了。听了这样的话，我心里有莫名的伤感，也觉得一味地叫她回来，那样的一些话，太苍白，因为我根本不了解她的内心，不了解她的生活。

每天去班上，看到的是满座的学生，听到的是琅琅的读书声，而那几天，我的班级残缺了，有一个学生缺席了，看着那空着的桌椅，我下定决心，一定要让她回来。

我决定去她家一趟，坐车坐了一个多小时，我来到了她家所在的大桥镇石角塘村，石灰岩地区，经济作物很少。来到她家，邓金梅不在，放牛去了，只有她那瘫痪在床的母亲一人在家，她父亲出去干活去了。我打量着这个泥土砖结构的有些阴暗潮湿的家，家里唯一的电器是一台黑白电视机。听着她母亲的讲述，我明白了她不愿上学的原因是家庭经济条件不允许，她想减轻家庭负担，省下钱来供母亲治病。而自尊又懂事的她却在老师和同学面前从未提过她的家境，也从未向学校请求过帮助。

回到学校，我把邓金梅的情况告诉了班上的学生。让学生们商量怎么样才能让她回来，我们该怎样帮她。有个学生跟我说，不如，我们每个人都发一条短信给她吧。在那一天之内，每一个学生都用我的手机发了一条短信给她。看着学生们拿着手机认真发短信的样子，我很感动，感动于他们的真诚，感动于他们的善意。接下来的几天里，班长组织同学们为她捐款，还联系了学校团委发捐款倡议。

几天后，我再次打电话给她，说全校都在为她捐款，让她快点回来上课，听完，她哭了。

打过电话的第二天，我在办公室批改作业，学生满脸兴奋地告诉我：老师，邓金梅回来啦！我马上冲到教室，她看到我立刻起来抱住我，眼泪止不住地涌出来，这时，教室里响起掌声，班长把大家的捐款连同班费一起送到她的手上。那一刻，她感动得不知道说什么才好。但我知道，在以后的日子里，她一定会更加努力地学习，不会轻言放弃。因为，这个班级，这个学校曾经给过她刻骨铭心的温暖。

后来，我向学校反映了她的基本情况，为她争取了培苗资助的名额。

依旧是学生满座，书声琅琅，我想起了张艺谋的电影《一个都不能少》中的那群纯朴的学生和那个可敬的老师魏敏芝。乳源的经济欠发达，每年都有很多学生流失，我们班主任能做什么？如果我们多一些了解、关心和帮助，很多学生可以留下来，继而完成他们的学业。同时，我感觉到做班主任并不孤独，因为在我的身后还有那么多善良、聪明、活泼、可爱的学生。

【评　语】

尽管国家采取了很多措施，不让一个孩子因为经济原因而辍学，但事实上还是有部分孩子由于各种原因，面临着辍学的危险。教师要对这些孩子多一些了解和关心，要借助社会力量帮助他们完成学业。

【作者简介】

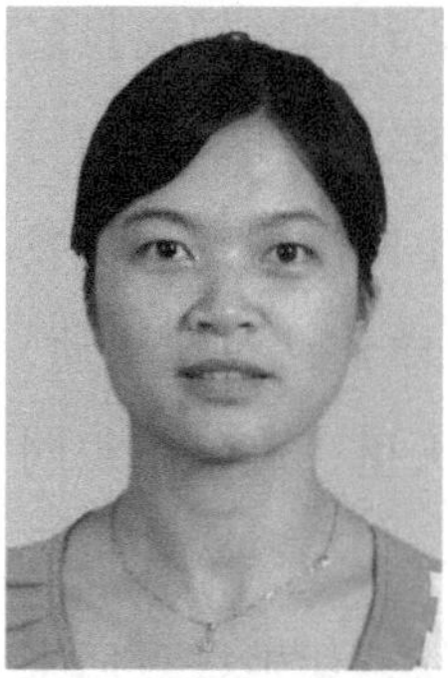

李华秀，江西上高人，学士，高中语文高级教师，韶关市乳源高级中学德育副校长，从事高中语文教学工作。

多次获得“教学质量优胜奖”和“高考优胜个人”称号；曾获得校、县“园丁杯”教学比赛一等奖，韶关市语文科青年教师教学能力大赛一等奖；有4篇论文在省级刊物上发表，5篇论文获县、市级奖，主持两项市级课题并顺利结题。

不一样的生日宴会

乳源瑶族自治县乳城镇侯公渡中心小学　刘新会

“祝你生日快乐，祝你生日快乐……”在小侄儿的生日聚会上，当一群小伙伴围着生日蛋糕唱起这首歌时，我的心竟莫名地颤动起来！五年前那温馨的一幕又回到了我的眼前。

那天还是六一儿童节呢！我和四（7）班的36位学生围着10位孩子举行生日宴会。“祝你生日快乐，祝你生日快乐……”真挚的祝福声飘荡在课室的每一个角落。

一个班竟然有10个孩子同时在六一儿童节生日？这种巧合源于我的精心策划。

当时我所任教的四（7）班是个比较特殊的群体：46位孩子，单亲家庭的有15位，孤儿2位，留守儿童30位。他们大都是一年里只在春节时才见得到父母。可想而知，在孩子们最渴望爱，最需要爱的童年生活里，他们能得到的父母之爱是何其之少。

在平日里我很难看见他们本该有的天真灿烂的笑容，相反脸上常常流露出的竟是一丝丝落寞与不安，有几个孩子沉默寡言，喜欢趴在阳台上发呆。我知道，这群孩子内心多么渴望父母在身边啊！作为老师的我该如何给他们最需要的爱，给他们最贴切的关心呢？当时也快过六一儿童节了，冥思苦想后一个好主意悄然而生！我期望着给我的学生们一个大大的惊喜！

说干就干！我先从找学生的出生年月入手，还真是凑巧，咱班6月

份过生日的孩子有小赖、小张、小付等10位！（其中8位留守儿童，3位既是留守又是单亲孩子）

每位孩子期盼的“六一”终于来了……

“今年的‘六一’儿童节举行游园活动的时间，老师想和同学们用另外一种方式庆祝。我们来玩‘猜猜他是谁？’的游戏”。同学们听完我说后个个翘首以盼。

我把6月份过生日的这10位孩子的典型特点用PPT一一展示出来，语言生动幽默，然后让同学们针对这些特点对号入座，猜猜他们是谁。孩子们兴趣盎然，看完老师的提示后眼珠子迫不及待地扫视四周，寻找心中的“目标”。教室里呈现出前所未有的举手热情。平时沉默不语的小张同学睁着她那水灵灵的大眼睛，小手举得老高老高，一猜一个准。出示小赖的特点时，我故意点他，让他自己猜自己。“刷”一声站起来后，他用手掌用力地拍拍自己的胸脯，刻意地点了点头，得意地喊出自己的名字，露出了他久违的微笑，我也终于看见了他那两颗尖尖的小虎牙。

当屏幕最后呈现出被猜的10个孩子的头像时，这10个孩子都笑了，我的心就在这些腼腆而甜美的笑容中融化。而我又变魔法似的从讲台底下拿出一个大大的生日蛋糕时，孩子们都心领神会：老师是在为屏幕上的这些孩子过生日呢！

“这10位同学的生日都是在6月份，我们就集中在今天，一起为他们庆祝吧！”我说完后，同学们都欢呼起来，那10位孩子心中的惊喜更是不言而喻。

我把这10位孩子请出了讲台前，他们手拉手围成了一个大圈。当《祝你生日快乐》的音乐响起，台下的学生都不约而同地唱了起来，一遍又一遍。音乐停下，歌声还不绝于耳，好像每个同学都成了生日的主人。

小付同学——那个个头差不多和我一般高的大男孩在许愿时用力地咬着嘴唇，两滴热泪从他那胖胖的脸颊滴下来……最后这个蛋糕，这10

位孩子同心协力把它分成了47份，用白纸托着，一一送到大家的手中，让老师和全班同学一起分享。虽然每个人分享的不多，但都吃得津津有味、意犹未尽。小赖同学在吃完蛋糕后，还用他那两颗尖尖的小虎牙啃了啃纸盘，纸盘竟然露出了两个小小的洞，香甜的味道就从这里散发出去，弥漫了整间课室。

第二天，有8位孩子都主动给我写了一封信。有的说，我就像他们的妈妈一样；有的说，这是自己过的第一个生日会，终生难忘；有的说，这个蛋糕是自己吃过最甜的……看着这一行行稚嫩的字，我的泪水一滴一滴落在信纸上。对于老师而言，能被学生信任而亲切地当作“妈妈”，还有什么比这更美的赞誉吗？

这以后，我看见我们班越来越多的笑脸了。尤其是那10位过生日的孩子对我越来越亲近了，课后还会主动把他们心中的喜怒哀乐跟我分享。我知道，是那场生日宴会的小小烛光照亮了孩子心中的一隅阴暗，是那场生日宴会的真诚陪伴温暖了孩子心中的一方寒冷。我也坚信，在这场不一样的生日宴会后，我还会带给我的这群特殊的孩子们更多的不一样！

“祝你生日快乐，祝你生日快乐……”每当我听到这首歌时，我便想起这场不一样的生日宴会，想起那群孩子开怀的笑，激动的泪，还有那两颗尖尖的小虎牙……

【评　语】

不一样的生日宴会，是对特殊学生的不一样的爱，是对特殊学生不一样的教育。烛光有界，蛋糕有尽，爱心无限。

【作者简介】

刘新会，韶关市乳源瑶族自治县人，本科学历，小学语文高级教师，乳源瑶族自治县乳城镇中心小学副校长，担任小学语文教学工作。2018年被评为韶关市优秀教师；2019年荣获乳源瑶族自治县课堂教学改

革先进个人荣誉称号；2020年在韶关市小学语文教研会“快乐读书吧”微课评比中获二等奖；2020年主持的县教育科研课题“思维导图在小学高年段语文阅读教学中的应用研究”结题。

给“画娃娃”穿上衣服

韶关南雄市黎灿学校　马水兰

我教过这样一位闻名全校的“问题学生”，和我们一贯接触的所谓问题学生截然不同，他的“问题”在于十分喜好“画画”，书本上，桌面上，测验的试卷上，到处都被他画满了。下课了，他不出去玩，一味沉浸在他的“绘画”创作中。一幅幅画惟妙惟肖，栩栩如生，但却触目惊心——全是展现赤裸裸的男欢女爱，姿势、场景各不一样。

这该是一个怎样的孩子？为什么心里装满的尽是这样的画面？每天也在思考，难道他的生活里就没有一点其他有意义的活动场景吗？而这些这么暴露的东西他又是从哪里来呢？哪里才是我教育的切入口？

我咨询过曾经教过他的老师，应该怎么去教育他，得来的答案都大致相同，无外乎是好好看住他，别让他做出什么坏事来。咨询无果，我决定从他的画源开始着手。

他的画究竟在哪学的呢，我抓着他来个打破砂锅问到底。

“小阳，你画上的娃娃怎么没穿衣服？”

“小阳，这些画你从哪学来的呀！”

“小阳，能和老师聊一聊吗？”

没想到，无论我怎么问，他始终斜着一副身子，另一条腿使劲抖，两眼自始至终不看我一眼，保持沉默。

虽然没有“撬开”小阳的金口，但我对他更加关注了。后来我尝试通过多种方式与其谈心，令人遗憾的均以失败而告终。我只好郑重告诉他，不要违反班级纪律。

后来从一个和他同村的同事口中得知，他平日是由不识字的老奶奶带着，父亲在城里务工，家里有台电脑，这孩子的“画”应该是从网络不良媒体学来的。唉，网络媒体的“色情”信息的确危害不小。

12岁的孩子正准备进入青春期，若不及时纠正，继续发展，孩子会因性早熟而做出一些与年龄不相符的事情来。为此，我开始从百度上和知网上寻找这样的个案以及相关的性心理学，试图能找到教育这孩子的“良药”。可事与愿违，确实没有找到相同的案例。

就在我认为这个“特殊”男孩无药可救了的时候。班里最文静漂亮的女孩小美向我投诉了。

小姑娘一脸的憋屈向我说道，全班都笑话他俩，小阳居然天天给她写“情书”，更让人气恼的是他的画里从此还有了名字，男的自然是他本人，女的便是这个女孩。

我始终相信，“小阳”还是个孩子，内心一定还有一大片纯净的世界，我知道处理学生早恋问题，一味生硬地堵是没有效果的。若以早恋情怀为教育的切入口，引导恰当，“小阳”的“画画”问题会不会迎刃而解呢？

“马老师，您看——”小美打断了我的思考。我接过小美手中的“情书”。这次的情书居然变了几个字，歪歪扭扭地写着“我很喜欢你的长头发”。我突然灵机一动，女孩是他心里的一线光，我何不来个将计就计，用积极的心理暗示来帮助这个孩子快速产生情感转移。

“小美，若是再接到纸条直接给老师好吗？老师一定会保护好你。”

送走小美，我随意撕了半张材料纸，模仿学生不工整的字体写上了这么一句话：“我也喜欢你。”拿着这张纸条，我来到课室，恰巧男孩出去了。我悄悄夹在他的语文书上了。上课时，我仔细观察男孩的神色，他果然在那儿“咯咯”笑。

第二天，我来不及等待，马上又写了张纸条：“我也喜欢你，尤其是你坐直听课的样子。”然后，以同样的方式夹在他的书本上。上课时，他居然真的坐直了听课。我决定不厌其烦对他进行心理干预，使他产生欣慰、幸福的内心体验，这也许正是他成长中最需要的东西。

后来，我陆陆续续写了好多张纸条，“我也喜欢你，尤其是你不画画的时候。”“我也喜欢你，尤其是马老师表扬你的时候。”“我也喜欢你，尤其是你会打开课本的时候。”当然，女孩子也陆陆续续给我传来他的纸条，内容多是“真的吗”这类感觉意外的话。

在“鸿雁传书”的这段日子里，小阳的态度确实发生了变化。上课真的不再画画，而且看起来还算认真听课。半个月后，我觉得教育的时机已到，迫不及待地要和他谈心。

那天下午上体育课，我把他叫出来，我俩在树荫下坐着，挨得很近。我单刀直入地问：“最近可收到*女孩的回信？”他感到很惊讶，马老师怎么知道的？我直白地告诉他，给你的纸条是马老师写的。他听后瞪大了眼睛，我郑重地告诉他，马老师的确很喜欢你坐端正的样子，喜欢你看黑板的眼神，喜欢你笑。或许，这孩子从来没有听到过老师的表扬，他腼腆得脸红了。我话锋一转，这正是打开他心扉的好时机。我抚摸他的头，亲切地问道。

“你那些光溜溜的娃娃画是从网上学来的吧？”

他脸色出奇地平静，回答道：“嗯！”。

我紧接着说，“网上有许多内容是违法的甚至是危害青少年的，你瞧，同学们玩得多开心，打球的、跳绳的、聊天的……”

“嗯！”

“你再看看，操场边的绿树红花，再抬头看看蓝天白云。”

他的目光随着我的描述抬头张望，眼睛开始有了灵气。

那一次，我们相聊甚欢，孩子眼里分明是那么幼稚，表情是那么腼腆，其实是多可爱的一个孩子啊！我们从蓝天白云谈到了劳动的意义、学习的意义。接着，我马上布置一项特别的作业给他。我对他说：“老师觉得你画画还不错，可是你画里的娃娃都没有穿上衣服，姿势也太不文雅了。你路边瞧瞧，有谁光着身子出门呀？”他听了不语，腼腆地低下了头。我试探着问："能画一幅娃娃穿上衣服的画吗？"其实当时说完之后，我心里是没底的，完全判断不出来这孩子会是怎样来回答我。很快，他马上说："好！"。

我收到了小阳的画，画里的娃娃果然穿上了衣服。我当即表扬他，说："真好！娃娃们终于穿上衣服了！"第三天，我仍然要他画画，且要求画里的娃娃要全部穿上衣服，并给衣服涂上鲜艳的色彩。紧接着一段时间里，我提出要求："画里娃娃们不但要穿衣服，而且要画出娃娃们吃饭、玩耍的场景。"大部分时候，小阳还是按我的要求去做了。我还布置他下午放学后跟校园里的花匠学习修整花枝，打扫卫生。

小阳的"画娃娃"穿上了衣服，恰到好处隐藏了"生殖器"，开始逐渐有了正常孩子的活动思维，我为自己的"魔法"感到窃喜。可好景不长，偶然发现他的"画娃娃"居然又脱掉了衣服，姿势不堪入目。我陷入了困境，一筹莫展。作为教育工作者，像小阳这样的孩子一定要极力挽救他，引导其走向正确的审美观、价值观。否则，他脑海中的"黄色画面"将促使其今后有可能走上犯罪的道路。

对！一定要抓住有利的教育契机，不放弃，不抛弃。

那天，天气寒冷，小阳只穿了一件薄棉衣，我关切地问他。

"小阳，冷吗？"

"冷！"他试着躲开我的视线。

"这几天，你作业本上画的娃娃怎么又没穿衣服？"

"大冬天了，你给娃娃穿上棉袄，好吗？光溜溜的，多难看啊！"

小阳点点头，12岁的他听懂了老师的话，这样的画并不招人喜欢。

在那段时间，小阳还是那样沉默寡言，但是很少画画了，偶尔的"画娃娃"有时穿上了衣服，有时不穿，我一旦发现的时候，便转移其注意力，努力让他画上一幅美好生活场景图。

我明确知道，给"画娃娃穿上衣服"这一教育方式不足以彻底唤醒小阳，他的健康成长，还需要其他老师的教育机智、积极引导，以及同学们的友爱帮助，努力让他从"画"里走出来，把注意力从一个对象转移到另一个对象上，他才能和其他少年一样健康成长。

快毕业时，他也有了几个比较要好的同学，至于那位女孩，在我的耐心劝导下，男孩已不再为难女孩了，每天做着许许多多有意义的事。

【评　语】

网络色情文化对青少年学生负面影响较大，需要教师运用教育机智有效加以引导，守护青少年学生健康成长。

【作者简介】

马水兰，广东南雄人，本科学历，小学高级教师，南雄市黎灿学校副校长，主管德育工作，担任小学语文教学。

累计获得“广东省特级教师、韶关市十佳道德模范、韶关好人、韶关市优秀教师、首批享受南雄市政府特殊津贴人才、韶关市基础教育名教师”等30多个荣誉称号。参加各类教育教学竞赛获奖36次（一等奖有20次）。主持了1项国家课题，2项省级课题，2项韶关市级课题。4项成果获韶关市教育教学成果奖；在省级期刊、《韶关日报》上发表了数十篇文章。

每个人都有机会做组长

乳源县桂头中学　毛永星

开学一个月了，我特地进行了一次小测验，成绩出来时，真是吓了我一跳："章子寒才考了48分，全班倒数第一！"

"怎么会这样呢？"我心里犯起了嘀咕，"章子寒可是每次上课都积极回答问题的啊？为什么成绩会如此差呢？"

这位名叫"章子寒"的同学，从开学的第一天就进入了我的视野。从他的话语和动作中，我能感觉到：他虽然是一个很调皮的孩子，但应该也是一个聪明的孩子。

开学上了两节数学课后，我发现章子寒在课堂中的反应很快。特别有一点让我惊奇的是：每次在大家进行小组讨论后，章子寒总是踊跃回答问题，而且对于较难的问题都能回答正确。渐渐地，我对他改变了印象，觉得他还是一个勤奋好学的孩子，从心底里开始喜欢他。

因为心目中觉得章子寒在上课时不仅积极，而且爱动脑筋，回答问题的正确率在全班又都是数一数二的，所以，在后来的课堂上经常请他回答问题。基本上他每次都回答很好，更加引起了我的"好感"。在接下来的日子里，我一直认为章子寒的数学成绩一定会很好的。

可是，这一次的检测，让我太失望了！简直是失望到害怕，难道我的直觉错了？难道我的教学方式不对？难道学生不喜欢上我的课？

一天，又到了数学课上了。当我和学生一起分析完引言中的问题时，就要求学生合作探究：完成填空，并思考上述运算有什么共同特点？你能从中得出什么规律？照例让学生进行小组合作探究其算法。

出于一种好奇心，我悄悄走到章子寒身后一探究竟。我发现：章子寒根本没有真正地参与到小组讨论中去，而是和另一位同学在谈课间玩耍的事情。此时，我心中的怒火已经把我气得发晕，真想一把拉过来，给他们两耳光。可是我并没有这样去做，因为我还要看他接下来的表演，究竟是怎样的精彩。

一会儿，我就看到章子寒伸手向他们小组的同学索要“答案”。当然，在接下来的回答中，章子寒的回答很“精彩”，也博得了全班同学的掌声。一节课，就在全班同学热烈的小组讨论中上完了，在“真真假假”的欢呼声中落下了帷幕。

可是，此时的我却没有感觉到轻松，章子寒在小组合作中的表现让我始终不能忘记。我们的课堂教学中到底有多少这样的虚假合作？我们的教师中又有多少人热衷于这样的虚假合作？

原来我也一直沉醉于小组合作的“成功之处”：气氛活跃、有掌声、有欢呼声。可是，现在我不得不冷静地思考：什么样的小组合作才是成功的？如何在小组合作中慧眼识珠，识破合作中的真真假假、虚虚实实？让我陷入了深深的思考中。

在一次和子寒的交流中，我问：“你为何每次都不认真参与讨论？”面对我的责问，他低着头，“我……我……”，“我只是一个组员，又不是组长”。我居然无言以对，只是敷衍地说了一个字“哦”。

对呀！我为何不让他们轮流做组长呢？我马上调整班上小组合作学习的要求，组长轮流做，每个人都有机会做组长。一周之后，我渐渐发现了章子寒在慢慢地、一点一点地参与到合作、交流中来。

这件事让我若有所悟。教育的本真是让每一个人都得到发展，每个学生共享发展机会，小组学习要让每个人都有机会做组长。

“路漫漫其修远兮，吾将上下而求索”。可是，谁能借我一双慧眼？

【评　语】

教无定法，所有的教法都需要服务学法。教师在课堂教学中通常需要同时面对很多学生，如何不忽视每一个学生，给每一个学生表现和发展的机会，值得教师认真探索。

【作者简介】

毛永星，韶关市乳源瑶族自治县人，本科学历，初中数学高级教师，担任初中数学教学工作，乳源瑶族自治县桂头中学校长，2009年被评为韶关市优秀教师。任校长以来，学校先后被评为县中小学教学管理先进单位、“韶关市安全文明校园”、“韶关市德育示范学校”、“韶关市绿色学校”、“广东省安全文明校园”、“广东省义务教育规范化学校”、“广东省校园足球推广学校”等。

“懦弱男孩”变形记

翁源县龙仙第一小学　万慧萍

那一天，在办公室批改作业时，桌面上的手机铃声急促地响起，从电话那头传来了一位中年妇女久违而焦虑的声音，与她的谈话中，我明白了这位母亲打来求助电话的大意：她与孩子的沟通出现了一点问题，她发现孩子在学习和生活中遇到了困惑但又不知如何去帮助他，深感无能为力，希望能得到我的帮助，拉她的孩子一把。刚放下电话，求助短信又飞奔而至：“万老师，您好！我是刚与你通电话的小宇的妈妈，他从小就有做一名交警的理想，从未改变过。前段时间他问过我到时候选文科还是理科，我也不知怎么回答他更好。读书到现在，他只在我们的面前提过你很好，说你在教育孩子沟通上做得很好。小宇手机设有密码，他很少与我们讲学习上和生活中问题，也很少去交朋友，有时真怕他憋坏，所以真心希望你能成为他心灵的指导老师，谢谢！”

看完短信，我的心隐隐作痛，我好像又看到了当年那个孤立无助、内向害羞的男孩，思绪立马回到了四年前所任教的五年级班级。

逆　顺

在班上我关注到一个这样的孩子：小宇，一个白白净净、长相可爱的男生，个头一米六三。他最大的特点就是笑，一笑起来显得很腼腆。但就这样一个乖巧的男孩子却经常被别的孩子欺负：班里有些调皮的男生会有事没事脱他的裤子，他都不敢做出太大的反抗；班里的女生在打扫卫生区的时候也经常给他下达命令，让他一人独自完成任务；课间在走廊上，别的孩子把他撞倒一溜烟跑了，他也逆来顺受，大气不敢喘一口……课上，他经常是沉默不语，安静地听，即使被动回答问题时，声音也是小而低。

按常理说，小宇的家庭环境还算殷实，个子也算高大，成绩中等，无论从哪一方面都不应该成为孩子们取笑和捉弄的对象。为了深入了解他的内心世界，找到他“自愿”被孩子欺负的原因，我常常利用课余时间与他一起玩耍，与他一起谈心，给予他适时的帮助。在朝夕相处的过程中，我明白了他的心理最大的障碍：胆小，懦弱。针对他这一特点，我故意给他“加官封爵”，让他当上了班里的语文组长，树立他在同学面前的威信，让他在接受任务的同时感受到老师和同学们对他的信任与尊重。结果很奏效！在后来的日子里，每天到办公室交作业时，都能听到他主动与你打招呼的声音：“万老师，早上好！今天的作业收齐了。”虽然声音并不那么响亮，但你能感受到他的愉悦与真诚。

自　信

为了树立小宇的自信，更好地锻炼他的胆量，不光在课堂上我会经常创设机会提问他，给他鼓励，生活中，我也会经常借用共同回家之便（我们所住之处都要经过一条共同的街道）鼓励他学会与别人交往。还记得那天，我俩又再次经过“佳佳水果店”时，我故意停下脚步，面带笑意地对他说：“小宇，你能帮我一个忙吗？”

“老师，你说。”小宇微微一笑。

“你到店里帮我买把香蕉吧。喏，钱给你。”

很快，小宇就完成了任务，当他把香蕉递给我的那一刻，我发现装着香蕉的塑料袋只有薄薄的一个，我担心地对他说：“小宇，回家的路程还有一段，这袋子能承受得了这重量吗？”

“那……那……怎么办?”小雨皱了皱眉，双手的食指不停地绞着衣角，竟然不知如何是好。

看着这位站在我面前一米六几的“小伙子”手足无措的样子，我想：小宇的“无计可施”一定是因为胆小不愿意去跟店家交涉，那就让我以老师的“威严”“命令”他去多拿一个袋子吧。想到这，我用试探性的语气对小宇说：“这样，你回水果店多要一个袋子吧。”

小宇面露难色，没有马上接口……时间凝固了好几秒，才听到小宇颤颤巍巍地出了说出一句：“要是店家不愿意怎么办?”

“放心，只要你真诚、礼貌地说清楚多要一个袋子的原因，店家没有理由会拒绝你的。”我温和地说道。

“我还是……还是不敢去……老板不会同意的……”小宇的头耷拉得很低，声音拖得很长很沉。

我用力地拍拍他的肩膀，眉角含着笑说：“你不去试试，怎么知道不行呢?”

……

最后，在我的再三鼓励下，小宇终于向店里迈出了勇敢的一步。过了一会，只见小宇手中不停地扬起一个鲜红的塑料袋快步跑到我的跟前，自豪、响亮地对我说：“老师，我拿到塑料袋了!”那感觉，就像刚刚打赢大胜仗的士兵，手中挥舞着不倒的红旗!

绽　放

与他一起回家的一次偶然机会，我发现不曾开口唱歌的他也会偶尔开口唱歌了，令我倍感欣慰。从他哼唱的旋律中，我发现他的音质很美、很明亮、很清澈。

那段时间，正好学校要举办“六一”文艺比赛，每班要各派出一名代表参赛。为了让小宇更好地认识自我，绽放自我，悦纳自我，我同班主任商量让他代表班里参赛，开始班主任也有顾虑怕他完不成、完成不好这次参赛任务，结果我好说歹说并大胆地给他打包票，最后班主任终于同意给了他参赛的机会。

后来班主任告知小宇是我给他争取的机会后，他主动找到我，用几乎哽咽的声音轻轻地说了一句：“老师，谢谢您！我一定不会让您失望的！”

我微笑着点点头，再次用右手轻轻拍了拍他的肩膀，笑着说：“相信你能行！”

对于这次难得的表现机会，小宇不负大家的期望，取得了三等奖。站在领奖台上的那一刹那，我看到他盈满泪水的眼眶里向我投来的感激的目光时。我知道我已走进了他的心里！

没想到就是这样的一个小男生与我只有一年的相处时间，但在他的成长历程中对我却是这么信任与依赖。按理说，担任他所在班级的语文教学时我不是他的班主任，现在他也早已不是我“门下的弟子”，我可以把这事推得顺理成章，但是，对于学生的教育能有边界之分吗？心底的答案告诉我：不能这样做！不为别的，就出于我对孩子的爱，也为了安抚一位母亲的担忧，更为了竭尽所能去成为孩子心灵的鸡汤，我发自肺腑地给他的母亲回了信息：“放心，我会尽最大努力与他沟通的，与他的相识是我一生难得的一段师生缘。”

在后来的时间里，我成了小宇微信中的一员，我多次邀请他到家中做客，我常与他促膝谈心，谈学习，谈生活，谈理想，谈人生……我们无话不说。现在的我们已超越了师生情，感觉更像是朋友，是亲人，而小宇身上也不再有先前的唯诺与孤寂，散发出了青少年阳光的气息，健康向上的正能量。

今天我的手机上再次收到了小宇母亲的短信，但字里行间中不再有担忧，而是满满的感动：“现在我很放心也很高兴，十分感谢你，万老师！你就是他的心灵鸡汤，同时也感到很幸运他遇到你这样有智慧、有师道、无边界的老师。”

【评　语】

亲其师方信其道。学生的信任是教师有效施教的基石。教师只有做学生的心灵鸡汤，学生的心灵才能得到滋养，学生的灵魂才能被触动。

【作者简介】

万慧萍，韶关翁源县人，本科学历，小学语文高级教师，翁源县龙仙第一小学副校长，担任六年级语文教学。主要荣誉有：广东省特级教师、国家赴港优秀指导教师、广东省“人才培养工程”名教师培养对象、广东省骨干教师、广东省教学改革三十周年四十周年先进工作者、广东省书香校长、韶关市丹霞英才、韶关市学科带头人、韶关市教书育人优秀教师、韶关市优秀名班主任、韶关市骨干教师、韶关市“减负增效”荣誉教师、韶关市名教师培养对象优秀学员等。

笺长情更长

新丰县第一中学　温艾玲

2017年的一天，我收到一个带有油墨香的快递，一看寄件落款“××学校李××”，我会心地一笑，脑海想起当年那个满脸通红、满口乡音的害羞少年。他家里比较困难，每天只吃自己家里种的菜干蒸黄豆。

拆开快递，果然不出所料，是铅印的诗文集。在诗文集的中间夹有一封厚厚的信：“敬爱的温老师，见字如面！很久不见，十分想念！……”

交谈中相识

我想起我二十几年前毕业招聘到特困山区任教高一语文时的情景。

一天下课后，我走下讲台，来到李同学所在的第一排靠墙的位子，他正趴在桌子上小睡，我抬起手拍拍他的肩头，他揉着朦胧的双眼，慢悠悠地抬起头，看到是我，脸刷的红了，倏地一下站起来，两只手局促垂直放在两边的裤缝处，口讷讷地说：“老师好，我，我……”，我示意他坐下说：“我们一起来努力，好不好？”李同学点点头。

“您比我们大不了多少，我们是您第一届学生”，当时我刚毕业，没成家，在学校住，经常和学生一起去吃食堂。自从上次和小李同学谈话后，吃饭时我有意让舍友拉上小李同学，常常多打一个菜，想改善改善他的伙食；有时候放假让小李和同学们一起来宿舍包饺子。开始的时候他很别扭，一来二往大家熟悉了，他也就不抗拒了，到了后来他偶尔周末回家，会带一些红薯、芋头给我，我也欣然收下了。每每想起羞涩的他塞“手信”给我时的脸红着跑开的身影，如在昨日……

“那时候，我们都来自农村，语文底子薄，上高中以前没有好好听过语文课……”和小李同学熟悉后，我私下问他，以前为啥不喜欢上语文课，上课老是犯困？他说：“老师，您不知道，语文课一般安排在早上1—2节，我们刚刚吃过早餐，吃饱了就爱犯困。”我说：“不能克服吗？古代都有‘头悬梁，锥刺股’。”“老师，我们以前小学、初中的语文老师，上课天天一个样，没啥意思！”“嗯？”“老师，天天就是讲分段，写段意，概括主题。”

我边听边思考，想起曾看过《十九层地狱》的故事，庸医行医误诊害人，断了病人的命根；庸师教书误人子弟，断了学生的慧根；断了命根一死百了，没了慧根苦熬一生！

演讲中相知

“记忆中的高中三年的语文课，那是高中生活中最美丽最浪漫的回忆！我们的课前演讲……”

“课前演讲”，把我拉回了二十年前……

为了让学生增强对语文学科兴趣，让学生多阅读，学会与同学分享。我与同学们商量定好开展课前3分钟演讲活动，活动开展得比较顺利，同学们逐步适应上台当众读文章。

轮到小李同学演讲，科代表提前提醒他做好准备。过了两天，他红着脸找到我说：“老师，我可不可以不演讲，我宁愿接受背十篇诗歌、写十篇文章、挑百斤担的重罚。”我跟他说：“你知不知道长征为啥胜利？”他摇摇头，“你听过‘长征是宣言书，长征是宣传队，长征是播种机’？”继续摇头，“其实，它侧面反映出革命胜利，发动、宣传很重要；领导者，口才很重要。我们日常生活中，沟通能力、表达能力很重要”，并对他说：“李xx同学，你的记忆力很强，普通话很标准，下周才演讲，还有很充裕的准备时间，老师看好你哦！”

在接下来的日子里，每天上语文课，我有意点李××回答问题，只要他开口，无论对错，我都会找到他的闪光点表扬他。日子过得很快，到了李同学演讲的那天，上课前，我看他还在努力背稿，脸红红的，但目光是坚定的。我知道他准备好了……虽然难免有些局促，有些生涩，但在同学们刮目相看的眼神和掌声中，他完成了人生演讲首秀，他面带轻松与丝丝狂喜走下讲台。我当场点评小李同学“有演说家潜质”，同学们也顺势给小李同学起了一个鼓励性绰号“演讲小王子”，在往后的日子里，全班同学都在心里暗暗较劲：“小李都行，我要超过他”……

二十年后的今天，小李还记得：“温老师，是您，以独特的课堂开启了我们学习语文潜在的自信……”

教学中相长

“温老师，谢谢您当年把我这个文学‘小白’引上创作之路……”

记得在小李同学读高一上学期时，我布置同学写周记，开始大部分同学应付式，一页纸可写两周周记。内容大多数是“今天放学后我去喂猪，做完作业睡觉”。可有一次我挑灯夜批周记，有一篇周记“与众不同”闯入我的视野，他的周记竟然是写在作业纸背面的！继续往下看，发现这位同学“大胆妄为”！他在周记中写：我认为课文中“君当作磐石，妾当作蒲苇，蒲苇纫如丝，磐石无转移”中的“纫”字，课本注释“结”，有问题。“呵！”我倒要看看哪个小兔崽子竟敢“藐视权威”！翻看看本子封面，上面赫然写着：李××。我心里想，这个见着女孩子脸红的农村娃，三天不见，上房揭瓦！太狂妄了！我倒要看看他如何自圆其说！继续往下看，“我通过查字典，对比‘结’和‘韧’的词义，通过联系上下文，推敲诗句本意等方法，认为‘蒲苇纫如丝’的‘纫’应解为‘柔韧’比较贴切，符合兰芝以蒲苇自喻，一方面贴紧了女性温柔的特点，同时又把自己对夫君忠贞坚韧的爱情展现出来，刚好与磐石硬而坚固相对应。”看完后，我认为刚才的想法太先入为主了，这小子写得还蛮有道理！士别三日，当刮目相看，我得好好借机表扬表扬。提起红笔在这本与众不同的作业本批了个大大的“好”字，在“好”字后面写了一大段评语才将我胸中的喜悦表达到位，第二天上课让李同学在讲台上大声宣读，并将这篇周记复印贴在教室后面的宣传栏里。

“您在我周记本里赫然留下的大大的‘好’字，打破了我感到写好作文是可望而不可即的神话……”

评价中相惜

我努力尝试去改变一些对学生作文的评价方式，让学生克服对作文的畏难情绪。

高一有一次写堂上限时作文，小李同学所写的作文字迹潦草，字数不足，但是文章的构思较为新颖。按惯例，这样的作文打个及格差不多，但对李同学肯定不会有什么触动。于是我给他打了这样一个分数“40－5－4＋5（60的总分）并在每个分数下面分别做了解释：40分——构思新颖，有创新精神；减5减4——字数不足，字迹潦草；加5——文采不错”。同是一个及格分数，但两者的效果是不同的，它极大地肯定了学生的创新精神，而且较为具体地指出了存在的问题，更具鼓励性、针对性，学生从这个分数中不但看到老师对他的信任，也看到了自己的希望和自己努力的方向。还有一次高三语文模拟考试，小李同学考试87分（总分150分），找我商量：能不能少扣几分？我跟他开玩笑说：少扣不行，这样吧，老师在作文分里借给你3分。小李同学捧着改过的试卷喜出望外。后来，他换个人似的，学习非常认真。下次语文考试，他得了97分，作文50分（满分60），他急匆匆来找我，认真地对我说：“老师，我来还你的分数”……

一次作业的评价，一次考试成绩，在学生眼里无疑是重要的，评价的好坏也会直接影响到学生的学习积极性。因为一个小小的给分，可以使一颗颓废的心重新燃起希望之火，也可以使一个意气风发的人心灰意冷。所以，对我们老师来说不可掉以轻心，等闲视之，决不能把分数只看作一个简简单单的符号。要知道，它的背后站立着的可是一个个鲜活的、充满着憧憬的人。

高一，引导同学们用真情、真心去发现，去感悟，去描绘七彩的校园生活、七彩的青春时光、七彩的同学情谊。小李同学的《我们306宿舍》，描绘了青春、蓬勃、向上的宿舍生活，被推荐校刊《新苗》发表。

高二，鼓励同学们拿起手中的笔，通过美食记忆——《石角酿豆腐》《梅坑紫苏鸭》《回龙油罩糍》等，写出了心中的故乡情。小李同学所写的《时光巷里的鹅醋砵》散发着浓浓乡情，抒写了永远的温暖，被推荐县报刊发表……

“还记得高三那年，我给您看我用练习本背面写的20多万字的所谓小说。您没有如我预想那样把我痛批一顿，毕竟离人生重大考验高考已经相当近了，都‘火烧眉毛’了！而是耐心地看完，并在窄窄的字里行间给我批注修改意见，并鼓励我报考师大中文系……”

长大后我就成了你

读小李同学的来信最后，让我的眼睛湿润了：“温老师，我的好老师。是您，以淡然而真诚的表扬开启了我潜在的自信；是您，用独特的方式告诉我祖国的语言文字的魅力；是您，用看似不经意的一个眼神一句话，引领我去追寻一个个美好的灵魂和一种种精彩的人生……”

今天的小李同学，在发达地区做老师教语文，工作之余还笔耕不辍，常有诗文发表且结集出版，有一首歌叫《长大后，我就成了你》，歌词中唱道：“长大后我就成了你，才知道那个讲台，举起的是别人，奉献的是自己。”我很自豪有不少学生因为我，从而走上了喜欢文学，走上了教书育人的道路。

【评　语】

教育是成就年轻一代的事业。庸师误人，良师成人，适时的鼓励、正确的引导、机智的教法是教师浇灌学生慧根的甘霖。

【作者简介】

温艾玲，江西高安人，研究生学历，语文中学高级教师，新丰一中副校长，担任高中语文教学工作。2009年9月被评为“南粤优秀教师”，2014年3月，被韶关市妇女联合会授予“2013年度韶关市城乡巾帼建功先进个人”荣誉称号，2018年7月被评为“新丰县十大模范人物”，2019年9月被评为韶关市第三批名校长，2020年6月被聘为“华南师范大学本科师范生兼职导师”；2020年3月至2021年7月，参加广东第二批“援疆援藏万名教师支教计划”，被选派到新疆第三建设兵团图木舒克市第二中学支教，任挂职副校长。2020年7月被评为新疆生产建设兵团第三师图木舒克市“优秀辅导（未定级语文教师）教师”，2020年9月被评为新丰县首批十大“最美教师”之一，2021年6月被评为新疆生产建设兵团第三师图木舒克市“优秀援疆教师”，2021年7月被广东省对口支援新疆工作前方指挥部临时党委授予“优秀共产党员”称号；2021年7月17日被评为韶关市“三区”高中语文教师全员培训“优秀”学员，2021年10月当选为中国共产党新丰县第十四次代表，2021年12月参加中国共产党韶关市第十三次代表大会。

八颗糖的故事

韶关市浈江区风采幼儿园　杨洁文

铃……电话响了，晚上22：40这铃声显得特别的响亮，我接起电话就听见很大的声音：园长，我很愤怒，我要投诉！

我的瞌睡虫一下被这愤怒的声音赶跑了。看看手机显示，这不是我园大二班的热心家长、宁宁的爸爸吗？我缓了缓神说："宁宁爸爸，你好，你说说具体情况。"他立马连珠炮一样数落班级教师的"罪状"——小孩说今天他调皮，×教师卡他的脖子，抓他回课室，现在还很害怕；家中的老人都气得住院了；家长要求查看监控找"罪证"；还有两周就要毕业的小孩也不再送回园……

从家长的语气中我感受到他此刻焦急的心情、愤怒的情绪、内心的彷徨和对教师极大的不满，更希望在园长处得到答案。我耐心倾听完他的讲述，说："宁宁爸爸你好！首先感谢你对我的信任告诉我实情，这事给你们家庭带来的困扰我代表幼儿园向你致歉。""宁宁小朋友现在的情绪如何？老人家身体的情况怎么样？需要我们协助吗？"宁宁爸爸说："孩子和老人现在都稳定了。"我说："我现在在外地学习，一周学习结束后我一定登门拜访。我现在安排教学主任与你联系了解事件的过程，我随时关注事情发展的情况，我们保持联系及时沟通。如果减弱或消除孩子的心理影响，最好的方法'解铃还须系铃人'，如平常继续送孩子上学，不要在孩子面前谈论此事，我保证并相信我园及班上的三位老师会以正确的态度面对此事，并且接下来的两周会让孩子快乐安全地度过大班的学习生活。”经过沟通，宁宁爸爸接受我的建议，但提出要看和拷贝监控录像。

教学主任调出监控录像，并找出小孩说教师卡脖子行为这段视频资料，并向教师了解前因后果，让教师观看视频知道自己不当的行为。教师也认识到当时过于着急没有注意自己的行为不妥。我园请宁宁爸爸观看视频资料，也让他了解当时的情况，并告知出于对全体孩子的保护，视频资料可以看但不能拷贝，但资料园方拷贝出来保存，如果需要我们可以提供。爸爸没有提出拷贝的要求，但×教师想与其沟通与道歉却被回绝了。

第三天，晚上我接到教学主任的电话，说×老师带着家人去道歉，小孩看见老师很高兴，但老人家和家里人不接受老师的道歉，老师居然向他们跪下。我听后很震惊，眼泪在眼中打转，我的老师怎么那么容易跪下自己的双腿，老师的尊严何在！我马上打电话给×老师安慰她，并鼓励她用自己的工作态度和对孩子的爱向大家证明自己改过的决心。在接下来的几天里，家长每天向班上其他两位老师询问孩子的情况和×老师是否有对孩子不当行为。

一周后，我回到幼儿园上班，办公室门口已有五位神色愤怒的“大人”在等着我，正是宁宁的爷爷、婆婆、姑姑、婶婶、邻居。他们来讨说法和要求查看监控视频。我耐心地听他们的诉求，也向他们报告了近段时间孩子在园的情况及我们的做法。并告知从保护孩子的角度出发，观看监控视频必须是孩子的第一监护人。经过沟通与协商，最后决定由宁宁的爸爸过来，陪伴两位亲友观看监控录像。从视频中，家长看到了×老师因为追孩子把手放到孩子后面的脖子上，推着孩子走进课室。监控的画面与家长的想象画面有了很大的区别，家长对老师的愤怒减轻了，却没有消除对老师的不信任。

我知道，家长的不信任重点还是这件事对孩子是否有影响，特别关注这件事对孩子的心理、性格是否受到影响。为此，我建议家长带孩子做心理咨询，我自己也创设了两个游戏情景观察记录孩子的心理行为。上午我邀请5位孩子玩他们班级的合作游戏，发现宁宁在活动中能愉快积极地参与，喜欢与人合作，特别愿意接受别人的意见。下午我邀请了宁宁和他的一位好朋友斌斌一起来到我的办公室，要他们帮园长“鉴别新玩具”。开始两位小朋友被这任务所吸引，开心地摆弄着，还积极向我提出“意见”，为了奖励他们，我拿出了一袋糖果，请他们自己拿。开始每个小孩都拿了两颗糖，我说：“你们可以多拿一些与别人分享。”斌斌小朋友还是只拿了原来的两颗，宁宁小朋友拿多了两颗后看看我，我给予他鼓励的眼神，他又拿多了几颗，一共8颗糖。“你们拿的糖准备和谁分享？”斌斌小朋友摇头，并剥开了一颗吃了起来，注意力回到了新玩具上。而宁宁小朋友也剥了一颗糖，边吃边把剩下的7颗糖一颗颗地摆在桌面，说：“爸爸、妈妈、×老师、奶奶、婶婶、小军、爷爷。”我问他爷爷怎么排最后？（因为我想起当天爷爷为其激动气愤的样子）“他老打我”；“那谁排第一？”他大声说：“爸爸！”“为什么不是妈妈”他抬头看着我，“妈妈要带弟弟”，“那小军是弟弟吗？”斌斌停下手中的玩具问。“是我们班的邓小军，他是我的好朋友。”宁宁急忙告诉我。“那弟弟呢？”宁宁并没有回答，也没有从糖果盒里拿多一颗糖。我似乎了解了什么……我继续我们的对话，我指着第三颗糖问：“这颗是给谁的？”“×老师。”他边摆弄糖边说。“你喜欢×老师吗？”“喜欢！”“你有没有惹老师生气？”“今天老师说他跑太快了。”斌斌忽然插了一句，“那老师也表扬我帮助同学了。”宁宁不服气地说。“那老师批评了你这糖还送给她吗？”“送呀，×老师可喜欢我了。”“嗯，小朋友做错了老师要帮助小朋友，老师做错了小朋友也可以帮助老师，知错能改都是好学生。”

晚上，我约见了宁宁的爸爸妈妈，把我的观察记录和对话内容与他们分享。我也结合专业的心理学知识向家长就这件事做出了合理的解释与分析，还给予家长教育建议，二孩的出生让家长忽视了大孩，大孩更渴望被关注。通过平等的沟通和专业的分析，我维护了家长的尊严，也坚持了幼儿园的教育原则，给予了家长充分的情感认同。在友好的氛围中我再次向家长道歉，希望他们能给予老师一次交流道歉的机会。

学期最后一天，今天全体大班的家长都来参加孩子的毕业汇报活动。我的心里七上八下，俗话说：好事不出门，坏事传千里。今天是最好的传播环境。从活动开始到结束，家长们都被活动吸引着，听到的都是家长的赞扬和感谢的声音。忽然我听到了足以舒缓一晚上紧张心情的声音：园长，谢谢你，今天的活动很成功！等会活动结束后我希望单独和×老师谈谈。我当时差点就哭了，赶紧说："好的，我通知×老师，谢谢，谢谢你，宁宁爸爸！"

晚风徐徐，我感觉今天的风特别的凉爽与舒服，我看着忙碌的老师们，看着可爱的孩子们，看着一个个家庭在舞台上留下幸福的身影，我今天倍感幸福。"人之初，性本善"，我们的职业要求我们守住初心，坚定信仰，坚守原则，保持善良。我常想：每个人都有犯错的机会，犯错不可怕，可怕的是我们不给他们改错和宽容的机会。孩子是最纯真、最善良、最宽容的个体，每位幼教工作者要呵护和保护好他们的这份善良与纯真，"不忘初心，方得始终"。

【评　语】

犯错是孩子探索世界的重要方式，也是孩子成长的重要组成部分。教师要给予学生改错的机会，帮助学生在犯错中获得成长进步。

【作者简介】

杨洁文，韶关浈江区人，本科学历，幼儿园高级教师，韶关市浈江区风采幼儿园园长。扎根幼儿教育34年，倡导"让每一个生命如花绽放"的办园理念，以"自主、创新、尊重、合作"为学习与发展目标，致力于生命教育研究，成效显著。积极发挥"浈江区杨洁文名园长工作室"主阵地的引领作用，推动了区学前教育的发展。曾获"广东省南粤优秀幼儿教师""韶关市优秀教师""韶关市优秀教育工作者""韶关市三八红旗手"等荣誉称号。

我的工作白费了吗

南雄市坪田中学　叶树胜

“他不来更好！”

开学第一天的第一节课，作为新接手这个班的班主任，我拿着学校给我的学生名单到教室，想一一认识一下全班同学。因为刚接手这个班，全部学生我都不认识，我按照名单一个个点名，并要求被点到名的学生站起来用三句话介绍一下自己。当点到最后一个小邓时，全班几乎是异口同声地说：“老师，他不来更好！”

我立即反问学生：“为什么呀？”

学生说：“老师，您去问问我们原来的班主任就知道。”

我说：“你们就不能直接告诉我吗？”

学生说：“您还是去问问我们原来的班主任吧！”本来，我想让学生告诉我他的情况，但学生坚持让我去问原来的班主任。我心里想，这个小邓同学在班里是有多么的不受欢迎啊，大家都不愿意多谈他！到底是什么原因呢？是这个小邓太过调皮捣蛋让大家反感？还是他的性格古怪让大家不可接受？还是老师的教育方法不对，他故意和老师作对？还是他跟同学产生误会闹了矛盾？

于是就找到他原来的班主任小王老师了解情况。没想到他原来的班主任跟学生说的一样，“他自己不来读书更好呀！我原来还想劝他不要读书呢！”没等我问为什么，小王老师就接着说，“叶老师，我觉得你最好不要去动员他回来读书。这个家伙从来不值日扫地，叫他扫地他还振振有词说，他在家里从来不用干活，为什么要扫地？英语一点都不学，考试要么直接不做考零分，要么只胡乱做一下选择题，碰对了就得几分。经常欺负女同学，死性不改，怎么做工作都没有效果。”

听完后，我心里想，这样说这个小邓确实是个令人头疼的学生。但造成小邓这种情况的原因到底是什么呢？是家庭原因？性格原因？未能转变跟老师的教育方法有没关系呢？

该让他回来吗

作为班主任，谁都希望自己的班里没有难搞的学生最好。是不是真的就干脆不理这个小邓呢？但责任心告诉我，那肯定不行！但班里其他同学都不欢迎他，首先得解决这个问题，让同学们乐意接纳他。让该上学的同学一个都不能少。

于是，我组织了一个班级讨论会，让大家讨论两个问题：一是小邓同学该不该回来上课，为什么？二是假如他回来了，我们该怎样帮助他改正以前的缺点，融入我们这个班级大家庭？通过班会讨论，大家形成了几点共识：一是尽管小邓同学以前有很多缺点，但他是我们的同学；二是他也有权利和义务接受教育；三是如果他能够回来读书，愿意帮助他改正缺点；四是有些同学还是不放心他，担心他改不了，表示如果他确实不愿意回来读书就算了。

从讨论会的结果看，同学们还是理性的，但还是有担心，这是未成年人包括成年人的正常心理。但只要我去家访，动员他回来读书，同学们还是愿意接纳他，帮助他。所以我还交代大家，如果他回来读书，我们应该以热烈的掌声表示欢迎。

他会回来的

我找到了他家长的联系方式，了解情况，让他家长叫他尽快到学校报名上课。结果一打电话，他爸爸也正发愁，说他始终不肯来学校读书了。我问他爸爸为什么？他爸爸支支吾吾不好说，让我去一趟他家。

于是，我去到了他家。都快十二点了，小邓还在房间里睡觉，任凭他父亲怎么叫他，他都不理。我跟他爸爸一了解，原来是因为他爸爸前几天喝醉酒打了他妈妈，他妈妈离家出走了。小邓就说他妈妈不回来，他就不去读书。我了解情况后，叫小邓起来，问他为什么不去读书，他什么也不说。我说，“小邓同学，今天算是我们第一次认识，你就这样送见面礼给老师吗？连一句话都不肯给老师？”僵持了几分钟，小邓嘴里冷冷地冒出一句，“我爸爸不去把我妈妈找回来，我就不去学校！”他开口了就好办，于是我让他爸爸先离开一下，我单独跟小邓聊聊。聊完后，他还是坚持他妈妈不回来他就不去学校。结果了解到，小邓是独生子，从小娇生惯养，爷爷奶奶和爸爸妈妈都非常疼爱他，到了溺爱的地步。在家里他从来不用干活。但他从小就看见他爸爸一喝醉酒就打他妈妈。一方面由于娇生惯养，造成他以自我为中心，想做什么不想做什么全由他只由他自己高兴。另一方面，在他心里女人的地位很低，男人好像可以随意打女人。但因为他妈妈非常爱他，他从小就很依恋他妈妈。造成了他的多重人格。

了解情况后，我继续做了小邓爸爸的工作，让他务必在今天去把小邓妈妈找回来。因为只有“对症下药”，才能解决问题。他爸爸也答应了马上去找。结果，当天下午，小邓爸爸最终找回来了他妈妈，并告诉我会和小邓妈妈一起送小邓来学校。

两个“约法三章”

因为了解了小邓的情况，主要有三方面的问题：一是从来不值日扫地；二是不学英语；三是经常欺负女同学。造成他这种表现，以及不来读书的主要因素还是家庭原因。针对他这种情况，我在他回来之前的晚上，跟全班同学做了一下工作，先让大家说说为什么不欢迎他来的原因，然后让大家说说他是否有好的方面。结果同学们说的跟原来的班主任反映的情况基本一样，进一步了解到，他欺负女同学的主要表现是经常用书本去拍打女同学。然后，做通了全班同学的工作，明天小邓同学回来上课时，我们还是要表示欢迎，我们一起努力让小邓同学变得更好。

从小邓的表现来看，他确实受家庭影响很大，所以要真正让小邓转变，必须先解决他的家庭问题，特别是他父亲醉酒后打他母亲的问题。

第二天，小邓在他爸爸妈妈带领下来到了学校。我没有让他直接进去教室，而是先与他们一家进行了谈话，给了他们两个“约法三章”。

首先是做他爸爸妈妈的工作，让爸爸与他妈妈当着小邓的面约法三章，保证以后不再醉酒打他妈妈。其次是让小邓同学与我约法三章：跟他说，既然你爸爸都能答应从此以后不再醉酒打妈妈，你是否也可以与老师约法三章，做到三点：一是每个星期和同学一起打扫一次教室卫生，因为在班里同学之间都是平等的，一起为班里做点事，是每个同学应尽的义务；二是每次英语课学记3个单词（目的是让他首先不拒绝学英语）；三是改掉用书本去拍打女同学的毛病。问他这三个要求不难吧，能做到吗？他满不在乎地说：“没问题呀！”。我让他写了下来签好名交给我，开始他不愿写，嘴里嘟囔着“我能做到就行！”。然后我说，“不写也行，但是待会儿进去教室的时候，你要跟同学们说。”后来，他想想，还是写了下来，说等一下去念一下。

信守承诺——如大家所愿

如前所述，我带小邓同学进入教室时，全班同学鼓掌表示了欢迎。小邓同学没想到同学们还会鼓掌欢迎他，我想他心里也应该有些感动。他也向同学们表示了，改掉之前的毛病，当众念了与我的约法三章，请同学们监督他、帮助他。

接下来，我其实并没有很放心。我暗自安排了班长和纪律委员等几个同学主动与他交朋友，其实也是对他的一种引导和监督，一有情况向我汇报。也和英语老师讲了给小邓同学的英语特殊作业。然后，每天我会有意无意地和小邓同学打一次招呼，但我什么情况也不问他。当他正在打扫卫生时，我会故意从那里经过，并给个赞许的眼神。目的很简单，就是让他知道老师在关心和关注他。因为每个人都有被关心的心理需要。

我也经常跟他家长联系，让他父母转变对孩子的教育方法，既要关心爱护孩子，也不能一味纵容孩子的不当行为。也了解到一段时间以来，他爸爸没有再醉酒打他妈妈。也许是在小邓同学自己的公开承诺作用下，加上班长和纪律委员的引导和交友，还有我的每日关注，小邓同学也如他自己所承诺的一样，做到了他与我的约法三章，同学们也更喜欢他了。

小邓同学的转变，有约法三章的约束作用，但这肯定不够，未成年人的行为反复、自制力不强都是正常的。所以还需要监督，需要适时的鼓励和引导。

虚惊一场——松了一口气

然而，好景不长。我高兴得太早！

有一天，一个女同学跑来向我告状，我问："怎么了？""小邓不但不搞值日卫生，我说他他还用书打我！"我心一沉，心想，这个小邓还真是难改。但我又分析，他这次出现的情况到底是老毛病又犯了？还是有其他原因？带着这个问题，我没有立即找小邓，而是先打电话跟他家长联系，没想到一接到我的电话，他妈妈就赶紧道歉："对不起啊老师，我正想跟您说说呢，今天早上我煮早餐晚了一点，可能小邓会迟到，他迟到了吗？"我一听，大概明白了怎么回事，小邓今天早上没有与同学一起打扫卫生，应该是因为迟到了。而同组女同学说他，他又忍不住用书本打了女同学。

然后，我找了小邓同学，他也许知道我找他的原因。还没等我问，他直接就跟我说："老师，我并不是故意不搞卫生，我是有原因的……"然后，讲了他迟到的原因，也是归结到妈妈煮早餐晚了。而又觉得同组女同学不了解情况就冤枉他，还说了他"狗改不了吃屎"，所以他用书打了这个女同学。

我反问了他几个问题："你觉得你迟到就只是妈妈的原因吗？你主动跟同学解释了没有及时参加打扫教室卫生原因吗？女同学说你，你就打女同学，这样对吗？"让他想好以后，再回答我，并让他将想说的写下来。后来，他说出了我想要的答案。我于是让他去跟同学说，特别是去跟同组同学解释清楚，向被打女同学道歉。那个女同学也向他道了歉，表示自己不该在不了解情况时，还用粗口说他。到此，问题看似解决了。小邓同学得到了大家的理解，他后来的表现也正常了。我也经常有意安排小邓时不时帮忙做点班级事务，让他更好地融入班级，同学们也更加认可他。我也舒了一口气：真是虚惊一场！

这样，尽管小邓偶尔还会表现不怎么好，但在同学的帮助和老师的关心关注下，还是相对平静地过了一个学期，英语成绩也从之前的零分或几分，上升到期末考试时的40多分。我满以为可以松一口气了。

问题又来了——永远的遗憾

但是，没想到的是，春节后开学，小邓又没有来学校。一问原因，原来春节期间，他爸爸喝醉了酒，又因为家庭小事打了他妈妈。这次，他觉得他爸爸是一个不守承诺的人，再也不理他爸爸了，跟他一个最要好的表哥外出打工去了。然后怎么劝他也不再愿意回来读书了。我还找了他最好的同学以及他的亲戚，一起去做他的工作，但无论怎样他也不肯回来。

虽然小邓同学因为他父亲的不守诺言，再也没有来读书了。但经过努力，还是让他在学校学习的一个学期内基本改掉了原来的毛病，与同学融洽相处。相对来说，还是有进步的。

现在自己作为学校的管理者，回过头来反思这件事，我的努力白费了吗？不可讳言，农村留守儿童、单亲家庭或者父母违法犯罪等，会对学生产生巨大的负面影响，也会给学校教育带来许多难题，而有时我们教育者能做的可能又有限，或者做了许多工作效果也难达到。这是需要我们面对和探索解决的难题。

【评　语】

家庭教育和学校教育应同向同行。当家庭教育缺位时，学校教育要及时补位。尽管由于两者分工有异，学校所为或有限，成效亦未尽如人意，但长善救失系教育者职责所在，当积极求索。

【作者简介】

叶树胜，韶关南雄市人，大学本科学历，中学高级教师，韶关南雄市坪田中学校长。2009年被评为广东省“南粤优秀教师”，2017年被评为韶关市“敬业奉献好人”，2019年被授予“韶关市基础教育名校长”荣誉称号，2020年被评为“韶关市优秀乡村校长”。

孩子，对不起

韶关市浈江区执信小学　钟国煌

“校长，求求您，把牛魔王调到其他班去吧！”年轻的王老师气喘吁吁地跑到我跟前大声说。

“谁是牛魔王呀？他怎么啦？”我一边请年轻的王老师坐下，一边问她。

王老师一脸无奈地说：“牛魔王是我们班曾强同学的外号。昨天一个同学课间玩耍时不小心碰了一下他，他竟然又不问青红皂白就动手打人，对方家长打我电话强烈要求一定要严肃处理！他屡教不改，我没办法只好向校长求助了。”

通过向王老师进一步了解，我知道原来曾强是一个非常特殊的学生。他上课整天无精打采，提不起一点学习的劲头，而且经常讲小话做小动作，影响别人学习；下课喜欢追逐打闹，有时还动手动脚欺负别人……经常有学生跑到老师那儿告状。教过他的老师都说这个孩子脾气非常犟，性格非常古怪，政教处主任协助王老师一起教育过他，但效果并不明显。

我极力安抚王老师，承诺学校一定会全力支持帮助她。等王老师心平气和下来，我才和她一起商量教育转化的对策。

了解学生是做好教育工作的前提和条件。我让王老师把曾强同学请到了校长室，希望他能遵守学校的各项规章制度，知错就改，争取进步，努力做一个父母喜欢、老师喜欢、他人喜欢的好孩子。他开始还是一副爱理不理的样子，后来才勉强点头答应了。

风平浪静了几天，曾强打人的老毛病又犯了。我火冒三丈，这小子怎么就这么顽固不化劣性不改呢！也许他原本就是“不可雕的朽木”吧！但冷静下来一想，又觉得自己作为一名教育工作者，绝不能因为一点困难就退缩，绝不能因为出现一些波折就轻易放弃任何一个学生。

为了更有针对性地做好教育转化工作，我和王老师决定先深入了解孩子产生问题的原因。我们与孩子反复沟通，终于知道小孩的母亲因为身体原因，过早离开了他们。他父亲没有什么文化，只能靠收卖废品来维持家里的生活。我们还了解到他的父亲教育孩子的方式非常简单粗暴，动不动就打骂孩子，有一次竟然还用皮带把他捆绑起来抽打。天哪，我非常震惊，越听越觉得心里难受。王老师情不自禁把泪流满面的孩子抱在怀里，拿出纸巾轻轻为他擦去脸上的泪水，愧疚地对他说：“孩子，对不起，让你受委屈了！”面对这样一个缺乏母爱的可怜的孩子，我暗暗下定决心，一定要竭尽全力帮助他。

王老师和小孩父亲取得了联系，我安排好学校工作后和王老师如约来到了孩子家附近。孩子父亲带我们七拐八拐穿过几条小巷后，终于来到了他家。映入眼帘的是破旧的小平房和简陋的生活用具。孩子的父亲独自把小孩拉扯大不容易，我更加坚定了帮助他的想法。我们推心置腹和孩子父亲一起交流。告诉他虽然他和别的父母一样都很爱自己的孩子，但粗暴的教育方法只会适得其反害了孩子。眼前的事实的确如此，孩子父亲逐步意识到了自己的问题，答应以后一定不再随便打骂孩子，会给孩子更多的关心和爱护，让孩子体会到慈父的爱和家庭的温暖。我们还一起探讨了很多科学教育孩子的方法，时间不知不觉就过去了。

正当我们准备离开时，曾强同学放学回来了。他见到我们愣住了，我把和他父亲交流的事告诉了他，告诉孩子他的父亲一直深爱着他。虽然生活有点苦有点累，但是为了能够让孩子更好地学习和生活，他的父亲一直在无怨无悔地默默付出。看到自己的孩子有时不懂事不争气，爱子心切的父亲才忍不住动手打骂孩子。我告诉曾强同学，他的父亲已经认识到自己的错误了，以后会用正确的方式爱自己的孩子，希望孩子理解体谅自己的父亲。孩子的父亲站起来走过去抱住儿子，动情地说：“孩子，对不起，你能原谅爸爸吗?”孩子低下头，眼里泛起了泪花。

后来，我们继续经常和他父亲联系，在各方面关心帮助孩子，学校尽量减免了孩子各方面的费用，还联系爱心企业家给他每个月500元的生活补助。当他有一点进步时，我和老师就及时表扬鼓励他，让他时时处处都能感受到老师的关心和温暖。曾强也逐渐明白了做人的道理，慢慢改正了陋习。

为了提高他的学习成绩，我们除了在思想上教育他、感化他，还特意让老师安排乐于助人、责任心强、耐心细致、学习好的周悦同学跟他坐，目的是发挥同桌的力量。有时，周悦同学也会产生一些厌烦情绪，说他不太听话，不太乐学……此时，我就跟周悦同学说：“我们要有耐心，慢慢来。相信他一定不会让我们失望的。”后来，他取得进步时，除了表扬他，我又鼓励大家说，曾强同学的进步离不开同学们的帮助，特别是周悦同学的帮助。慢慢地，曾强同学的纪律更自觉了，劳动更积极了，学习更努力了，成绩也有了一些进步。

有一次和他聊天时，他说：“校长，您和老师同学这样关心我，爱护我，帮助我，如果我再不努力，怎么对得起你们呢?”我欣慰地拍拍他的肩膀说：“你小子终于长大了、懂事了!”

临近放假的一天，孩子的父亲突然来到我的办公室，手里提着一袋苹果，他一见到我就紧紧地握着我的手激动地说：“校长，今天我是特意来感谢您和老师的，是你们挽救了我们父子俩。”一股暖流涌上了我的心头。

作为一名教育工作者，我们应该“以人为本”，尊重热爱每一位学生，深入了解学生，对学生有的放矢地教育。如果我们承认教育的对象是活生生的人，那么教育的过程便不仅仅是一种技巧的施展，更是充满了人情味的心灵交融。教育也是一门艺术——爱的艺术！只有老师付出无私的爱，才能使我们的教育产生无穷的智慧和力量，才能使我们的生命变得更加充实和精彩。

【评　语】

学生是活生生的人，教育需要充满人情味、充满爱，唯情能使教育产生智慧和力量，唯爱能使生命充实和精彩。

【作者简介】

钟国煌，广东梅县人，本科学历，小学德育教师，副高级职称，韶关市和平路小学党总支书记、校长，担任小学道德与法治教学工作。先后被评为全国中小学信息技术创新与实践大赛组织工作先进个人、广东省关心下一代先进工作者、广东省“书香童年”全民阅读活动优秀指导教师、韶关市城乡学校互助共同体先进个人、韶关市优秀教育工作者、韶关市优秀党务工作者、韶关市关心下一代先进工作者、韶关市教育信息化建设与应用先进个人。先后被聘为广东省中小学德育研究会会员、韶关市小学思想品德专委会第三届理事会常务理事、韶关市心理学会副理事长、韶关市人民政府督学。

美丽的约定

始兴县太平镇江口小学　李小燕

2013年8月我调到太平镇江口小学任校长。当我第一次走进江口小学，推开锈迹斑斑的校门，放眼校园，满眼的荒凉。那一刻，我的心是沉重的！当时太平镇是全县唯一一个还没有“创强”的乡镇，学校陈旧破烂，教学设施设备严重缺乏。学校教师平均年龄超过五十岁，我成了学校最年轻的老师。早已习惯了“师道尊严”的老师们在“爷孙式”的教学中，高高站在讲台上认认真真地教，学生则安安静静地在下面听，传统的“老师讲，学生听”教学模式在这里体现得淋漓尽致。

走在校园里，我发现树木身上不少疤痕，乡村孩子的“野性”在这树皮上也得到了印证。也许是那些调皮的男生在爬树的时候只关注是否给他带来乐趣，而忽略了自己的破坏行为给树木带来的伤害。“没有规矩，不成方圆”，学校应是孩子放飞天性的乐园，更应成为孩子检验自己言行的学园。要使学生“方圆”，学校得有“规矩”。

校园里的空地杂草丛生，种点什么装扮一下呢？我寻思着，于是决定结合学校开展的“阳光教育”，让校园开出阳光的标志——向日葵。种子发芽了，很快长出了叶子，嫩嫩的，绿绿的，很好看。每每驻足都会有学生围过来：“校长，这是什么呀？”“向日葵，会开出很漂亮的花，让我们的校园更美！”我耐心地跟每一个好奇的学生解释。

转眼间，向日葵头顶上长出了绿色的花盘，花盘在孩子们关注的目光中一天天长大。“五一”假期过后，第一朵向日葵开了，金色的脸庞迎着晨风朝阳绽放，校园多了一道美丽的风景。向日葵旁边围观了一群叽叽喳喳的孩子，因为向日葵太美了，有个孩子忍不住用手去触碰。这时，有人发现了身后的我，喊了声“校长好”，那个孩子赶紧缩回了手。“你们觉得向日葵美吗？”“美！”孩子们异口同声回答。爱美是孩子的天性，天性需要引导而不是放任，如果一味放任天性将变成野性。每个孩子都是被埋没的天才，尊重孩子的天性，顺势而为，不做强迫教育，也许会有意想不到的收获。

在周一升旗仪式上我跟全校学生约定：向日葵装扮了我们美丽的校园，美好的东西要大家一起分享，大家管住自己的手好好爱护向日葵，一起做向日葵的“美丽守护者”。美丽的约定以后，校园里多了发现美的身影：“校长，我发现今天这朵开得最大”“我发现这朵最美”……孩子们守护着这片向日葵，整个花期是他们最美丽的回忆。

花期过了，向日葵的叶子由绿变黄，花盘慢慢变成了排列有序的籽盘，车轮似的籽盘一圈圈儿结满了果实。一天早上，我刚进校门就有学生报告说，有人摘了葵花籽。一大早这种故意破坏的行为令我非常生气。仔细查看后，我发现有个籽盘上少了几颗葵花籽，地下散落着几个剥开的壳。一定是哪个小馋猫管不住自己的嘴，悄悄偷吃了葵花籽。很快，偷吃葵花籽的小男生被找来了。小男生站在我面前头埋得低低的，我刚想问话，他开口了，声音低低的：“校长，我想尝尝是什么味道，发现都是瘪的。”这个意想不到的答案让我的气消了一半：原来是好奇心驱使他摘了葵花籽。如果好奇心不加以引导，不知不觉就形成了破坏力。没有约束的校园，就会再次出现因“好奇”而偷吃的破坏现象。为了防止类似的“好奇”破坏再次出现，我决定强化学校“规矩”。第二天校会上，向学生提出：独乐乐不如众乐乐，每个人都管住自己的嘴，互相监督，结出的葵花籽让大家一起分享。因为有了约束与监督，破坏向日葵的现象再也没有出现，孩子们耐心地等待收获的季节。

又是一年开学季，为了奖励孩子们遵守约定，学校给每个人发了一把葵花籽。孩子们品尝着美丽的果实——葵花籽，同时也尝到了遵守规则带来的乐趣。美丽的约定成了文明校园的一道风景线——向日葵开了一茬又一茬，没有一个学生去摘，因为他们懂得美好东西大家一起分享。渐渐地，校园树木身上的疤痕慢慢愈合了，草地上的“小道”也消失了。

好孩子是夸出来的，更是“教”出来的，在“规矩”中才能成就教育的方圆。正确引导孩子天性的发展，尊重天性而不是放任自流，教育的田园才会开出灿烂的花朵。教育就是点亮学生心中的灯，照亮孩子成长的路，让他们一生阳光幸福！

【评　语】

尊重天性而不放任自流，树立规矩而不墨守成规。在创新中成就教育的方圆，让遵守规矩、遵守约定成为文明校园的风景线。

【作者简介】

李小燕，韶关市始兴县人，本科学历，小学德育高级教师，始兴县高峰小学副校长，担任中高年级道德与法治教学工作。科研成果获奖省级7项，市级8项，在省级以上刊物发表论文6篇。曾获“中国好人榜”（敬业奉献好人）、广东省“南粤优秀教师”、广东“最美教师”、韶关市“十佳师德标兵”、韶关市基础教育名教师（第二批）、韶关市中小学第二批学科带头人、韶关市学陶师陶先进个人、韶关市优秀乡村校长等荣誉称号。

丑小鸭变形记

韶关市曲江区第三小学　赖建梅

“校长，这个丘路同学我教不了，给她转班吧！”在我巡堂走到四（5）班课室前，杨老师停下训斥同学，向我大声诉说。

“杨老师，什么情况？”我平静地问。

“反正这个学生我是不要了”杨老师满面无奈地说。

“杨老师，别着急，办法总比困难多，你先带她回课室上课。”我安慰地对杨老师说。

其实，对于杨老师的这种现象我是见怪不怪了，每年都会有一些老师带着一些问题学生向我投诉，我理解这位年轻的杨老师的心情。当教师工作出现的问题时，言行上有顶撞校长时，我没有用校长的权威去指责他们，而是给予他们更多的理解和帮助，我相信每一个老师都想把工作做好，只是一时没有好的教育方法而已。

我安慰了一下杨老师后，看了看那个被杨老师训斥的同学，她个子小小的，耷拉着脑袋，头发乱糟糟的，而且头上还有许多细小的白点儿，这些小白点儿还会爬来爬去，仔细一看，竟然是虱子，看得人浑身痒痒。再看看她的两个袖子，已经黑得不成样子了。

原来，这位名字叫丘路的同学是这学期新转入我校就读的住宿生，因为不讲卫生，没有一个同学愿意跟她站在一起排队，更没有哪个同学愿意跟她玩。同学们就像躲瘟疫一样躲着他，生怕她身上的虱子跳到自己身上。杨老师多次教育后，仍改变不大，每天同学们都到杨老师面前投诉对丘路同学不满，这样杨老师才叫她出来的。

一位青年教师在处理这问题遇到了困难，我想指责批评是解决不了问题的，何况一位是在业务能力和管理能力有待提高的年轻老师，一位是需要转化的问题学生，为此，我主动和杨老师进行了一次深刻的交流。

“这位丘路同学因为刚从农村学校转学过来的，她的一些生活习惯和卫生习惯不好，同学不接纳她，这现象很正常。杨老师，你想想，如果不尽快转变她，慢慢同学的投诉和排斥，会使她孤立起来，无法融入新的班集体，对她的成长是极为不利的。”我语重心长地和杨老师说。

杨老师很无奈地说：“校长，我想了许多办法，也教育了多次，她就是改不了呀”

“杨老师，我相信每个孩子都是天使，只是有的比较独特而已。对于一些问题学生，也要深入了解情况，这样才能有的放矢，采取有效的教育方法，教育起来才会有事半功倍的教育效果。”

我的话并没有责怪杨老师的意思，而是真心想帮助杨老师，是和她一起想办法去转化这个叫丘路的孩子。这一点，我想杨老师是能体会到的。在我的鼓励下，杨老师自信地说：“校长，我再想想办法，我相信丘路是能转变的。”

第二天一大早，杨老师来到办公室对我说：“校长，我认为孩子的成长需要自信。我想在班里组织一个‘找找同学的闪光点’的主题班会，通过同学找出丘路同学身上的优点，改变同学对她的看法，也树立她的自信。”

对于杨老师的想法，我给予肯定，并答应我也会参加。

杨老师很快在班里举行了一个“找找同学的闪光点”的主题班会，我也应邀参加了这次主题班会。班会上，除了丘路同学，其他同学都很快被别的同学找到了闪光点。

这时，我想：“怎么办？难道同学们把她给忘了？”或者是同学们认为她身上根本就没有闪光点。这时，我再不出马，这节班会课就白上了，因为这节班会课是专门为丘路同学而上的。

于是，我示意杨老师，让同学们说说丘路同学的优点，“同学们，你们认为丘路同学有哪些闪光点？”杨老师话音刚落，同学们不约而同地把目光投向丘路同学，但是没有一个同学说话。

半晌，才有一个同学说：“丘路同学经常帮助同学打扫宿舍卫生，宿舍管理员肖老师还经常表扬她呢。”说这话的是他们的班长思远，我向班长投去赞赏的目光。班长开了个好头，同学们就像打开了话匣子，有的说：“她经常帮助我打扫课室卫生。”有的说：“她还帮我拿过书包。”有的说：“她还帮我装过水。”此刻，我认真观察了丘路这个“丑小鸭”，她原来低着的头慢慢抬了起来，脸上的愁云也慢慢散去了，最后竟然露出了微笑，并向我投来感激的眼神。从她的微笑里，我看见了自信，我似乎也看见了这个“丑小鸭”在慢慢变形。

过了一段时间，杨老师又跑来我跟前说：“校长，丘路同学的老毛病又犯了，唉！”

“杨老师，教育需要我们多点耐心，良好的习惯来自长期的约束和训练，要想改变一个人长期形成的坏习惯，单靠她自己的自信是不够的，还要有人对其长期约束和训练。”

接下来我让杨老师联系到了与她朝夕相处的父母。让杨老师告知其女儿存在的问题，并告诉她其他同学对她女儿的态度，与她女儿不讲卫生有直接的关系。如果不改变这种不讲卫生的坏习惯，势必影响她的一生。丘路同学的父母也十分配合学校的工作，第二周回来，那位脏兮兮的丘路同学，果然有了很大的变化。头上的虱子不见了，头发也不乱了，衣服也干净了。我看在眼里，喜在心头，这位女孩长得还挺好看的。

为了更好约束和训练丘路同学养成良好的习惯，进一步巩固前期对丘路同学的教育效果，杨老师和我商量决定在班上组织一个帮扶小组帮助丘路同学改正她的缺点，也借此让她学会与同学交往，真正融入这个新的集体。帮扶小组的成员个个都有任务，有监督她上课的，有帮助和监督她按时交作业的，有监督和帮助她提高日常生活技能的。这样坚持了一个学期，一只脏兮兮的、不招人待见的“丑小鸭”终于变成了一只人见人爱的白天鹅。

“校长，通过几次的教育，丘路同学学习也认真了许多，也没同学投诉了，同学也愿意跟她交往了。”杨老师开心地跟我说。

“杨老师，教育需要我们多点耐心，需要我们多点等待，需要我们多点思考，需要我们找准教育方法，这样我们教育就会多些淡定、多些成效。”其实我也庆幸自己在处理老师不满情绪时的淡定和成效。

【评　语】

每个孩子都是天使，教师尤其要善待比较独特的天使。教育需要教师多点耐心，多点等待，多点思考。办法总比困难多。

【作者简介】

赖建梅，韶关曲江人，本科学历，小学一级教师，现任韶关市曲江区九龄小学校长，韶关市第六批名校长培养对象，先后荣获区教坛新秀、区优秀教师、区德育先进个人、区名校长等荣誉称号；2021年参加韶关市教育系统“一把手”德育核心能力竞赛（决赛）荣获特等奖；有4个区级以上教研科研课题结题，5篇论文在省级以上刊物发表，26篇论文获省、市、区级奖项。

给她一个温暖的家

广东省韶关市曲江区枫湾中学　许卫红

一位女生被班主任带到了我的办公室。“校长，小敏我真的没法教了，您看，她又跟班上男同学打架了，把人鼻血都打出来了，还洋洋得意；上课经常讲话，画画，不交作业……”班主任很生气地数落着她。

虽然脸上挂着伤痕却高昂着头，毫无惧色地站在我面前。看着她那蓬头垢面、衣衫不整的样子，我深吸一口气，深知这是一个吃软不吃硬的犟学生。

我示意班主任离开后，搬张凳子让她坐下，给她倒上一杯温开水，静静地看了她几分钟，她那高昂的头慢慢地垂了下来。

“为什么打架？”我问。

“他骂我是没妈的孩子，说我脏。”她委屈地说。

“那你也不能打人哦。”我严肃地说。“如果你是老师或是班上的同学，你会喜欢这样的同学吗？”

我的话音刚落，她那满不在乎的神色又重现于脸上：“不喜欢就算了，反正我是没人喜欢的！”

听了她的话，我心中为之一震！是什么原因让大家都不待见她？或许这是转变她的一个契机？我思考着。

“你希望大家喜欢你吗？”她用不信任的语气问我。“大家可能喜欢我呢？”她疑惑地看着我。“会的，只要你慢慢改掉身上的一些毛病。”

谈话间，她情绪慢慢缓和许多，她告诉我：她爸妈离婚了，和爸爸一起生活，爸爸不让她去见妈妈，爸爸不关心她，经常酗酒，喝醉了或不顺心就拿她当出气筒。

经验告诉我，帮助这样的学生不能再用惯常的做法，需要采用其他途径。

于是，我和班主任商量，一起召开一个题为“优点轰炸”的主题班会，激发同学们寻找和挖掘本班同学的优点，并提前特别交代几位同学多提小敏的优点。同学们踊跃发言，没想到大家找到了小敏那么多优点：她爱劳动，常常主动帮班里搞卫生；她爱画画，小学时绘画作品还在区级获过奖；她有正义感，看见男同学欺负女同学时敢冲上去跟男同学论理；她自理能力强，很小就能够自己照顾自己……听着听着，小敏脸上出现了久违的笑容。我提议同学们主动与小敏同学交朋友，一起学习，一起活动，一起游戏，对小敏同学不懂的问题，要主动帮她解答。

主题班会让小敏和同学们的关系发生了很大的改观。通过班会选举，同学们一致推荐她担任班上的劳动委员，负责安排和检查卫生工作；小敏积极参加各项集体活动，在班级赛跑中，获得女子组第一名，在拔河比赛中，她这个身材高大的女生被选为“掌舵人”……这一切，让小敏同学的自尊与自信进一步得到增强，和同学相处融洽了，从而建立起了良好的伙伴关系。

为了帮助小敏提高学习成绩，我和科任老师沟通，建议大家多关注小敏学习，多给她提供展示特长的机会，借此接近她，点拨她，引导她，鼓励她。在关爱与帮助的天平上多倾斜小敏同学，根据小敏爱画画，就让美术老师吸收她进了学校美术社团。

孩子的健康成长，如果缺少家庭温暖与失去母爱，会带来诸多不利因素。在多次的沟通下，她父亲终于同意让女儿定期去见生母了。当小敏知道这个消息后，高兴得一蹦三尺高，开心得流下了眼泪。我趁势引导她：要珍惜父亲的理解和宽容，理解父亲的难处，在家要听话，在校要努力学习，争取更大的进步，以此宽慰和报答父母。

“校长，我的科学幻想绘画作品获得了市级一等奖！”一天，她高兴地跑过来对我说。此后，她学习的自觉性、守纪的自律性、处理事情的果敢性和战胜困难的坚韧性都大幅度提高。家长、老师和同学都惊讶于她的巨大进步。

类似这样的问题学生，他们因这样那样的原因落后于他人。对这些同学，我们不能冷落他们，反而要加倍地关爱他们，细心地教育他们，呵护他们，以真情融化他们心中的坚冰，促进他们的转化，让他们回归集体的怀抱。

沟通，是后进生转化的前提。通过沟通，让我们从中了解学生情况，找出问题所在，找准工作的切入点。尊重，使学生重获自信，找回尊严，重塑人格，激发进步的决心与勇气。协调，改变学生所处的不利环境。和谐的人际关系，有效地淡化各种矛盾，促进学生的进步。激励，是促进后进生与困难作斗争的重要手段，是对后进生正面教育的立足点。激励，能给他们莫大的鼓舞和鞭策，增强他们战胜困难，继续进步的勇气和决心。

“转化一个后进生胜于培养一位大学生的价值!”只要我们以爱心之泉，宽容之蜜，配以沟通、尊重、协调、激励之药，就能找到治病的良方。

【评　语】

后进生是最需要教师帮助的学生群体。教师以爱心之泉，宽容之蜜，配以沟通、尊重、协调、激励之药，必能找到治病的良方。

【作者简介】

许卫红，韶关市曲江区人，大学本科学历，小学数学高级教师，韶关市曲江区枫湾中学校长。曾经被评为韶关市中小学第二批学科带头人、韶关市优秀教育工作者。撰写多篇论文发表在《广东教育》《韶关教育》等杂志上发表，其中论文《优秀校园文化的主要作用与构建措施》发表在《生活教育》杂志上。

从系好鞋带开始

韶关市武江区金福园小学　刘文燕

我是一名小学校长，从事基础教育已经30年。

基础教育，如盖房子打地基，是造就人才和提高国民素养的奠基工程，是人们在成长中为了获取更多学问而必须在先期掌握的最基础知识。房子的地基越牢固，房子就越坚实；基础教育越扎实，构建的人才体系就越不容易坍塌。

历史发展的车轮以前所未有的速度向前运行着，当大家觉察时，我们进入了信息化社会和人工智能时代。

有人开始计算：目前小学阶段的学生，到2035年，他们正是建设祖国的主力军，是推动人类发展的中坚力量。先知先觉者吹响了号角："未来已来，您准备好了吗。"

"不断深入前沿领域，让你轻松触摸未来！""高投入成就高质量结果！超百天深度实战项目""幼儿园学编程，是的，你没有看错……"这样的信息铺天盖地，并在网络上迅速传开。为了让孩子们的未来与人工智能和谐共处，社会沸腾起来。全民AI时代，谁能独善其身？

那天，操场上热闹非凡，是我们学校举办少儿科技节活动。

我逐个展区观看孩子们的活动情况。在机器人展示区间，几个男孩正围着机器人展示台，饶有趣味地看着一名操作者讲解他的设计作品。我也走了过去。见我到来，这位学生很高兴要向我展示他的另外一件作品。就在他转身取材料的时候，却不小心绊倒了。原来是小组同伴踩住了他松开的鞋带。

在这么多人面前摔倒，这孩子顿时满脸通红，他赶紧爬起，一手抓一根鞋带，迅速往手掌内收并揉成团，随后使劲把两根鞋带往鞋子里面塞。

旁边的一名学生看见了，忙说："不是这样的，我帮你！"他蹲了下来，把两根鞋带并拢，向上拉，努力把两根鞋带拉成一样长短，突然停止不动了。然后挠挠后脑勺，笑着说："我想不起怎么系了。"

另一名学生说："还是我来吧！"他直接把两根鞋带对折，用鞋带的一端一圈一圈往里绕，绕成了一个大麻花的形状，随即一卷，齐齐塞进鞋里。

"这不行，一会又散开了！"又一名学生说，但不见他有什么行动。

"我教你们打个比较牢固结实，不用担心容易散开的结！"一个高年级的学生走了过去。

"持线、打结、压线、挑线、勾线、拉紧"，他每做一个动作，就描述一遍，停一会，在大家羡慕的眼神中，这名男同学露出一脸自豪。

几个学生看得非常认真，对打得漂亮的蝴蝶结流露出一脸惊讶，但很快把注意力转移到机器人的身上，似乎什么事情也没有发生过。

望着这群小小的身影，我久久不能平静：应该用什么来衡量我们的办学成果？是一定数量的教师获奖课题研究、论文、课例次数，学生比赛的金牌、名次？良好的班风、学风、校风？师生的精神面貌？学生灿烂的笑容？这些我们都做到了，可是像刚才的情景却告诉我，这几个低年级的学生能熟练操纵自己的智能产品，却连一根鞋带也不能系好，这是否说明了我们的基础教育还有被大家忽略了的地方？

在一些大中小城市甚至还存在这样的现象：学生刚拖着疲惫的身体从学校回来，马上又被家长送入校外培训机构：艺术班、语文、数学、英语提高班……家长们恨不得在孩子的脑瓜子上装个芯片，将所有的知识都输入里面。

是的，很多家长什么都注意了，唯独没有注意要亲自教孩子穿衣、做饭、打扫卫生；很多学校什么都开展了，却唯独对学生的劳动教育做得很不够。学生自理和劳动能力，恰恰是一个人幸福生活的根基。

也许正因为如此，才出现了刚才的一幕。

我决定采取“以评促发展”的方式，进一步加强学生的自理和劳动教育。

我组织相关的教师开始了核心素养研究，制定《学生发展综合素养现场评价方案（试行）》，让教师、学生、家长参与其中，努力提升学生综合素养。

这是一项非常大的工作，我们足足筹备了两年，却迟迟没有推进，主要的原因是目前没有一所学校有这样的现场考核。但是，我认为考核的事情不能一拖再拖了，没有实施的工作，再美丽也不过是空中楼阁，这项工作必须落地，现在就要敲定下来。

已经18：30，小会议室依然灯火通明，持续了一个下午的会议还在进行中，但大家没有流露出一丝希望快点结束会议的意思。

我们反复讨论了学生综合素养现场考核评价的内容、形式、场地、评委、操作流程等，最后一致认为方案是可行的，但是对在本学期落实这项工作目前仍旧没有达成统一的意见。

大队辅导员认为准备还是不够充分，希望再推迟一个学期实施。

“我们用了足足的两年多的时间做准备，考核的内容已经改了两次，现在摆在了我们的跟前，试问在座的同志们，你们认为多少时间才算是充分呢?”

大家沉默了，对时间准备不充分不再有异议。

“区教育局马上就要对学生进行质量抽测，会不会影响大家复习呢?”教务处有新的担心!

“请大家认真看看我们制定的文化基础素养考核的内容，看看与我们的抽测是不是完全不相干的内容?”大家又沉默了，因为大家心里都明白这是同一件事，只是形式不一样、内容更加全面，是的，这场评估，就是“学科教学”向“学科教育”的转向的导向！这是新的基础教育改革的灵魂。

“我认为，我们学校班级多，每个班一天的时间是测评不完的。”

“时间不够，好，我们减部分内容，留下核心的内容！增加考场，多设几个考点！课室、体育馆都用上！增加评委人数，同步推进。”

我毫不犹豫，因为我知道，再完美的方案，没有落实，始终也只能是空中楼阁，我更知道，我们不能再等了，因为所有的改革都是有契机的。

“任何的改革都是在质疑中推进的。”我说，“我明白大家的担忧，毕竟，这是我们目前没有看见过的一种全新的评价方式。我理解大家怕组织过程出问题，怕测评的内容受质疑，怕……我们都希望把工作做完美，都想要达到100分。这样，这次的所有工作我担责，我不要求大家达到100分，50分就可以了，哪怕完全失败，也是我的错，与大家无关，只管推进，只要推进了，就可以了……”

“全校一起，班级太多，场面很容易失控的，能不能用一、二年级作试点？”

终于，我听到了愿意尝试的声音，虽然有条件，我马上同意。

“就按照这位同志提出的办！”会议结束。

各部门便马上行动起来。对评委的培训；考核场地布置；考核材料的准备；对学生、家长的宣传……

一切工作有条不紊地开展。

考核时间到了。

受过培训的评委按照要求着装、佩戴评委牌，按照指定的要求到达考场。

学生在班主任和科任老师的带领下，排着整齐的队伍，拿着考核项目表，严肃、认真接受评委的考核。

我来到了学生自主发展内容的考核现场。在熙熙攘攘的体育馆里，学生在班主任和科任老师的带领下，排着整齐的队伍，拿着考核项目表，严肃、认真接受评委的考核。

“请在2分钟内把衣服叠整齐。”“请把鞋带系牢固、美观。”——这是学生自主发展内容的考核之一。

我刚巧看到接受现场考核的是一名一年级的学生，她正在给评委准备的一双新的球鞋系鞋带。一边操作还一边小声嘀咕着：“持、打、压、挑、勾、拉。”整个过程连贯，一气呵成。评委非常严肃地审核，在她完成操作后，在评价卡上认真打上五颗星。

练习桌上，一个同学正在准备考前操作。对于没有通过考核的学生，我们会给予他们练习的机会，接受学生复考的要求。

学生发展综合素养的现场考核成为学校的一大盛事。家长们发朋友圈、教师们发朋友圈，学生脸上洋溢着自信。

我深感欣慰。在教育教学改革的道路上，特别是在改革的关键点上，我们坚持了以学生发展为重点，为学生终身幸福奠基去思考问题。只有这样，我们才能真正读懂每一个孩子的脸庞，走进每一个孩子的心房，让每一个孩子洋溢幸福的微笑。

（注：本文得到韶关学院广东省中小学教师发展中心常务副主任黄华明，韶关学院文学院副教授胡敏以及湖南省中小学教师发展中心培训管理科科长黄佑生的悉心指导和帮助，特致谢。）

【评　语】

教育要为学生终身发展奠基，校长本着为学生终身幸福奠基去思考教育教学改革问题，就不会迷失方向，就会有定力。

【作者简介】

刘文燕，韶关市贞江区人，本科学历，小学高级教师（副高级），韶关市武江区金福园小学党（总）支部书记、校长。曾经被评为“广东省南粤优秀教师”，韶关

市教育系统关心下一代工作先进个人等。多年来，致力于教育教学的改革创新，鲜明地提出“以幸福文化引领学校发展”的主张。撰写的多篇论文在《课外阅读》《学园》《课程教育研究》等杂志上发表；其中《幸福课堂》在广东基础教育首届优秀教学理念评选中获校长教学理念一等奖。

限时会议更高效

广东北江实验学校　高志东

学校教研成果展示活动会在教学处几位主任的筹划下如期举行，会上，各学科组的教师代表进行了展示汇报，会场的气氛异常热烈，大家都在为这几位教师的教研创新和教学研究能力而感叹，邀请到场指导的市教科院专家也频频点头赞赏。

不过，会议是由教学处年轻的主任主持，因为临场发挥的内容太多，预先设定的1小时的活动被延长了20多分钟，会场略有骚动。毕竟临近下班的时间了，有些教师要去接孩子，有的教师家离得较远，对于会议的拖延，大家都没有任何准备。在主持人的多次调控下，他们的议论声尽管有些收敛，但他们起伏的心绪依然无法真正平息。

我坐在观众席上，也为教学主任捏一把汗。其实，他的有些介绍真是太啰唆，有的是画蛇添足。

最后，展示活动终于结束时，还没等主持人说"散会"，大家都已经起身离座。教学主任略显尴尬，一个劲地抹额头上的汗珠。他很卖力气，也总想推陈出新。但因为时间没有把握好，让整个活动略显拖沓。

"校长，这次活动是不是没有搞好啊？"

"怎么会呢？很不错啊！你准备得非常充分，教师们参与的热情也很高啊！"怕年轻人经受不住打击，我还是冲他竖起了大拇指。

"可是……后来会场纪律有些乱……我觉得是不是……"全校200多名教师参加的大型教师会议，还有市主管部门的领导嘉宾参加。毕竟他是第一次主持，还是略显底气不足。但当着那么多人的面，我没有直接指出问题所在。

后来有一个合适的机会，我向他提出了自己的意见，他直点头，并领悟到会议延长就和教师上课拖堂一样，即使内容再精彩，也会引起大家的“审美疲劳”。

就这个问题，我进行了认真的思考，想到了学校平日的各种会议活动也常常出现延时的现象，给老师造成一些困扰，甚至耽误了教师们的时间，影响工作效率。为此，我在接下来的行政例会上，明确了自己的态度和要求：从行政例会开始，学校各种大会小会，会议发言、分析、点评等必须简明扼要，各种会议规定时间要求，发言控制在规定的时间内，如有特殊情况，要讲述的内容较多，必须事先说明，并且以后的学校大会，主持人要事先公布会议内容以及发言需要的时间，不许超时。

后来参加学校各种会议，明显感受到了学校大会以及各部门、年级组、学科组的会议发言更加精练了，随意发挥的现象少了，更能把握好时间了，会议的效率提高了，拖延时间的现象很少出现了。学校会议限时的做法让老师更加注意自己的教学时间的把握，原来时常会出现的上课拖堂现象也更少了，从与老师的目光交流中，我也读懂了大家内心的赞同。

【评　语】

时间是一种尺度，限时方能用好时间。限时出效率，限时出优良作风，限时出教育质量，限时出生活质量。让限时成为习惯，教育会更有智慧。

【作者简介】

高志东，江西省万载县人，硕士，中学高级教师，现任广东北江实验学校党总支书记、校长，着力打造“规范+优质+特色”学校品牌，努力实现“阳光学生、幸福教师、和谐校园”的办学愿景。致力于基础教育实践研究，主持了多项省、市级课题，在省级以上刊物上发表了10多篇论文，学校办学获得了多项省级办学业绩荣誉。

后 记

几经波折，韶关市第六期名师名校长“我的教育故事”工作坊研修成果之一，《教育：让灵魂律动——粤北名师名校长教育故事》这本书终于就绪出版。回顾这一过程，五味杂陈，百感交集。既有喜悦和欣慰，也有沧桑和忧虑。悦者，经多方努力，终于把这一马拉松式的工作又推进了一步；忧者，粤北基础教育振兴之路依然悠长。

2014年7月，我从教育国际交流合作领域转到中小学教师培训领域工作，对这个既熟悉又陌生的新阵地充满了期待。当时，省级中小学教师培训中心承接着韶关市基础教育系统“百千万人才工程”名校长、名教师高级研修班培训任务，目标是为韶关市培养基础教育的骨干教师和领军人才。一次在讨论教师培训工作时，教育局负责培训工作的一位科长表示，前几期培训效果不太满意，学员反馈也不理想。为此，在时任教育局局长邓小杰的支持下，我组织专家团队，对全市的教师培训工作进行了一次全面的深入的调研，形成了《韶关市中小学教师专业发展需求调研报告》，这是韶关市第一次、全方位、多角度、深层次的调研。报告全面分析了韶关地区基础教育教师队伍建设现状，针对性制定了教师专业发展的三年规划和实施方案。在深入调研、科学规划的基础上，提出了第六期“百千万”名师名校长培养项目的新思路、新方案。为了切实做好这项工作，我亲自担任“百千万”人才培养工作组的组长，邀请了王剑兰教授做培养项目的首席专家，组建了专家团队，全过程跟踪指导。项目秉承“最好的管理是服务、最好的学习是参与、最好的驱动是任务、最好的状态是主人”的理念，围绕着教育理论水平的提高、教育科研能力的提升、教育思想的凝练三条主线，采取培养培训一体化、理论研修与示范引领相结合培养路径，以行动学习为主要方式，形成了按需设计、精准施训新模式。

撰写教育故事是名师名校长教育思想凝练的课程模块。设计的初衷是通过培养对象“我的教育故事”撰写，回顾、总结和凝练自己的教育思想、教育智慧，用故事来呈现教育成果，用故事来讨论教育的问题或困境，用故事的创作来促使成长，用故事来抒发教育情怀，用故事来引发更多教育的思考。作为粤北地区基础教育的骨干，他们的教育故事承载着对教育的思考，对基础教育的同行有交流和研讨的价值。撰写教育故事也在探索一种中小学教师培训的新模式。这个计划得到了全国中小学幼儿园教师培训专家、西北师范大学博士生导师李瑾瑜教授，教育部“国培计划”专家库专家、湖南省中小学教师发展中心黄佑生老师的支持和响应，他们跟我反复讨论了这一计划的方案设计和实施，并亲自参与了全过程。

按照计划，2018年4月学员完成理论学习后开始撰写初稿；2019年5月17—20日，专家组和全体学员在湖南省教师发展中心举办“我的教育故事”凝练研修工作坊，开展集中指导和分组研讨。为了做好研修工作，项目组还特别邀请了高校各个学科、新闻出版界、基础教育界的专家组成专家组进行指导，它们包括：湖南第一师范学院的教育部“国培计划”专家黄朝霞、曾小玲，韶关学院教师教育学院廖圣河教授，韶关学院文学院胡敏老师，《未来教育家》杂志首席记者林溪，长沙市仰天湖小学校长刘菲菲，湖南师大附中教师黄月初，湖南省中小学教师发展中心石少腾、肖波、尹川等。

“我的教育故事”凝练研修工作在专家理论辅导的基础上分成四个小组进行，每组安排两位专家辅导，学员依据“教育故事工具单”，围绕故事的典型性、真实性、冲突性、细节性、启迪性进行打磨、凝练；白天开展小组内讲述，组员提出意见；晚上，重新分组，学员间一对一进行分享和提出修改意见；专家和同伴点评、建议、修改，再展示、讨论、修改。这样每位学员都至少经历了三轮研磨。

通过教育故事撰写培养骨干教师提炼教育思想的能力，探索骨干教师培养新路径的培训模式，对专家组也是一次创新尝试，大家都充满了期待和兴奋。李瑾瑜老师回忆时说道："为了上好这个课，做梦都想着准备，在来长沙的飞机上还在推翻自己的方案。"专家组赶到长沙当晚，我和李瑾瑜教授、黄佑生不顾旅途的疲劳，在长沙教师发展中心连夜召开专家组研讨会，针对项目的过程和方案设计的执行、学员提交教育故事的初稿反映出来的问题以及未来三天的工作坊怎么样更加高效、有效，研讨到12点多。李瑾瑜教授则熬夜工作，把专家组的研讨意见融入第二天上午的理论辅导。在与学员研讨的三天中，他还根据指导过程中发现的问题和思考，撰写了一篇《基于教育故事撰写的骨干教师培养路径探索》的理论文章。

学员深度参与的表现更是令人感动。有70%的学员大幅修改了自己原来准备的稿子，有30%的学员在研磨过程中得到新的启示彻底推倒重来，大家越研磨越兴奋，宿舍、教室、走廊随处可见全神贯注的学员，他们中午不休息，改故事，为的是下午拿出来研磨；晚上不休息，改故事到凌晨4点，甚至通宵达旦者大有人在，为了第二天早上拿出来小组研磨。起初有几位学员本想应付了事，但受到这样氛围的感染，都不自觉地参与到热火朝天的写故事活动中来了。我在结束工作坊小结时感叹道："我自己一直被认为是拼命三郎的工作狂，但这几天工作坊让我感受到，我遇到的是了一批不要命的学习狂。这是一次让请假不能参加的学员后悔终身的研修。"专家指导组的黄朝霞教授专门还发了一个感慨给我："今天很荣幸让我见识了广东省办得最扎实的培训班！"

学员对这一段经历也记忆深刻。学员冯佰基回忆道："历时三年的培养学习至今依旧历历在目，谨记于心，对我的影响也是深远的，特别是对文件的解读和写作水平的提升更为突出。而这一切都源于参加了'我的教育故事'凝练工作坊研修，这是一场脱胎换骨的修炼。"一位学员写道："这是我第一次为了一个故事而进行反复打磨的过程，这过程是艰辛的，连续几天，常常为了提炼一个词，而晚上久久难以入眠。"另一位学员写道："通过学习写教育故事，唤醒了学员对教育的热情，懂得教育的真谛，建立教育的信念、形成教育的理解、释放教育的情感，构建教育的思想。从这次研修中，我真切地感受到，工作中，我们不缺乏低头拉车的人，但抬头看路却很容易被忽视，如果我们能够以写教育故事形式，回到自我、回到内心、回到身边，不断反思和理解教育，在'我的'故事中发展属于我的教育，这何尝不是一位名师名校长专业发展的有效途径呢?"此后，在我和学员再相聚的交流中，总会回想到长沙研修的专心与疯狂。

第6期"百千万"名师名校长的培养项目工作，于2017年3月遴选培养对象，2018年开始项目实施，2020年9月完成，历时三年多。项目尚未结束，2020年1月我就离开省级中小学教师发展中到教育学部工作。2021年10月，我又转到教育科学学院工作。工作的变迁导致出版整理工作几经波折，幸亏得到童顺平博士一如既往的坚守和支持，在百忙之中，挤出时间，一起完成了教育故事写作理论部分以及点评工作。在赵三银副校长、申硕办郭会时主任、教育科学学院王彦才院长的支持下，出版经费得到解决。研修班的班委高志东、刘文燕、冯佰基、范美林及各小组组长等，在学员资料收集、文稿修改等方面也做了大量工作。借此，对他们的关心、支持和帮助致以衷心感谢！

行路虽漫长，不走难致远！希望这本书的出版能够给基础教育的同行有所启示，共同为实现基础教育的高质量发展做出更大的贡献。

黄华明

2023年5月1日